Das Buch

Ein Land feiert seine Geschichte – ein Land, das, wie Ingeborg Bachmann schrieb, »bereits aus der Geschichte ausgetreten ist und eine übermächtige, monströse Vergangenheit hat«. Österreichische Erzählerinnen haben die Spuren von vergangener und gegenwärtiger Macht in und an der Sprache verfolgt: einer Sprache, die durch Austausch mit dem Slawischen, Ungarischen, Italienischen reich wurde, einer Sprache zugleich, gegen die sich Minderheiten ausgesprochen haben. Mit dem scharfen Sinn der Randgruppen, der »Fremden« für historische, soziale und geschlechtsspezifische Sprachregister haben Österreichs Autorinnen in hellhöriger und unbestechlicher Prosa gezeigt, wie die Gewalt in der Sprache sitzt, wie sie (weibliche) Identität diktiert und mit Wänden umstellt. In abgründig subversiven Geschichten und komisch-vertrackten Experimenten wird aber auch eine Umkehr der Verhältnisse möglich. Viele solcher Texte werden hier versammelt – bis zu jenen behutsamen und phantastischen Liebeserklärungen an »meine Sprache«, die vor Grenzen und Zöllnern nur wenig dazutut, »um uns unverdächtig zu erhalten« (Ilse Aichinger).

Die Herausgeberin

Konstanze Fliedl, geboren 1955 in Linz, ist Assistenzprofessorin am Germanistischen Institut der Universität Wien.

Österreichische Erzählerinnen
Prosa seit 1945

Herausgegeben von
Konstanze Fliedl

Deutscher
Taschenbuch
Verlag

dtv

Originalausgabe
März 1995
Deutscher Taschenbuch Verlag GmbH & Co. KG,
München

(Siehe auch Quellenhinweise S. 250 ff.)
Gestaltungskonzept: Max Bartholl, Christoph Krämer
Umschlagbild: Remes Marjo, Ohne Titel (©VG Bild-Kunst, Bonn 1994)
Satz: KCS GmbH, Buchholz/Hamburg
Druck und Bindung: C. H. Beck'sche Buchdruckerei, Nördlingen
Printed in Germany · ISBN 3-423-11982-9

Inhalt

Widerstand. Erinnerung

Sprachlos

Tagebücher. Traumbücher

(Selbst-)Portraits

Über einander

Schreiben. Lesen

Widerstand. Erinnerung

Veza Canetti
Drei Helden und eine Frau

Frau Schäfer stand auf dem Flur und wusch Stiegen. Und obwohl alle Stufen schön ölig glänzten, rieb sie immer wieder mit dem nassen Lappen darüber, drang mit dem Besenstiel in die Ecken, daß es klatschte, stieß den Lappen in den Kübel, wrang ihn aus und schlug ihn wieder um den Besen. Plätschernd fiel der Lappen über die Stufen, und wer die Bewegung sah und Frau Schäfers Gesicht, der verstand: sie war nicht dabei. Sie war von einer Vorstellung gepackt, und was nützte alle Vernunft, sie wurde diese Vorstellung nicht los. Eine kleine Kirche war es, die Frau Schäfer vor sich sah, eine kleine Kirche quälte Frau Schäfer. Die Kirche stand in dem seltsamen Ruf, jeder Wunsch, in ihr ausgesprochen, gehe in Erfüllung.

Frau Schäfer war nicht gläubig; aber als der Mann im Krieg war und seine schwere Verwundung gemeldet wurde, schleppte sie sich in die Kirche und sank nieder. Ihr Mann kehrte vom Krieg zurück, und seither hatte auch Frau Schäfer ein zärtliches Lächeln beim Nennen der kleinen Kirche.

Bis das Furchtbare geschah.

Es begann damit, daß die Arbeiter, die in den Gemeindehäusern wohnen, von ihren Brüdern mit Kanonen beschossen wurden. Das große Gemeindehaus, in welchem Frau Schäfer seit Jahren die Arbeit besorgte, mußte sich ergeben, die Waffen wurden abgeliefert, und die Arbeiter flüchteten durch einen unterirdischen Gang in das Kirchlein. Sie glaubten sich geborgen. Einer nach dem anderen wankte freudetrunken aus der Kirche in die Freiheit, und *jeder*, der aus der Kirche trat, wurde auf der Stelle niedergeschossen …

Plötzlich fuhr Frau Schäfer heftig auf. Erschrocken

drehte sie den Kopf. Durch die wild aufgerissene Glastüre stürmte ein Haufe junger Menschen herein und auf sie zu. Seltsam. Alle hatten das gleiche Gesicht. Todesangst und flehende Blicke. Und dann hob einer verlegen und heiß bittend die Hand und ließ sie mutlos sinken.

Sie verstand sofort. Ihr ging viel durch den Kopf. Daß die Jungens genau so aussahen wie ihr Sohn Franz, als sie ihn vor den Kanonen im Keller versteckte, wo er sicherer war als in der verfluchten Wunderkirche; daß diese hier auch gerettet werden wollten und auch jung waren und daß jeder eine Mutter hatte. Und dann dachte sie, was ihr bevorstand, wenn sie den Jungen half, und ihr Kinn zitterte.

»Erster Stock, Tür fünf«, sagte sie aber und ließ sie durch.

Die Jungens stürmten hinauf in blinder Angst auf die Nummer fünf zu.

Wenn dort Schwierigkeiten gemacht wurden, war es zu spät.

Auf Nummer fünf öffnete sich von selbst und lautlos die Tür, kein Priester, sondern ein Arbeiter tat es, lautlos gab er mit breiter Bewegung den Weg frei, und die Jungens wurden mäuschenstill. Mäuschenstill folgten sie den weit ausgestreckten Armen, die sie einließen, warme, glückliche, dankbare Blicke auf noch eben todesängstlichen Gesichtern. Und die schützende Türe schloß sich hinter ihnen.

Unten hörte Frau Schäfer die Klinke einschnappen, da wurde auch schon die Glastür aufgestoßen. Zwei Polizisten spießten Frau Schäfer mit ihren Bajonetten fast auf. Ein Polizeioffizier folgte.

»Hier sind die Kerle hereingelaufen«, schrie er.

»Wie bitte?« fragte Frau Schäfer und stemmte den Besen auf.

»Hier sind die roten Hunde hineingelaufen. Machen Sie keine Faxen, sonst wirds schlecht ausgehn!«

»Herr Oberinspektor! Das Haus hat sechzehn Stiegen.

Hier ist niemand durch! Ich hätte es sehen müssen, ich wasch hier schon seit einer Stunde auf!«

»Werden wir gleich haben«, sagte der Herr Oberinspektor und pochte an die Tür Nr. 1. »Wer wohnt hier?«

Frau Schäfer blickte angstvoll zu Boden und erschrak noch mehr. Auf den feuchten Stufen glänzten breit an die zwanzig Fußstapfen, verschwammen ineinander und bildeten tückische, dicke Flecken auf den Stufen, die noch vor drei Minuten wie Öl geglänzt hatten.

Aber der Herr Oberinspektor hatte keine Zeit, von seiner Höhe herab zu schauen. Er war damit beschäftigt, die Tür Nr. 1 mit Schlägen zu bearbeiten. »Ach, bitte, klopfen Sie hier nicht an! Hier wohnt die Näherin Grün, sie ist seit den letzten Tagen sehr geschreckt, sie bekommt sofort Schreikrämpfe, sie wohnt ganz allein, sie hat bestimmt niemanden reingelassen, ich bin hier gestanden, ich hätt's sehen müssen. Schauen Sie in allen Wohnungen nach, nur nicht bei der Grün, Herr Oberinspektor!«

Der Herr Oberinspektor sah sie listig an und riß an der Glocke, daß der Knauf ihm in der Hand blieb. Verächtlich warf er ihn zu Boden. Eine fadendünne Frau öffnete einen Spalt und wurde vom Herrn Oberinspektor zur Seite gestoßen. Der zweite Polizist blieb bei der Tür stehen.

Frau Schäfer hob den Besen. Nur ihr Ohr hatte noch menschliche Funktionen, denn während ihre Arme wie automatische Stangen in rasender Eile über die Stufen fegten und die Spuren verwischten, waren die Ohren Augen im Rücken. Gerade tauchte sie den Lappen frisch in den Kübel, als der Herr Oberinspektor heraustrat. Drinnen die Näherin Grün hatte Schreikrämpfe.

»Wer wohnt hier!« sagte der Oberinspektor gereizt und trat gegen die Türe Nr. 2.

»Hier wohnt der Kürschner Cibulka. Keine Spur, daß der jemanden eingelassen hat, Herr Oberinspektor! Der ist sehr heikel mit seinen Fellen, da kostet ein Stück hundert Schilling, sagt er immer. Nehmen Sie sich gar nicht erst die Mühe, vom ganzen Plafond hängen sie herunter, sie werden Ihnen auf den Kopf fallen!«

Der Oberinspektor klopfte den Kürschner Cibulka heraus. Ohne Umstände wurde in seine Werkstätte eingedrungen, der zweite Polizist wartete bei der Tür, mit erhobenem Gewehr.

»Lassen Sie das sein!« hörte Frau Schäfer den Cibulka drinnen sprechen, sie fuhr wieder ruhiger über die Stufen, die hatten beinahe wieder den alten Glanz. »Wichtigkeit, sind eich paar Burschen ins Haus gelaufen, hätten sie sich vielleicht vor eire Kanonen stellen solln!«

»Maul halten! Bleder Behm!« schrie der Herr Oberinspektor.

»Bei uns in Praha schießen sie aber nicht auf die eigenen Leit!«

Hierauf wurde Herr Cibulka aufgefordert mitzugehen, er leistete aber Widerstand. »Ich fircht mich nicht«, schrie er.

Der Oberinspektor hatte die Wahl, eine große Beute mit einer kleinen zu vertauschen, und begnügte sich damit, Herrn Cibulka aufzuschreiben. Frau Schäfer war plötzlich ruhig geworden. Der Herr Oberinspektor stapfte in den ersten Stock hinauf, seine Begleiter folgten.

»Herr Oberinspektor, bitte klopfen Sie hier leise an, hier wohnt der Schuster Pfeidl, seine Frau liegt im Sterben, der Sohn ist ihr vorgestern erschossen worden, wie er aus der Kirche gelaufen ist. Mit ihr geht es zu Ende.«

»Aufmachen!« schrie der Herr Oberinspektor, und der Schuster Pfeidl leistete keinen Widerstand. Der Herr Oberinspektor sah die sterbende Frau, die einen blutbefleckten Männerrock in den verkrampften Fingern hielt. Etwas verstimmt trat er heraus.

»Klopfen Sie lieber bei fünf an, nur nicht bei vier«, sagte Frau Schäfer, ohne gefragt zu werden. »Auf vier sind alle tot, der Mann und zwei Söhne. Die Frau hat sich gestern erhängt, nur die Großmutter ist drin, die ist vor Kummer närrisch geworden. Sie wird Ihnen nicht aufmachen, ihre Nichte kommt erst gegen Mittag.«

Der Herr Oberinspektor wußte sofort, daß auf Nr. vier die Banditen versteckt waren; die beiden Polizisten sprengten die Türe auf. In dem kahlen Zimmer saß beim Fenster eine Greisin und blickte mit toten Augen auf die Eintretenden. Der Oberinspektor war aber auf diese Wohnung versessen und durchsuchte jeden Raum. Sogar im Abtritt sah er nach, ob sich dort nicht zehn Menschen versteckt hielten.

»Wer wohnt hier!« fragte er etwas gedämpft beim Heraustreten und wies auf Nummer fünf.

Die Hausbesorgerin sah dem Tod ins Auge. Die Gefahr war so groß, daß sie ganz ruhig wurdc.

»Hier wohnt die Bedienerin Neumann. Sie ist den ganzen Tag in Arbeit, aber das Kind ist zu Haus, die Steffi. Ich kann sie gleich rufen, wenn sie mich hört, macht sie gleich auf.«

»Bah!« sagte der Herr Oberinspektor, dem die Vorstellung, ein Kind in Furcht und Schrecken zu jagen, nicht imposant war. »Lassen wir das. Zurück!« kommandierte er und stieg mit seinen Begleitern hinunter, ohne Frau Schäfer eines Blickes zu würdigen.

Und das war gut. Denn kaum hatte sich die Glastüre geschlossen, da sank die Frau auf den Stufen nieder.

Die Jungens verbrachten die Nacht in leisen Gesprächen, und der Arbeiter von Nummer fünf wachte mit ihnen und holte dann seine Schwägerin, die Hausbesorgerin, herein.

Am Morgen wurde die erste Taube mit einer Milchkanne ausgeschickt. Viele Arbeiter gehen des Morgens durch das riesige Gemeindehaus, und Nummer eins kam wohlbehalten durch. Der zweite trug eine Aktentasche. Eine Stunde später waren alle in Freiheit.

RUTH KLÜGER
Wien 1938

Im März 1938 lag ich mit einer Halsentzündung und einem nassen Halsumschlag im Bett. Unten auf der Straße schrien Chöre von Männerstimmen. Was geschrien wurde, läßt sich in den Geschichtsbüchern nachlesen. Mein Kindermädchen murrte: »Wenn die da unten heiser wer'n, so kriegen's von mir keinen Kamillentee«, als sie mir welchen brachte. In den nächsten Tagen tauchten die ersten deutschen Uniformen auf den Straßen auf. Die sie trugen, sprachen deutsch, aber nicht wie wir, und anfänglich glaubte ich noch, die gehören nicht so hierher wie ich. Mein Vater brachte vergnügt das neue Geld nach Hause und zeigte es mir. Also von jetzt ab keine Schillinge und Groschen, sondern Mark und Pfennige. »Die können es nicht einmal richtig aussprechen, die sagen ›Fennig‹, und wenn sie Groschen sagen, so meinen sie zehn ›Fennige‹.« Letzteres wollte ich nicht glauben, denn wie konnte jemand zwischen eins und zehn nicht unterscheiden? Wir hatten Spaß an den neuen Münzen, er und ich, er am Erklären, ich, weil sie glänzten und anders waren. Das war, wie wenn mein Bruder, frisch von Prag, seine Taschen leerte und dann ratlos vor seinem tschechischen Kleingeld stand, nicht recht im klaren darüber, wieviel es in Wien wert war. Meine Mutter fand, es sei ein Skandal, sich in solchen Zeiten so kindisch zu vergnügen. Ich verstand das nicht genau und fragte mich, ob sie recht hatte (ihre Besorgnis schien echt) oder ob sie uns nur den Spaß verderben wollte. Denn das tat sie manchmal.

Mein Vater hatte diese Art. Er ließ sich die gute Laune nicht so leicht austreiben. Anfänglich kamen noch arische Frauen an die Tür zur Behandlung. Denen mußten wir sagen, er dürfe von nun an nur noch Jüdinnen behandeln. Dann wurde es Mode unter den Juden, die ins Ausland wollten, ein neues Gewerbe zu lernen. Mein Vater lernte Würste machen. Wir aßen seine Lehrlingswürste und machten schnöde Bemerkungen über ihre Asymmetrie. Er erläuterte am Mittagstisch, wie man die Füllung in die Därme stopft, und ich verschluckte mich vor Lachen. Kein Mensch war so witzig wie mein Vater.

Er muß sich die ganze Welt so vorgestellt haben wie Wien, wie sein Wien. Er dachte, es gebe überall zu viele Ärzte, zu viele Spezialisten. Nach Indien hätte er auswandern können, dort gab es einwandfrei nicht zu viele Ärzte. Doch dort sei das Klima unerträglich, »Indien ist mir zu heiß«. Wahrscheinlich war es ihm einfach zu fremd, eingefleischter Wiener, der er war. Denn was die Hitze betrifft, so hatte er schon Jahre vor dem Anschluß verkündet: »Wir sitzen mit dem Toches [Hintern] auf einem Pulverfaß.« Einen seiner angeheirateten Cousins hat er auf Umwegen nach Palästina geschickt. Kurz bevor der in Haifa starb, war er meinem Vater immer noch dankbar für den guten Rat, die gute Laune und die Hilfe.

Nicht los werde ich den Impuls, ihn zu feiern, eine Zeremonie, eine Totenfeier für ihn zu finden oder zu erfinden. Doch Feierlichkeiten sind mir suspekt, lächerlich, und ich wüßte auch nicht, wie ich es anstellen sollte. Bei uns Juden sagen nur die Männer den Kaddisch, das Totengebet. Mein immer freundlicher Großvater, den ich mir nur mit ausgestreckten Armen und Taschen voller Geschenke denken kann, soll mit gespielter Trauermiene zu seinem Hund gesagt haben: »Du bist der einzige hier, der Kaddisch für mich sagen kann.« Vor seinen Töchtern hat er so mit seinem Hund gesprochen, und meine Mutter hat mir das unkritisch erzählt, hat die Herabsetzung hingenommen, wie es sich für jüdische Töchter schickte. Es war ja humorvoll gemeint. Wär's anders und ich könnte sozusagen offiziell um meine Gespenster trauern, zum Beispiel für meinen Vater Kaddisch sagen, dann könnte ich mich eventuell mit dieser Religion anfreunden, die die Gottesliebe ihrer Töchter zur Hilfsfunktion der Männer erniedrigt und ihre geistlichen Bedürfnisse im Häuslichen eindämmt, sie zum Beispiel mit Kochrezepten für gefilte fish abspeist.

Du unterschätzt die Rolle der Frau im Judentum, sagen mir die Leute. Sie darf die Sabbatkerzen anzünden am gedeckten Tisch, eine wichtige Funktion. Ich will keine Tische decken und Sabbatkerzen anzünden, Kaddisch möchte ich sagen. Sonst bleib ich bei meinen Gedichten.

Und warum willst du Kaddisch sagen? fragen mich dann die Leute erstaunt. Bist doch sonst nicht aufs Beten versessen und raufst dir auch die Haare nicht in der Öffentlichkeit. Ja, aber die Toten stellen uns Aufgaben, oder? Wollen gefeiert und bewältigt sein. Gerade die Deutschen wissen das, denn sie sind doch ein Volk von Bewältigern geworden, denen sogar ein Wort für diese Sache einfiel, das von der Vergangenheitsbewältigung.

Also wie soll ich ihn feiern? Beim Namen kann ich ihn nennen, das ist schon alles. Viktor hieß er. Auf dem kleinen Schild unten am Haus stand »Frauen- und Kinderarzt« und darüber Doktor Viktor Klüger, und ich fand die Verdoppelung der Silbe »tor« lustig, als ich sie zum ersten Mal richtig lesen konnte. Die Erwachsenen fanden das nicht komisch, was mich erstaunte, wie so oft, diese Diskrepanz der Wahrnehmungen.

Mein Vater hat immer Geld hergegeben, sagt meine Mutter. Wem hat er Geld gegeben? Manchmal sogar seinen Patienten, behauptet sie, aber vor allem seiner Familie. Die waren ja alle arm. Meine deutschen Bekannten sagen: Die Juden haben alle Geld gehabt, die waren wohlhabend. Außer den Armen. Wie meine Freundinnen in New York. Wie die Geschwister meines Vaters. Wie meine Klassenkameraden, nachdem die wohlhabenden Juden ausgewandert waren, in Länder, wo der Sozialdarwinismus seine Spuren hinterlassen hatte und wo der reiche Jude stets der bessre Jude war. (Seit wann kenn ich eigentlich den »Nathan«? Schon damals?) Warum hab ich mein Lebtag lang so viele arme Juden gekannt, wenn es so viel reiche geben soll?

Mein ältester Sohn hätte so heißen sollen wie mein Vater, nach jüdischem Brauch heißen die Kinder nach den Toten. Aber im neunten Schwangerschaftsmonat, und ich war noch sehr jung, da war es mir unheimlich, ein Kind nach dem so elend Ermordeten zu nennen, und der Name selbst war wie ein Spott: der ein Sieger? Und so gaben wir dem Neugeborenen einen für uns unbedeutenden englischen Namen. Manchmal kommt mir das wie ein Verrat vor. Und vielleicht wollte ich ihm tatsächlich den an mir begangenen Verrat heimzahlen, nämlich daß er wegfuhr und mich nicht mitnahm und nicht zurückgekommen ist, indem ich ihm ein Weiterleben in den Enkeln verweigerte. Denn auch mein zweiter heißt nicht nach ihm.

Die Generation meines Vaters hat sich traditionsgemäß nicht viel mit kleinen Kindern beschäftigt. Meine Mutter behauptet zwar, er sei von Anfang an vernarrt in mich gewesen, aber ein solches Bild gehört auch zur Konvention. Ich weiß es besser. Als ich lesen gelernt hatte, begann ich, ihn ein wenig zu interessieren. Er brachte mir ein paar Bücher aus der städtischen Bibliothek, und einmal nahm er mich in eine Buchhandlung mit, wo ich mir etwas aussuchen durfte. Ich wählte das dickste Buch unter denjenigen, die zur Wahl standen, ein Auswahlkriterium, das er anerkennenswert fand. Jüdische Sagen, es wurde ein Lieblingsbuch. Beim Turmbau zu Babel warf Gott verschiedenfarbige Konfetti unter die Menschen, um sie zu den verschiedenen Sprachen und den Mißverständnissen zu verurteilen. Gottes Zorn als ein bunter Karneval des Zufalls.

Schachspielen kann ich von ihm. Er war ein guter oder zumindest ein begeisterter Schachspieler, und als ich sechs war, hat er mir die Regeln dieser völlig zweckfreien und vielleicht daher so befriedigenden geistigen Betätigung beigebracht. Ich war sehr aufgeregt, mit ihm im

»Herrenzimmer« vor dem Brett sitzen zu dürfen, und gab mir alle erdenkliche Mühe, mir die Züge zu merken und das Gelernte richtig anzuwenden. Nach den ersten paar Sitzungen hat er es gelangweilt aufgegeben, weil ich ihm nicht genügend talentiert war, was er auch offen kundgab. Ich war enttäuscht, und was ärger war, mich quälte der Gedanke, ihn enttäuscht zu haben. Und doch hat mir das Spiel, in dem ich es tatsächlich nie weit gebracht hatte, im Lauf der Jahre viel Vergnügen gebracht. Es gab sogar Wochen (Monate doch wohl nicht), in denen ich ein wenig (doch nicht völlig) besessen davon war, mir auch Schachbücher anschaffte und Meisterspiele studierte. Dahinter stand dieses an den Vater gerichtete: »Siehst du, du hast deine Zeit doch nicht verschwendet. Nichts hab ich vergessen, sogar noch dazu gelernt hab ich, wenn ich's auch halt nicht so gut kann, wie du es erwartet hast.« Dieses »Siehst du«. Neulich hab ich sogar versucht, gegen einen Computer zu spielen, und dachte wieder einmal an ihn: diese Computerspiele, das hätte er unter Umständen noch erleben können.

Aber ich hab ihn auch gefürchtet, meinen Vater. Da war die Geschichte mit der Schreibmaschine. Sie stand auf seinem Schreibtisch, und einmal hatten meine Cousine und ich die Idee, daß wir sie zu irgendeinem Spiel gut verwenden könnten. Die Cousine war etwa vierzehn, ich wohl sieben. Er war nicht zu Hause, wir holten sie uns einfach, die Cousine in voller Zuversicht, der joviale Onkel werde schon nichts dagegen haben. Doch als der Onkel nach Hause kam, war er böse auf uns und sehr schroff. So eine Maschine sei nichts für Kinder. Ich hab seine üble Stimmung ernst genommen, wie alles von ihm, und dachte, wir hätten uns schwer vergangen. Den ganzen Abend hab ich gezittert und den verärgerten Ausdruck in seinem Gesicht ein halbes Jahrhundert nicht vergessen. Meine Mutter hab ich einmal gefragt, warum ihm wohl so viel daran lag, daß wir das Ding nicht berührten, wo man doch weiß Gott an einer mechanischen Schreibmaschine (es war Jahre vor der Zeit der elektrischen) nichts kaputt machen kann. »Er kam eben aus kleinen Verhältnissen, und solche Anschaffungen waren wertvoll für ihn«, war ihre hochnäsige Erklärung. Es war nach dem Anschluß, kurz bevor mein Vater verhaftet wurde, und er war sicher dünnhäutiger als sonst, ich vielleicht auch. Und doch nehm ich ihm seine kleinliche Haltung übel. Das war nicht nötig, denke ich, wie ich jetzt, in diesem Moment, in unserer ihm sternenfernen elektronischen Welt, an meinem Computer sitze, und ertappe mich dabei, »siehst du« zu ihm zu sagen. Siehst du, ich pfeif auf deine alte Schreibmaschine, ich hab was Besseres. Und laß dir gesagt sein, auch Kinder dürfen da ran, wenn da eins kommt und sehen will, wie so ein Computer funktioniert. (Dreht sich mein Leben im Kreis? Leb ich trotz aller Umzüge noch immer im 7. Bezirk?)

Ich erzähle diese Kindereien, weil sie alles sind, was ich von ihm habe, und obwohl ich sie beim besten Willen nicht zusammenbringe mit seinem Ende; weil ich mich, ohne in ein falsches Pathos zu geraten, nicht umstellen kann auf das, was ihm geschehen ist. Aber auch nicht loslösen kann. Für mich war mein Vater der und der. Daß er schließlich nackt im Giftgas krampfhaft nach einem Ausgang suchte, macht alle diese Erinnerungen belanglos bis zur Ungültigkeit. Bleibt das Problem, daß ich sie nicht durch andere ersetzen und auch nicht löschen kann. Ich bring's nicht zusammen, da klafft etwas.

Ja, sagen die Leute, wir sehen ein, daß das ein Schlag für dich gewesen ist, und bedauern dich auch, wenn du das wünschst. Nur das kognitive Problem sehen wir nicht. Dein Vater hat ein normales Leben geführt und ist leider eines unnatürlichen Todes gestorben. Traurig – aber wo liegt die Schwierigkeit?

Die liegt in der Diskrepanz der Affekte. Da ist einerseits die Rührung, die wir gegenüber den Menschen unserer Kindheitserinnerungen haben, die nicht viel Höheres ist als Eigenliebe, Liebe zu den eigenen Wurzeln. Sie läßt sich belegen in der Art, wie ich eben, auf den vorhergehenden Seiten, über ihn, das heißt meinen Vater, und auch über meinen Bruder, geschrieben habe, genüßlich abstaubend, was in der Rumpelkammer noch vorhanden war. Zu Schorschis Taschenlampe hätte ich noch sein Taschenmesser hinzufügen können, das sich nach Kriegsende unversehrt auffand und das ich dann jahrelang mit mir als Memento herumschleppte. (Weiß Gott, bei welchem Umzug ich es verloren hab!)

Von Menschen, die wir lieben und kennen, haben wir doch ein Bild, das in einen geistigen Rahmen paßt und nicht in ein Dutzend Momentaufnahmen zersplittert. Ich sehe meinen Vater in der Erinnerung höflich den Hut auf der Straße ziehen, und in der Phantasie sehe ich ihn elend verrecken, ermordet von den Leuten, die er in der Neubaugasse begrüßte, oder doch von ihresgleichen. Nichts dazwischen. Und wir haben einen Ton, in dem wir über einen uns bekannten Lebenslauf sprechen, ohne dem Anfang das Ende vorzuenthalten. Zu diesem Zweck schaffen wir Voraussetzungen und setzen Warnsignale. Ich versuche das hier, und es gelingt nicht, weil das Gedächtnis auch ein Gefängnis ist: man rüttelt umsonst an den in der Kindheit geprägten Bildern. Wie bei jener Zeichnung, die man sowohl als Ente oder als Geldbörse sehen kann, aber nicht als beides gleichzeitig, und an der sowohl der Kunsttheoretiker Gombrich wie der Philosoph Wittgenstein ihre Freude hatten, kann ich die richtigen Gefühle für den lebenden oder für den sterbenden Vater aufbringen, aber sie vereinigen für die eine, untrennbare Person kann ich nicht.

So verführen gerade die genauesten Erinnerungen zur Unwahrheit, weil sie sich auf nichts einlassen, was außerhalb ihrer selbst liegt, und den auf ein später entwickeltes Urteil und weiteres Wissen gegründeten Gedanken stur ihre eigene Beschränktheit entgegensetzen und daher auch keine kommensurablen Gefühle aufkommen lassen. Keine Notwendigkeit hält diese disparaten Vaterfragmente zusammen, und so ergibt sich keine Tragödie daraus, nur hilflose Verbindungen, die ins Leere stoßen oder sich in Rührseligkeit erschöpfen.

Ich kann's nicht besser machen und versuche vor allem, dieses, wie mir scheint, unlösbare Dilemma am Beispiel meiner eigenen Unzulänglichkeit zu demonstrieren. Mein Vater ist zum Gespenst geworden. Unerlöst geistert er. Gespenstergeschichten sollte man schreiben können.

Ilse Aichinger
Der 1. September 1939

Ich glaube, ich war im Kino. Es hieß Sascha-Palast, war die ehemalige Reitschule des ehemaligen k. u. k. Reitlehrinstituts und stand oberhalb einer kleinen Bahnlinie, die Verbindungsbahn hieß. Ich weiß nicht, was sie eigentlich verband, ich weiß nur, daß hauptsächlich Lasten auf ihr transportiert wurden und in diesen Tagen vermutlich mehr als sonst. Viel früher soll auch meine Großtante manchmal dort gefahren sein, um uns zu besuchen, aber nur wenig später stieg meine Großmutter dort ein oder wurde in einen Güterwaggon verladen. Die Vernichtungstransporte aus Wien begannen, vielleicht, weil es unauffällig war, auf dem Aspangbahnhof, einem kleinen Bahnhof der Verbindungsbahn, nahe dem Sascha-Palast. Das ist vielleicht etwas zuviel Wiener Topographie, aber die Topographie spielt ja viele, manchmal auch geheimnisvolle Rollen. An den hellgrauen, damals schon etwas schäbigen Mauern des Sascha-Palasts waren jedenfalls die Schilder mit dem Wort *Judenverbot*, soweit ich mich erinnere, unauffälliger angebracht, es ist auch später eingegangen. Die Dienste der Engel machen sich selten bezahlt.

Aber auch sonst wurde am 1. September gespielt. Alles ging – wieder nach der damaligen Sprachregelung – gefaßt und ernst weiter, im Opern-Kino wurde die ›Frau ohne Vergangenheit‹ gegeben, in der Volksoper ›Martha‹ von Flotow, im Burgtheater ›Don Carlos‹ und ich hatte, ehe ich ins Kino ging, Englisch-Stunde bei einer alten Lehrerin in meiner alten Schule, dem Ursulinenkloster in Wien, das in diesem Herbst auf die Weisung der Machthaber hin seine Tore zum ersten Mal nicht mehr öffnete. Oder doch nur um einen Spalt, um die unliebsam gewordenen unter seinen Kindern einzulassen, oder solche, die noch Englisch oder Klavier nahmen wie ich, eine merkwürdige Gruppe von Mädchen mit zum Teil jüdischen, ausländischen oder politisch unzuverlässigen Eltern. Ich erinnere mich an Nair, eine kleine Brasilianerin, an Felizitas, ein jüdisches Kind, das später nach Australien ging, und an ein ziemlich zartes Mädchen mit Zöpfen, das Renate Habsburg hieß. Das Schulhaus war zum größten Teil schon von der Wehrmacht beschlagnahmt, aber doch noch so alt und weitläufig, daß man es in einer Gasse betreten und in einer anderen wieder verlassen konnte, um nicht aufzufallen. Aber meine alte Englisch-Lehrerin sprach kein Wort vom Krieg, ich auch nicht. Englisch zu lernen wurde übrigens auch später, als die Hoffnungen, die an diesem Tag zu schwanken begannen, endgültig einstürzten, und gerade bei solchen, die so schwarz sahen, daß sie recht behielten, zu einer Art von Disziplin, die bis vor die Türen der KZs und der Gaskammern anhielt. Viele haben auf diese Weise, von Ein- und Ausreisegenehmigungen, gut dotierten Bürgschaften und Arbeitsbewilligungen unabhängig, die Grenzen gesprengt und die Länder, die ihnen keine Zuflucht boten oder bieten konnten, als Zuflucht erfahren. Auch mir kam es am 1. September 1939 nicht sinnlos vor, eine Szene aus ›Lady Windermeres Fächer‹ zu übersetzen, weniger sinnlos jedenfalls als so oft an den alten regulären Schultagen.

An den Vormittagen gab ich in diesem Sommer und frühen Herbst auf einen kleinen Jungen acht. Ich holte ihn ab und ging mit ihm in den Stadtpark, wenn das Wetter schön war. Daran änderten auch der 1. und 2. September nichts und das Wetter war schön. Seine Mutter stand in der Flurtür und schärfte uns ein, in den nächsten Luftschutzkeller zu gehen, sobald die Sirene ging. Aber sie lachte, sie glaubte nicht daran. Wenige glaubten daran und die Sirene ging auch nicht. Das frühere österreichische Kriegsministerium ließ seine Fenster in der Sonne spiegeln und auf seinem First stand *si vis pacem para bellum*. Vor dem Stadtpark waren die Obststände, die bald verschwinden sollten, mit Äpfeln und Birnen beladen, und auf dem Spielplatz saß auf der Bank neben mir ein Mädchen mit weißen Socken und weißen Handschuhen und las ›Lederstrumpf‹. Später stand dieser Tag oft in der grauen, trüben und kriegerischen Luft vor mir und das weiße Mädchen mit dem ›Lederstrumpf‹buch fehlte nie darinnen. Vielleicht auch seinethalben erscheint mir dieser Tag heute noch wie der letzte Friedenstag. Und das, obwohl der Krieg für uns und viele andere, als er begann, schon eine Weile begonnen hatte. Meine Mutter hatte ihre Stellung als Schulärztin schon verloren, Praxis und Wohnung aufgeben müssen, wir waren zu unserer Großmutter gezogen, meine Schwester war mit einem der Transporte, die die Quäker für bedrohte Kinder und Jugendliche in Wien durchführten, am 4. Juli nach England gefahren. Der Transport ging vom Wiener Westbahnhof um die Mittagszeit und wenn ich zurückdenke, so scheint mir dieser 4. Juli mit seiner flimmernden Hitze, seiner Hoffnung, nachzukommen, auch auszuwandern, uns wieder zu treffen in England oder Amerika, viel länger gedauert zu haben, als ein Tag dauern kann. Während der ersten Septembertage ging er zu Ende. Verdüstert hatte er sich schon kurz vorher. Obwohl ich ihr nicht angehörte und nicht angehören durfte, hatte ich, um auszuwandern, eine Genehmigung der Hitlerjugend gebraucht. Es war eine – vielleicht regionale – Bestimmung für unter 18 Jährige. An einem der letzten Augusttage ging ich hin, um mir die Genehmigung zu holen. Ich wurde in ein Zimmer gewiesen, in dem ein Junge hinter einem Schreibtisch saß, kaum älter als ich, ein Rotten- oder Gebietsführer. Er fragte mich, wofür ich die Erlaubnis wolle. Ich weiß nicht, was ich ihm darauf sagte, aber ich weiß, daß er auf meine Antwort hin aufstand und eine Weile zum Fenster hinaussah. Dann drehte er sich wieder zu mir herum und sagte: Genehmigungen werden im Augenblick nicht gegeben. Er sagte es nicht unfreundlich, nicht in dem Ton, an den wir uns bei den ziemlich einseitigen Verhandlungen mit den nationalsozialistischen Behörden inzwischen gewöhnt hatten. Er war nachdenklich, fast eine Spur ratlos, und als ich die Treppe wieder hinunterging, hatte ich das Gefühl, als hätte ich ihm eine Erlaubnis verweigert und nicht er mir.

Ich nahm es auch nicht zu ernst und am Morgen des 1. September dachte ich am wenigsten daran, der Tag begann glücklich. Kurz vor sieben klingelte es, zwei Männer schoben einen alten Schiffskoffer in unser finsteres Vorzimmer und verschwanden ohne ein Wort. Wir hatten ihn schon lange erwartet. Ein Bruder meines Großvaters wollte ihn uns aus den Restbeständen seines Koffer- und Taschengeschäftes billig abgeben. Mein Großonkel – er hieß Julius und entging zwei Jahre später der Deportation, weil er starb – war nicht eher dazugekommen, den Koffer zu schicken. Wir schoben ihn in den fast unbewohnten Salon und ich begann meine Bücher und alten Schulhefte hineinzuwerfen, Strümpfe, Schuhe und die Klavierschule von Bayer. Keiner von uns ahnte damals, daß er uns nie in ein fremdes Land folgen würde, sondern nur von einem unserer schwierigen und immer bedrohteren Quartiere zum nächsten. Der Schiffskoffer war hell und innen grau ausgelegt. Er hatte einen gewölbten Deckel, zwei Schlösser und vier dunkle Leisten. Er war etwas über einen Meter lang und achtzig Zentimeter hoch und hat das Meer nie gesehen. Aber es scheint mir immer noch, als wüßte er mehr als ich. Über den 1., 2. und 3. September 1939 und alle andern Tage.

Marie-Thérèse Kerschbaumer
Tonschi

Mück, Antonie
geschiedene Ludsky, geborene Pospichal
Arbeiterin aus Wien
geboren: 4.6.1912
verhaftet: 17.6.1941
verurteilt: 27.8.1942, zusammen mit neun Kampfgefährten aus Wiener Betrieben
geköpft: 10.11.1942

Liebe Eltern, ich sitze in der Zelle, der Tag ist gekommen, ich sitze seit Wochen und heute besonders in Gedanken bei Euch. Liebe Eltern, ich sitze in der Zelle, vor mir liegt ein blasses Blatt Papier, für meinen letzten Brief, den fürs Leben, den Brief vor dem Tod. Liebe Eltern, ich bin dreißig geworden, dreißig Jahre, vier Monate und sechs Tage, heute ist der letzte gekommen. Liebe Eltern, Seff, meine Erika, Geschwister, Menschen, der Tag ist gekommen und ich bin ganz ruhig. Vorbei ist die Zeit des Bangens, Schreckens, der Verzweiflung, der Hoffnung, vorbei die Zeit der Fragen, was wissen sie bereits, sind die anderen hochgegangen, wie viele von uns, wer hat gestanden, wer hat die Nerven verloren, wer ist schon tot. Vorbei das Bangen um das Strafausmaß, und, als es die Höchststrafe ist, wird der Krieg aus sein, ehe die Reihe an mich kommt? Liebe Eltern, ich bin ganz ruhig, der Tag ist gekommen, ich wünsche mir nichts als die Zeit, einen langen Brief an Erika zu schreiben, einen Brief, der ihr alles vermittelt, der mein Leben in sich birgt, meine Erfahrungen, meinen Glauben, unseren Kampf und unsere Zuversicht, daß dies alles, die Nacht des Faschismus, bald vorbei ist und Österreich frei in einer friedlichen Welt.

Liebe Eltern, ich sitze in der Zelle, ich bin dreißig geworden, dreißig und einige Wochen und Tage, die Zeit eilt, sie tropft von den Wänden, sie raschelt im Stroh, sie sickert aus den Gräbern, sintert durch die Jahre, zerstäubt auf den Lippen, versprüht an einem Februartag.

Liebe Eltern, die Zeit, das Gold der Armen, rauscht in unseren Liedern, braust in unseren Schriften, fegt donnernd über den Abgrund, denn die Zeit ist mit uns. Eltern, Geschwister, Menschen, die Zeit heilt nicht Wunden, dazu fehlt ihr die Zeit, sie strömt, fließt, tritt aus, läuft dahin, rollt davon, reißt mit, hebt auf, trägt weiter, entgleitend, ziehend, ein Blutstrom, austretend aus mir, Leben austreibend, Leben auswerfend, hervorbringend, die Zeit, aus mir heraus fließt Zeit, ein wirbelnder Sturzbach, unaufhaltsam, Kraft, unsagbar, rot!

Liebe Eltern, Ihr habt keine Ahnung von dem, was wir wissen, es ist besser, Mutter, daß Du es nicht weißt, nur der Brief an Erika, ich muß ihn beginnen, den Brief, der die mächtigste Kampfgefährtin für sich will, die Zeit! Ein Brief, der die Zeit überwindet, selbst Zeit wird, Geschichte, Kraft, Volk wird, ausgesandt, die Tochter zu umfangen, einzubetten in den Schoß der Zeit, einzubetten in den Schoß Zeit, ein Brief, der vor uns beginnt, mit der Reihe der werktätigen Ahnen, hinausreicht über uns, ein Geleitbrief kommender Tage, kommender Friedenslegionen.

Liebe Eltern, Seff soll mir alles verzeihn, was er durch mich hat mitmachen müssen, es war gewiß nicht wenig. Seff, mein Lieber, ich schreibe Dir nicht, wir kennen uns so, es bedarf keiner Worte, Seff, wenn Du dort in den Praterauen mit mir warst, Seff, ich sage mit mir, wenn auch die andern dabei sind, Deine Schultern, Deine Haut, der Duft der Sommer 1938 bis 1940. Seff, ich schreibe Dir nicht, wir sind stark, wir haben die Sonne gesehen, wir waren bereit, es kamen die härteren Tage, Seff, Deine guten, jetzt rissigen Hände, das rote Halstuch auf der bloßen Haut stand Dir gut. Du warst von uns allen der sicherste Schwimmer, das Lachen über den verschreckten Schupo zu Pferd, wir trafen uns heimlich, Seff, mit den Augen, Seff, wenn die Feuer brannten und die Mücken flirrten in der Lobau. Faltboote, bei Langenlebarn zu Wasser gelassen, Seff, weißt Du noch, *Brüder, zur Sonne, zur Sonne,* es brannte im Rücken und vor Wien wars schon kühl.

Seff, mein Lieber, ich schreibe Dir nicht, es braucht keine Worte, Du weißt, wir sind innig vereint, in diesen Mauern, die naß sind von Tränen und drückend von Herzeleid. Ich habe es dem Priester gesagt, ich brauche keinen Trost mehr, reden wir von etwas anderem, reden wir von der Zukunft, hab ich gesagt. Seff, wir haben uns ohne Worte verstanden, bitte verzeih. Seff, wir sind einfache Menschen, Du weißt, wir haben nicht so viel gelesen, wie es anderen vergönnt war, und wenn wir auch Schriften für den Lit-Apparat besorgten, so ist Bildung erst recht eine Klassenfrage geblieben; und so viel ich auch in der Schule zu lernen versuchte, hab ich doch von der Bildung nur die Fetzen und Lumpen sortiert fürs Papier bei Bunzel und Biach, wo sich unsere Genossin so infiziert hat, erinnerst Du Dich, fürs Papier, das der Klassenfeind jetzt für seine Lügen gebraucht. Wenn wir auch in Stadlau unsere Zeitung zuletzt selbst produzierten, so war der Kampf für den Frieden für mich zugleich ein Kampf für mein Recht und Deines und unserer Kinder auf Bildung. Darum verlaß Erika nicht, sie hat nach mir nur noch Dich.

Liebe Eltern, ich sitze in der Zelle, vor mir ein schmales, blasses Blatt Papier, habt Dank für die Liebe und Treue, das Foto, die vertrauten Gestalten, das schöne Tisch-Arrangement, die festliche Stimmung. Du hast es immer verstanden, Mutter, Deinen Kindern ein gutes Zuhause zu geben, um 19 Uhr, Mutter, ist alles vorbei. Mutter, wir waren so viele, Du weißt, ich hätte so gerne gelernt, seid nicht traurig, Ihr habt ja noch so viel andere Kinder und Poldi, der auch einmal sicher bei Euch sein wird. Hier habe ich eine junge Frau getroffen, ihr Freund war Soldat, er ist desertiert, und sie hat ihn zu verstecken versucht. In der Schiffamtsgasse haben wir es leicht gehabt, die Isolierhaft war eine gute Schulung für uns, wir waren niemals allein. Vater, denk Dir, fast alles Frauen unserer Bewegung, eine jede von uns aus der Partei. Vater, ich würde Dir gerne die Zeichnung machen, das Rechteck der Zellen um den Innenhof, an dessen äußerer Front die Treppe heraufführt. Das Gitter zum Stiegenhaus knarrte zum Glück, so haben dem Gestapobeamten seine Filzstiefel gar nichts genützt. Grete Jost auf der einen, Grete Schütte auf der anderen, Poldi Kowarik und Hedy Urach, unser ZK-Mitglied, auf der drüberen Seite, trommeln: sie kommen, sie kommen. Denn wir stehen am Fenster, es gibt eine Pritsche und das Waschbrett, ein Holzbrett für Wäsche, auf die Kante des Bettes und an die Wand gelehnt, die Zehen um die aufgestellte Brettkante klammern, so reicht man genau mit der Nasenspitze ans Fenster und gibt einander per Fingersprache Zeichen, eine von uns hält ganze Vorträge so. Kommt eine Neue und weint und schreit, dann zehrt das an den Nerven; wir sind wie auf Messers Schneide, unsere Zehen sind wie auf Messers Schneide, Messer und Fallbeil, wenn eine tagelang schreit, dann wissen wir, sie ist nicht von der Partei oder zumindest nicht lange. Es braucht viel Geduld und Zeit, so eine Verschreckte zu schulen, die Wände sind dabei Hindernis und Hilfe zugleich. Als die Südamerikanerin links außen von ihrem Konsul befreit wird, weil sich die Gestapo schon einen Schlupfwinkel für ihr unausweichliches Ende sichert, gebe ich nach Gretes Zeichen die Losung weiter und wir rufen, als sie durch den Hof geht und das Hoftor erreicht, aus allen Fenstern im Chor: Auf Wiedersehen in der Freiheit! Auf diesen gemeinsamen Ruf sind wir heute noch stolz.

Liebe Eltern, habt Dank für die Liebe und Treue, ich kann Euch nicht sagen, wie oft ich am Tage das Bild mir noch ansah, zumindest einmal am Tag, zumindest im Geiste. Vater, Du bist in den letzten Wochen gealtert, Mutter, Du sollst mehr auf Dich schaun. Erika, Kind, was wird in der Schule mit Dir sein, ich konnte Dir das nicht geben, was ich immer schon wollte. Mein Kind, das Rad gehört Dir, alles andere Deinem Vater, meinem Mann Josef Mück, er soll damit tun, was er glaubt, nur, verlaß Erika nicht, verlaß sie nicht.

Schwestern, Freunde, verzeiht, wenn ich nicht immer so war, wie ich hätte sein sollen, bitte tragt mir nichts nach. Es war diese schreckliche Frühschicht, der Geruch im Fetzenlager, der Staub, wo sich Anni schon infiziert hat, das ewige Bücken in Zugluft und Kälte. Wenn ich täglich mit dem Rad von der Siedlung Am Riss meinen Weg fuhr, der Nebel vom Marchfeld über Aspern heraufzog, lösten sich eilig die Schatten aus den Parzellen, dort und da glitt ein Fahrrad über den Feldweg, auf das Mühlwasser zu und hinauf zum Damm Kaisermühlen. Da hatte ich oft die Vision eines Sonderappells. Eine Maikundgebung wie vor dem Vierunddreißigerjahr. Kaum ist die Kettenbrücke im Nebel zu sehen, die keinen Blick auf das Zentrum, den Stephansturm, freigibt. Schwestern, in den langen Nächten dieser kalten Mauern kamen Legionen aus dem Nebel hervor, geknechtet, in Ketten geschmiedet, Genossen, auftauchten sie aus allen Kontinenten, schwarze, gelbe und noch nie geschaute Völkerschaften, stumm stehend auf der Brücke, reckten die Hände in Ketten, die Fäuste geballt. Stumme Gesichter rufen und rufen mir zu und ich höre nicht was. Ich fahre über die Brücke, Fäuste in Ketten zerren mich scheinbar vom Rade, ich trete in die Pedale und fahre voran, zum Handelskai ins Lumpendepot, meinen Arbeitsplatz.

Dort warten die Männer der Gestapo auf mich, und diesmal zerren sie mich wirklich vom Rad, und gleich beginnt das Verhör und dann durch die Gefängnisse Wiens. Fast jede Nacht derselbe Traum, und ich fühle ihr Rufen deutlicher und ihr Drängen dringlicher, doch ich kann sie nicht hören. All die Monate, die ich im Gefängnis verbringe, hoffte ich fest, ich käme mit dem Leben davon. Als es das Todesurteil war, begriff ich, was die Genossen mir zuriefen, daß sie mich zu sich riefen.

Poldi, Bruder, Du bist sicher einmal wieder bei den Eltern, schau auf die Noten von Erika und gib ihr etwas für ihre Einser. Behaltet mich lieb, seid nicht traurig und denkt auch manchmal noch an mich. Aber das Wichtigste ist Erika, ich konnte sie nicht mehr begleiten, und als kleines Kind, da hatte ich auch nicht so viel Zeit für sie. Bruder, es kommt darauf an, daß sie die Wahrheit erfährt über uns, daß sie unsere Gedanken weiterträgt. Das kann sie vielleicht besser und überzeugender als wir, wenn sie Gelegenheit hat, sich weiter zu bilden. Wenn der Krieg aus ist, soll sie in eine Schule gehen, sie soll sich einsetzen, soll verhindern helfen, daß es solche Arbeitsbedingungen gibt. Sie soll einen Beruf lernen und kämpfen, daß das Unglück des Krieges niemals vergessen wird, auch nicht diejenigen, die das angezettelt haben. Kämpft, daß so was niemals wiederkommt, das bitte ich Euch.

Liebe Eltern, ich sitze in der Zelle, vor mir ein blasses, bleiches Blatt Papier, der Tag ist gekommen, um 19 Uhr ist alles vorbei. Wir sind hier sehr ruhig, ich habe mit dem Priester geredet, hab ihm meinen Traum erzählt. Wir haben von der Zukunft gesprochen. Monsignore Köck ist ein anständiger Mensch, er hat mir versprochen, Euch meinen letzten Willen mitzuteilen, auch wenn ich nicht mit ihm die kirchlichen Dinge reden wollte. Liebe Eltern, ich sitze in der Zelle, ich hätte noch gerne gelebt, ich versuchte, mein Bestes zu geben, gewiß war Verrat mit im Spiel, wie konnte es kommen, daß sie unsere Gruppe zerschlugen. Wer von uns zum Arbeitsdienst mußte, kommt jetzt zum Glück mit dem Leben davon. Liebe Eltern, wer schreibt die Geschichte der Einzelzellen in der Schiffamtsgasse. Wer schreibt die Geschichte der Zellen im vierten Stock, alle politisch, alles Todeskandidaten, auch die auf Begnadigung hoffen. Liebe Eltern, ich sitze in der Zelle, und ich denke an die Familien der Genossen, die mit mir das Urteil hörten, *zum Tode und ehrlos auf Lebenszeit*. Liebe Eltern, es tut gut, in diesen Zeiten ehrlos zu sein, doch ich denke an die Familien, an die Tränen und Opfer, das viele Geld, das Ihr umsonst für mich noch ausgegeben habt.

Liebe Eltern, Max Schädler und Andreas Morth, die die Schriften bei mir abholten, die ich beim »Bartele« holte. Alfred Svobodnik, Johann Hojdn und Alfred Stelzhammer, auch der Stelzel Franz, das Kind ist noch klein, er hat die Reinschriften hergestellt, an Felix Pfeiffer, der die Matrizen schrieb, an den Obergefreiten Josef Leeb und den Lederarbeiter Franz Mitterndorfer.

Liebe Eltern, der Saal war mit blutroten Tüchern verhängt, damit wir uns fürchten, Ihr durftet nicht dabei sein, und unsere Taktik war, rettet Euch, rettet und spart Euch auf für den Kampf. Wir betraten den Saal. Es war wie ein Schauspiel, kein gutes, der Richter hat wie verzweifelt geschrien, wenn ein Genosse vor Schwäche zu leise geantwortet hat. Liebe Eltern, ich bin froh, daß von zu Hause keiner dabei war, Ihr hättet den Anblick Euer Lebtag nicht mehr vergessen. Liebe Eltern, wir konnten einander kaum noch erkennen, blaß, abgezehrt und von Schlägen entstellt. Liebe Eltern, sie haben unsere Schriften gefürchtet, armes Papier, in den Gärten nachts händisch bedruckt. Diese scheinbar so hohen Studierten strafen unsere Schriften mit Blut, mit dem Tod. Eltern, sie fürchten ein schreibendes Arbeiterkind. Liebe Eltern, bei Schlosser Franz Stelzel fanden sie die »Mercedes Superba« und das Rundfunkgerät, das die Stadtleitung beistellte. Beim Maschinisten Johann Hojdn die Schallplatten – Internationale, Marseillaise, Sozialistenmarsch, Brüder zur Sonne. Am meisten traf sie der Brief eines jungen Arbeiters an einen NS-Kameraden, das Flugblatt wurde beim Gerbermeister Alfred Goldhammer entdeckt.

Liebe Eltern, es war ein blauer Augusttag, am Gänsehäufl lag man wohl noch bis spät am Strand, ein Gras nur von dort, einen Halm wenn wir hätten, es ging alles sehr rasch, Türenschlagen. Hämmer-Klopfen, der Richter kreischt, wir haben, so gut wir konnten, geleugnet, unser Tod war jedoch beschlossene Sache. So kam ich nicht wieder in die Schiffamtsgasse zurück. Jetzt ist grauer November und die Saatkrähen bevölkern die Äcker um Wien. Wer mit ihnen im Frühjahr nach Osten ziehen könnte und wiederkehren mit der Roten Armee.

Seff, ich schreibe Dir nicht, es ist keine Zeit mehr, die hat sich zusammengezogen, sie kauert vor mir, ein Berg aus der Papierfabrik. Seff, nur einmal mit Dir und Erika auf dem Rad durch den herbstlichen Prater zu fahren, das verschiedene Grün, das leuchtende Gelb, tiefrote Brombeersträucher und das Rot der Vogelbeere im Busch und dann der blühende Schilf. Ich hab schon gespart, die Genossin aus Kaisermühlen hat mir ein Kinderfahrrad gewußt, aber es hat nicht sollen sein, so bekommt Erika mein Rad, alles andere gehört Dir.

Liebe Eltern, Geschwister, Freunde, Menschen, die Zeit, das Gold der Armen, liegt als Lumpenbündel vor mir. Sie stiehlt sich davon, schleicht mir aus den Augen, entgleitet mir unter der Hand, vor mir ein armes, blasses Blatt Papier. Sie sollen mich furchtlos sehen, besser aufrecht sterben als auf Knien leben, die Zeit, die Zeit, ich seh sie erstehen, unsere Zeit, aus Lumpen und Trümmern, ich sehe Millionen marschieren auf goldenen Straßen, Brüder, Schwestern, zur Sonne, zur Freiheit, in der friedlichen Welt.

Liebe Erika!

Ich schicke Dir viele, viele Grüße und Bussi. Liebe Erika, ich habe nicht vergessen auf Deine Einser, ich habe gesagt, daß ich Dir für jeden, den Du bekommst, 10 *Pf. geben werde, ich werde Dir deshalb die* 40 *RM geben, die ich noch habe, und dann wird Dir für jeden weiteren Einser der Onkel Poldi oder eine von Deinen Tanten das Geld geben. Also sage ich Dir deshalb, sei recht brav und schaue, daß Du recht viele Einser bringst, dann hast Du auch wieder Geld. Servus, mein kleines liebes Mauserl.*

Die qualvolle Stunde war jeden Abend 17.45 Uhr, die Stunde, wo die zu Tode Verurteilten in die sogenannte Armensünderzelle geführt werden. Pfarrer Köck war dann immer bei ihnen. Er wußte auch, daß sein Beisein Kraft und Trost für die Sterbenden in letzter Stunde bedeutete. Er selber kam nach jeder Hinrichtung als völlig gebrochener Mensch zurück. Er erzählte mir oft von dem Tode unserer Genossen und Genossinnen. Ein Beispiel die kleine Toni Mück. Als Pfarrer Köck zu ihr in die Zelle kam, sagte sie: »Herr Pfarrer, ich brauche keinen geistlichen Trost, denn was ich in diesen Mauern erlebt habe, die naß sind von Tränen und drückend von Herzeleid, diese Mauern haben mich das Beten verlernt. Lassen Sie uns von anderem reden, von der besseren und schöneren Zukunft, für die wir sterben müssen.« (Und) als der Staatsanwalt nochmals die Anklage vorlas, fing Toni die Internationale zu singen an.

(Lieber H., verzeih mir, aber weißt Du, es muß aus mir heraus, das unscheinbare, stille Mädchen, das in ihrer Zelle nur Liebeslieder an ihre Heimat sang, die ihre Heimat liebte und für die Partei vielleicht nicht weiß Gott Großes geleistet hat, ist als eine große Heldin und als Vorbild für viele von uns gestorben.)

Anna

ELISABETH FREUNDLICH
Paris, Frühling 1945

Ein schönes Geschenk, das. Die Mutter hat natürlich gleich wieder geweint, und die Freunde sind dagestanden, verlegen und ein wenig ehrfürchtig, vor dem, was man vor ihnen ausbreitete. Nur die dicke Bibliothekarin, die jetzt wieder in ihr Amt eingesetzt war, hatte sich völlig naiv gestellt, als ob sie wirklich nichts anderes als irgendein Geschenk gebracht hätte. Und dabei sollte heute sein Freudentag sein, der erste wirkliche. Der Tag, der den Beginn eines normalen Alltagslebens einleiten sollte; eines Lebens, in dem Studium und Prüfungen, Geldverdienen und Schlafen in monotoner Gleichmäßigkeit abwechseln sollten. Und gerade da war die dicke Julie mit ihrem Geschenk erschienen.

Félix hatte heute seine Prüfung bestanden, sein Bachot, reichlich spät; aber vor dieser speziellen Kommission waren noch viel Ältere erschienen. Die Kommission war eigens eingerichtet für die »déportés politiques«, die in den letzten Jahren durch all die Lager, erst die der Vichyregierung und dann die der Deutschen, geschleppt worden waren. Und nun sollte das Leben beginnen. Ein Leben, das auch ein bißchen Friede und Freude für die Mutter bringen sollte. Um ihn sollte sie nicht zittern müssen, wie sie es um den Vater getan hatte, durch Jahre, fast durch ein Jahrzehnt. Dieses Geschenk da von der dicken Julie, das hatte Vaters Leben ausgemacht. Wie gut er jedes einzelne Stück kannte. Und wie er wieder all die Sorgen spürte, die daran hingen. Das da, und er hatte Lust, den ganzen Krempel, alles was auf dem Tisch ausgebreitet lag, mit einer Bewegung der Hand hinunterzufegen, um dieses ganze Stück Leben von damals auszulöschen. Das war das Leben der Familie gewesen, ob sie es gewollt hatte oder nicht, weil es Vaters Leben ausgemacht hatte. Und schließlich waren sie alle drei deportiert worden. Zu dritt, als Familie, hatte man sie abgeholt, aber verschickt hatte man sie getrennt. Jahrelang hatten sie nichts voneinander gewußt.

Und eines Tages war der Félix wieder dagewesen. Zurück in Paris, wo er ja schließlich auch immer ein Fremder geblieben war. Allein in der alten Wohnung, und das war eigentlich der ärgste Augenblick in all den Jahren gewesen. Allein in dem alten Zimmer, man wußte nicht, weshalb man da war, und wußte auch wieder nicht, wo man sonst hätte hingehen sollen. Und endlich, nach Wochen, war die Mutter gekommen. Wie diese zarte, ewig kränkelnde Mutter das ausgehalten hatte, und wie sie, die das Französische nie richtig erlernt hatte, sich hatte halten können unter den französischen Zwangsarbeiterinnen, das konnte sie selbst auch nicht verstehen. Aber sie war da. Und die Mutter hatte ihn dann auch dazu gebracht, im Bett zu schlafen. Die Zeit, die er allein verbracht hatte – ob es Tage oder Wochen gewesen, auch das war später nur mehr schwer feststellbar –, hatte er sich so gefürchtet vor einem Bett, daß er auf dem Boden geschlafen hatte.

Aber der Vater war nicht wiedergekommen. Was damals mit ihm bei der Gestapo vorgegangen war, ehe sie ihn halbtot ins Lager abgeliefert hatten, das wußte der Félix, und er hatte sich nie getraut herauszubekommen, ob es die Mutter auch wußte. Nein, der Vater würde nicht mehr kommen. Erst hatten sie noch gewartet, ohne davon zu sprechen, aber jedesmal, wenn sie die Wohnung betraten, war ein bißchen Erwartung da gewesen, so ein Gemisch aus Angst und Freude. Aber schließlich war die Nachricht gekommen, die nicht zu bezweifeln war: In Ebensee hatten sie ihn fertiggemacht, drei Wochen vor dem Einmarsch der Amerikaner.

Anka nahm scheu eines der ausgebreiteten Stücke in die Hand. Es war irgendein billiger Satz eines Briefmarkensammlers in einem durchsichtigen Säckchen, durch das man die Marken durchschimmern sah. Oben auf dem Säckchen waren Name und Adresse einer Berliner Briefmarkenfirma gedruckt. Anka schüttete vorsichtig die Marken auf den Tisch. Es waren ein paar Dutzend, und ein kleines Heftchen lag dabei, offenbar Anweisungen für den Sammler.

»Ich kenn' mich aus mit Marken«, erklärte sie den anderen, die um den Tisch saßen, und beugte sich interessiert über die ausgebreiteten bunten Fetzchen. Anka war ein spitznäsiges, kurzsichtiges Ding mit einer großen Brille, die nie ganz richtig saß und ihr immer über die Nase rutschte; sie auf den Nasenrücken zurückzuschieben war eine ständig wiederholte Geste von ihr. Anka war eine Studienkollegin von Félix und hatte gleichfalls gerade ihr Bachot hinter sich gebracht. Sic sah ältlich und bekümmert und gänzlich reizlos aus, aber da sie die Marken vorsichtig in die Hand nahm und untersuchte, lag eine kindliche Freude in ihren Zügen. »Ich bin mit dem Vater jeden Sonntag auf der Briefmarkenbörse gewesen«, sagte sie, ohne aufzusehen.

Die beiden älteren Frauen wechselten einen Blick. Auch Ankas Vater würde nicht mehr zurückkommen. Zwanzig Jahre war er in Paris ansässig gewesen, und doch hatte man ihn als Ausländer deportiert.

Die dicke Julie sog an ihrer Mentholzigarette, die eine mitleidige Seele ihr von irgendwoher aufgetrieben hatte. Julie litt schwer unter dem Tabakmangel. Früher hatte man sie immer mit der Zigarette in den Mundwinkel geklebt gesehen, ganz wie bei richtigen Franzosen. Dabei hatte sie das Auftreten einer deutschen Frauenrechtlerin so aus der Zeit um die Jahrhundertwende. Sie nahm das Heftchen in die Hand und blätterte: *Anweisungen für den Sammler* stand auf dem Umschlagblatt. Aber was dann folgte, war nicht so ausschließlich an Sammler gerichtet, sondern an jeden deutschen Bürger, der noch an die Reichstagsbrandlüge glaubte; man fand hier Fakten, Zahlen, die ein kleines Gegengewicht hatten schaffen wollen gegen die offiziellen Zeitungsmeldungen. Man hatte gehofft, so zum Nachdenken anzuregen, das in einzelnen Fällen vielleicht sogar zum Handeln führen würde. Dieses Heft stammte noch aus dem Jahr 1933.

Julie versuchte, Anka zu erklären, was das politische Pamphlet in der harmlosen Verkleidung eines Briefmarkensatzes bezweckte. Alles, was Julie sagte und tat, hatte gleichfalls seinen bestimmten Zweck. Félix wußte genau, daß Julie die kleine Anka jetzt wegholen wollte von den Marken und von dem Trauern um ihren Vater, so wie sie ihn mit diesem Geschenk zurückholen wollte von seinem Studium und einem funkelnagelneuen Anfang, den zu setzen er entschlossen war.

Er haßte jetzt diese Frau, und dieser Haß wurde nicht geringer, da ihm einfiel, wie hoch der Vater sie geschätzt hatte, wie gern er all seine Arbeitspläne mit ihr durchgesprochen hatte.

Sollte Julie etwas von Félix' Gefühlen ahnen, so ließ sie es sich jedenfalls nicht anmerken, benahm sich völlig unbefangen und schenkte ihm nicht mehr Aufmerksamkeit, als dem Gefeierten einer solchen Gesellschaft gebührte.

Jacquot ließ sich erklären, was all diese Heftchen und Säckchen bedeuteten. Er war der einzige Franzose in der Gesellschaft, seine Eltern stammten aus der Normandie. Er war groß und blond und blauäugig, wie der Menschenschlag in der Normandie ist, genau das Gegenteil von dem, wie man sich allgemein einen Franzosen vorstellt. Bis zum Kriegsausbruch hatte er keinen einzigen Emigranten gekannt, und von Hitler hatte er eigentlich nur gewußt, daß, seit der an der Macht war, das Wort »boche« aus dem Sprachgebrauch der Familie langsam verschwunden war und einer stillen, wenn auch zurückhaltenden Achtung vor den Deutschen Platz gemacht hatte. Inzwischen war sein Vater in deutscher Kriegsgefangenschaft gestorben, sein Onkel in Indochina vermißt, und sein großer Bruder mit der Besatzungsarmee irgendwohin nach Deutschland gekommen. Er wohnte im selben Haus, und daß Jacquots vergrämte Mutter beim Anblick der zurückkehrenden, zerlumpten Frau Scheffler die Hände vor Freude zusammengeschlagen und sie dann einfach in die Arme geschlossen hatte, war ihr nicht vergessen worden. Jacquot studierte Physik, die auch des Félix große Leidenschaft war, und die beiden steckten jetzt viel zusammen.

Dann war noch Pierre da, dessen Mutter bei dem ersten und einzigen Bombenangriff der Deutschen auf Paris – es war an einem Montag gewesen, dem 3. Juni des Jahres 1940 – zugrunde gegangen war.

Pierre war damals noch ein kleiner Bub von acht Jahren, und er hatte an die Mutter eigentlich nur eine einzige Erinnerung: Wie fassungslos glücklich sie eines Tages nach Hause gekommen war – alle Ausländerinnen waren bereits interniert, und sie war selig gewesen, als sie auf ihrem Polizeikommissariat den Bescheid erhalten hatte, daß vorerst, wer Kinder unter zehn Jahren zu versorgen hatte, zu Hause bleiben durfte. Ihr kleiner Peter schien ihr neu geschenkt, und sie tanzte mit ihm im Zimmer herum; das war das einzige Mal, daß sie eine junge und unbeschwerte Mutter gewesen war. Eine halbe Stunde später war sie tot, nachdem sie vorher den Kleinen in den Luftschutzkeller gebracht hatte und noch einmal in den dritten Stock zurückgelaufen war, um dem Jungen ein frisches Pain au chocolat zu bringen, das sie auf dem Rückweg vom Polizeikommissariat gekauft und in ihrer großen Freude auf dem Küchentisch hatte liegenlassen. Es hatte ja schon so viele Alarme und nie einen Angriff gegeben, es schien ja überhaupt diese Drôle de guerre vorerst nur ein Kampf gegen die rechtlosen Emigranten zu sein. Was konnte ihr denn überhaupt zustoßen, da das Ärgste ja verhütet war – die Trennung von Peterle. Auch funktionierte doch der Aufzug, das hatte sie beim Hinauflaufen nicht bedacht. So benützte sie ihn nach unten, und so fand man sie dann auch, tot, zwischen die Aufzugstür geklemmt, da der Aufzugschacht und das ganze Stiegenhaus getroffen worden waren.

Weiß der Himmel, wo sich die dicke Julie damals herumgetrieben hatte. In ihrer Bibliothek hatte sie sich jedenfalls nicht aufgehalten, denn die war ja schon in den ersten Kriegstagen behördlich geschlossen worden. Offenbar hatte es sie auch nicht gedrängt, zum Begräbnis ihrer alten Freundin zu kommen. Keine von deren Landsleuten war erschienen, zwei französische Nachbarinnen hatten ihr die Schaufel Erde über den Sarg geworfen.

Aber als die Nachbarinnen immer ratloser wurden, wie sie dem Kind das Fernbleiben der Mutter erklären sollten, und auch nicht recht wußten, wohin mit dem Buben – die Deutschen rückten immer näher, die Stadt wurde immer menschenleerer –, da war plötzlich die dicke Julie erschienen: Ein Mittwoch war es gewesen, eine Woche nach dem Begräbnis. Sie trug einen Rucksack und brachte einen Kinderwagen mit, in den sie kurz entschlossen den heftig protestierenden Peter setzte.

So verließ sie die Stadt bei der Porte d'Orléans zu Fuß – am Vormittag war der letzte Zug aus Paris abgefahren – und schob den Kinderwagen mit dem Peter vor sich her. Der hatte sich heftig gewehrt, weil er doch schon viel zu groß war, um im Wagen geschoben zu werden, und weil er Angst hatte, daß die Mutter sich sorgen würde, wenn sie, zurückkommend, ihn nicht vorfände.

Jetzt hieß Peter Pierre und hatte mit der Julie den ganzen Krieg überdauert. Seine Locken, auf die die Mutter so stolz gewesen war, hatten sich in ein steif in die Höhe stehendes Bürstchen verwandelt. In unbeobachteten Momenten nahm sein Gesicht manchmal einen so erstarrten Ausdruck an, daß man hätte glauben können, daß auch das Bürstchen sich aus Schreck so starr in die Höhe stellte. Aber dann lachte er wieder über das ganze Gesicht, die lustigen schwarzen Knopfaugen lachten mit, und das Bürstchen sah einfach wie ein lustiger Bubenschopf aus.

Dem Pierre mußte man diese Sammlung nicht erklären. Denn der wußte genau, was »illegales Material« war. Seit die »Deutsche Freiheitsbibliothek« in Paris wiedereröffnet worden war, und Julie ihre Stelle dort zurückerhalten hatte, half er ihr beim Ordnen der vielen Broschüren und Pamphlete, die es da gab. Er hatte also schon gelernt, daß eine Gruppe deutscher Emigranten in den Jahren 1933–1939 hier aufklärende Literatur in Samensäckchen, Briefmarkenalben, Teekostproben und Reclambücheln, die auf dem Umschlag die Namen unverdächtiger, klassischer Autoren trugen, ja selbst als Liederbücher getarnt, verpackt hatte, die dann zu Tausenden über die Grenze geschmuggelt worden waren, um eines Tages in Berlin in Frau Meyers Briefkasten zu landen oder in München sich in Frau Müllers Einkaufstasche zu finden, wenn der Kaufmann vermeinte, ihr eine ganz gewöhnliche Teeprobe zuzustecken.

Nun saßen sie also zu sechst um den Tisch. Julie und Mutter Bertha unterhielten sich halblaut. Berthas Stricknadeln klapperten leise. Jacquot versuchte da und dort, ein Stück des deutschen Textes ins Französische zu übersetzen. Félix warf Worte und halbe Sätze ein, ohne auch nur einen Blick auf das Blatt zu werfen, wenn der andere überlegend stockte. Er kannte das alles auswendig, wiewohl es Jahre zurücklag, daß die Entwürfe zu diesen Schriftchen hier im Hause immer wieder diskutiert worden waren.

Anka saß noch immer tief über die Markensammlung gebeugt, obwohl es ein sehr alltäglicher Satz war. Immer wieder schob sie die heruntergerutschte Brille geduldig auf den Nasenrücken zurück; hielt die Marken gegen das Licht, sah, ob die gezackten Ränder nicht beschädigt waren, genauso, wie sie es den Vater so oft hatte tun sehen.

Pierre stopfte das letzte Pain au chocolat in sich hinein,

eines dieser kleinen Blätterteigvierecke, in deren Mitte ein winziges Stück Schokolade eingebacken ist, die jetzt sehr rar in Paris waren und, selbst wenn man sie bekam, mit dem Vorkriegsgebäck nur den Namen gemeinsam hatten. Weiß der Himmel, wie Mutter Bertha die verschafft hatte. Daß wegen so eines Stücks seines Lieblingsgebäcks seine Mutter hatte zugrunde gehen müssen, das wußte er nicht.

Die beiden älteren Frauen hoben von Zeit zu Zeit ihre Köpfe, blickten auf die drei dunklen und den hellen Kopf und dann einander ungläubig an; das sah so sehr nach Frieden, nach Feiertag aus – ein Schimmer von Hoffnung kam in ihre Augen.

Ein Strauß Maiglöckchen stand in einem Einmachglas. Daneben eine weiße Tasse ohne Untersatz, Goldschnörkel umrahmten ein »Au souvenir«. Dann war da eine gesprungene rosa Tasse, ein Glas, ein Aluminiumbecher und eine hübsche blaue Zwiebelmustertasse, alles auf einem rotkarierten Bauerntuch.

Pierre rückte näher zu Anka, zog umständlich und wichtigtuerisch einen Umschlag mit Briefmarken aus einem zerfetzten, abgegriffenen Etwas, das offenbar einmal eine Brieftasche gewesen war.

Félix half Jacquot noch immer beim Übersetzen. Er sprach ein akzentfreies Französisch, auf seiner Oberlippe stand ein schütteres Bärtchen, und er hatte bereits die nervösen, weit ausladenden Gesten des Romanen.

Julie will mich fangen, dachte er. Genau so ist sie plötzlich immer wieder dagewesen, wenn die Mutter den Vater weich gekriegt hatte, ihm weinend erklärt hatte, daß sie nicht mehr wisse, woher sie das Mittagessen nehmen sollte und daß er endlich aufhören müsse mit seiner verdammten, sinnlosen Schreibarbeit, von der sie nicht leben könnten. Daß er versuchen müsse, eine Stelle zu finden, mit der er seine Familie ernähren könne. Und wenn der Vater dann nicht mehr höhnend »sinnlos« wiederholt und erklärt hatte, daß nur eines »Sinn« hätte:

nämlich gegen die Nazis zu arbeiten, damit es drüben wieder heller werde, und ein Krieg vielleicht doch vermieden werde; wenn der Vater aufgehört hatte, immer ein und dieselbe Antwort zu geben, wenn er auf Mutters Worte geschwiegen hatte und nur ruhelos im Zimmer auf und ab gegangen war, dann war immer plötzlich die dicke Julie erschienen, immer gleich freundlich, immer die Zigarette im Mundwinkel, und in der hochgeknöpften, stramm sitzenden Bluse über einem ziemlich stattlichen Busen, und immer mit einem Haufen Neuigkeiten von »zu Haus«; die Rede der Opposition zu Hitlers Geburtstag sei nun drüben zum Vertrieb gekommen, der Steinhardt werde also einen Prozeß beim Volksgericht haben, das Mädelchen von den Lechners, die beide im Konzentrationslager säßen, habe man nun hierher gebracht, und dann hatte sie unter ihrem komischen grünen Lodenumhang, der in Schwabing vielleicht nicht weiter aufgefallen wäre, dessentwegen ihr aber hier die Schulbuben nachspotteten, irgendwelche Zettel hervorgeholt, Verrechnungen, Listen, Zeitungen von drüben. Und dann waren Vater und sie auch schon wieder mitten in der Arbeit, und ein Blick zur Mutter bat, das Kind aus dem Zimmer zu führen, denn was da verhandelt wurde, das waren Geheimnisse, bei denen es um Leben und Tod ging. Dann war er nebenan mit seinen Schulbüchern auf dem Bettrand gesessen und hatte seine Aufgaben auf den Knien geschrieben, bis ihn der Vater auch dort aufgestöbert hatte und ihn leise bittend, schuldbewußt und doch drängend fortgeschickt hatte mit einem Paket oder einem Brief, den man nicht der Post anvertrauen durfte.

Der Félix dachte an den Vater, während er mit Jacquot weitersprach, fortfuhr in seinem Deutschunterricht anhand dieser merkwürdigen Druckschriften, die schon ein Stück Geschichte waren, und er fühlte nicht Trauer, sondern die gleiche maßlose Erbitterung, die ihn immer überkommen hatte, wenn der Vater ihn erst mit seinen

Aufgaben vom einzigen Tisch verjagt und dann nochmals von seiner Arbeit aufgestört hatte.

Man hätte uns das alles ersparen können, dachte er. Wir hätten rechtzeitig nach Amerika fahren können, und ich wäre jetzt an der Universität und käme in den Ferien zu Besuch in ein richtiges Elternhaus.

Schluß mit dieser Vergangenheit. Arbeiten, weiterkommen. Genau wissen, was der nächste Tag bringt, wann er anfängt, wann er aufhört, wo seine Ruhepausen sind. Wissen, was heute zu bewältigen ist, was morgen. Weiterführen das, was man gestern getan, zum Morgen, durch Jahre, zu einer Lebensarbeit, zu der man steht.

Und da erschien des Vaters spöttisches Gesicht gleich vor ihm, und er hörte den erstaunten Ton: »Mein kleiner Sohn hat die Rollen vertauscht. Das sind richtige Spießerideale. ›Eine Arbeit, ein geregeltes Leben, du mußt an die Zukunft denken‹, so hatte früher der Vater zum Sohn gesprochen. Welche Einkommenshöhe hast du dir denn vorgestellt?« hatte er gehöhnt.

Félix wollte all diese Gedanken verscheuchen, schlug ein gemeinsames Spiel vor. Man mußte dieses verdammte Geschenk, diese Papierfetzen, vom Tisch bekommen. Er mußte versuchen, den Gedanken an den Vater loszuwerden, wenn er seiner schon nicht in Mitleid und Liebe gedenken konnte. Vielleicht würde er später anders an den Vater denken können, so wie er an einem der seltenen Familienausflüge gewesen war. Vielleicht würde er später das Große von Vaters Kampf gegen die Windmühlen fühlen können, jetzt wußte er nur darum.

Wenn die Julie nur schon ging! Sie war es, die ihrer aller Leben immer wieder in die gleiche Richtung gebracht hatte, auch wenn es manchmal schon so ausgesehen hatte, als ob alles normaler würde gehen können. Damals, als die Verwandten in Amerika dringend zum Auswandern geraten hatten und sogar die Überfahrt bezahlen wollten, und als Vater immer stiller und stiller geworden war auf Mutters Drängen und fast schon eingewilligt hatte, da war wieder einmal die Julie erschienen und hatte alles zerstört.

Und jetzt, da diese Erinnerungen gerade erst angefangen hatten zu verdämmern; da der Gedanke an den Vater langsam nur mehr Teil wurde des allgemeinen Grauens der Lager der letzten Jahre – über das man in guten Augenblicken jetzt schon manchmal erleichternd weinen konnte, da kam diese Julie und brachte ein Stück Leben des Vaters und damit auch diesen entsetzlichen Haß, vor dem man selbst erschrak.

»Machen wir eine Partie Belote«, schlug er vor, und man begann den Tisch abzuräumen. Zärtlich nahm die Mutter jedes einzelne Stück von Vaters Arbeit auf, sorgsam legte sie jedes in die Mappe.

»Die wird uns Kraft geben«, sagte sie dankbar zu Julie, und die Tränen standen ihr schon wieder in den Augen. Aber es waren erleichternde Tränen, und sie lächelte. »Es tut gut zu wissen, daß nicht alles umsonst war«, und sie schob die Mappe in die Tischlade.

Hatte sie vergessen, wie sie dagegen gekämpft, wie sie geschrien hatte: »Du machst das Leben des Buben kaputt!«?

Die anderen räumten das Geschirr weg.

Man rückte näher um den Tisch herum, da man die Karten teilte. Jacquot sah auf die bebrillte, spitznäsige Anka, die überstrahlt schien von einer großen Freude – die Marken hatten sie hingeführt zu ihrem Vater, er war plötzlich ganz nahe, sie sah sein Gesicht vor sich –, mit der immer gleichen Bewegung schob sie die Brille auf den Nasenrücken zurück, nahm die Karten auf.

Auch Pierres sommersprossiges Gesicht war ruhig und friedlich; Jacquot schüttelte ihn ein wenig an seinem Schopf, da er versuchte, ihm in die Karten zu schielen.

Julie hatte als erste ihre Blätter geordnet in der Hand und blickte auf Félix, der zum Ausspielen kam. Sie hatte wie immer die Zigarette im rechten Mundwinkel, dieses Stückchen Ersatz mit Mentholgeschmack; ihr dunkler

Rock zeigte keine Aschenflecke, aber mehrere Flicken waren in ihm eingesetzt.

Leise klapperten Mutter Berthas Nadeln. Ihr Auge wanderte von Julie zu Félix, der nicht aufsah; sie blickte von einem zum andern in der kleinen Runde, und sie fühlte, daß sich etwas in ihr regte, dort, wo sie sonst nur eine große Leere verspürt hatte. Sie sah diese ältlichen Gesichter über dem Spiel wieder langsam jung werden und sah Julies gute und schlaue Augen, wie sie unbekümmert und fast herausfordernd Félix ins Gesicht blickten und auf sein Ausspielen warteten.

Diese Partie verlierst du, dachte Félix. Trotz deines Geschenks. Jetzt bin ich an der Reihe, ich spiele aus, und was vorher war, wird ausgelöscht. Weil man sonst nämlich nicht leben und arbeiten könnte.

»Zehn Pique«, sagte er und warf die erste Karte auf den Tisch.

Hilde Spiel
31. Januar 1946

Nachmittag

Im Tiefflug erkennen wir den Wienerwald, armseliges Hügelland, da und dort dunkelgrüne Flecken im flimmrigen Grau. Die ersten Behausungen sind Holzhütten, hilflos vereinsamt inmitten gefrorener Bäche und Bäumen ohne Laub.

Ich entdecke Spuren, die Skiläufer über die Hänge gezogen haben. Auf solch milden Abfahrten habe ich einst den Schneepflug erlernt. Im Winter hatte die Landschaft immer eine rührende Monotonie, die melancholischen Wellenlinien des Mittelgebirges. In Bretterbuden wie diesen haben wir um einen alten Eisenofen gerastet, unser auftauendes Schwarzbrot gegessen und Skiwasser getrunken, eine rötliche Flüssigkeit mit gemischtem Zitronen- und Himbeergeschmack.

In diesem Augenblick wird mir klar, daß von nun ab jeder meiner Wege von Erinnerungen beschattet sein wird. Unvermeidlich werde ich meine Kindheit verklären – vielleicht die einzige fruchtbare Zwangsvorstellung unserer Zeit. In einem Buch über James Joyce las ich kürzlich, das Schreiben sei heute kein Schöpfungsakt, sondern ein Beschwörungsakt, gesättigt mit Reminiszenzen. Aber ich bin nicht gekommen, um mein früheres Leben zu beweinen. Ich kehre an meinen Ursprung zurück, entfremdet durch langes Fortsein, gestählt durch manchen Verlust und bereit für eine harte, vermutlich schmerzliche Erfahrung. Manchmal stehen wir im Traum unerwartet uns selbst gegenüber. Etwas von dem Schock solcher Konfrontationen liegt in der Begegnung mit der eigenen Vergangenheit.

Wir landen.

Das Schwechater Flugfeld ist von Kratern durchlöchert, seine Rollbahn mit Schneeschlamm bedeckt, aber unser Pilot geht mit einer Eleganz zu Boden, die ich bereits zu schätzen weiß. Ich steige aus, nicht sonderlich bewegt von der Berührung mit der Heimaterde: ein Streifen Zement erweckt keinerlei Sentimentalität. Die meisten Gebäude ringsum sind von Bomben zerstört. Nur eine Halle steht noch, in der wir die Kontrolle hinter uns bringen, nebenan eine zugige Hütte, die als Kantine dient. Überdies gehört das Mädchen, das uns jetzt mit den gelangweilten Händen einer Kellnerin bei Lyons englischen Tee kredenzt, zu jenen mürrischen Wiener Blondinen, an denen mir von jeher wenig lag. Wir trinken hastig, dann besteigen wir den Autobus, der uns zur Stadt bringen soll.

Seit je war hier das Tor zur Barbarei geöffnet: Vom Osten her brachen einst Hunnen, Awaren, Magyaren über Wien herein. Asien, sagte Metternich, begänne östlich von seinem Haus. Auf dieser Ausfallstraße, vorbei am Palais Metternich, werden wir jetzt ins Zentrum gefahren. Das britische Flugfeld bildet eine Enklave in der Sowjetzone von Österreich. An seiner Ausfahrt stehen die ersten russischen Wachen in hohen Schafsfellmützen. Ihre und ihrer Kameraden Anwesenheit in diesem Vorort Schwechat raubt ihm den letzten Rest europäischer Zugehörigkeit.

Ein unebener Fahrweg mit gelber lehmiger Erde, wo die Sonne den Schnee geschmolzen hat, führt an einstöckigen Häusern vorbei, die vom Krieg beschädigt sind oder längst verfallen. Eine Holzbrücke spannt sich über den Fluß, der hier ein schmales Gerinnsel bildet, darüber rattert ein kleiner Karren mit Sowjetsoldaten, gezogen von zwei struppigen Ponys – eine Art Bauernfuhrwerk, das in den nördlichen und östlichen Provinzen der Monarchie »Panjewagerl« hieß, der Wagen des Panje oder Herrn. Unter diesem Namen, der mir plötzlich aus vielen Schichten des Vergessens ins Bewußtsein kommt, wird man es wohl in Wien noch kennen.

Vor dem Weichbild der Stadt und nach der alten Brauerei, die seit mehr als einem Jahrhundert das berühmte Schwechater Bier erzeugt, steht eine hölzerne Triumphpforte. Sie ist grellbunt behangen mit Drucken von Lenin und Stalin; in ihrer billigen Einfalt erinnern sie an jene Heiligenbildchen, mit denen uns unsere Katecheten, zumeist jüngere Bauernsöhne, in der Volksschule für ein brav aufgesagtes Gebet belohnten.

Vorbei an dem ersten der vier Friedhöfe, auf denen Wien zu Allerseelen seine makabren Feste feiert. Hier liegen die Eltern meines Vaters. Ich aber denke an den siebzehnjährigen Knaben, den wir 1930 begruben, als er sich in einer jener unerklärlichen Launen junger Mitteleuropäer erschoß. Ich sehe seine Beerdigung: die Eltern zernichtet vor Schmerz, seine Schwester, ein wunderschönes Mädchen, das ihm wie Laertes der Ophelia, ins Grab nachstürzen will, und rundum ein Kreis frühreifer und verwirrter Freunde, aschgrau vor Entsetzen über ihren eigenen Seelenzustand, der hier zum Äußersten getrieben war. Aus einem Land kommend, wo Cricket den Cafard besiegt, schaudere ich bei dem Gedanken an das überhitzte, hysterische Klima, in dem wir großgeworden sind. Selbst um den Preis jener Empfindungskraft, die uns damals erfüllte, erhoffe ich mir für meine Kinder ein ruhigeres Erwachsenwerden in Englands reinerer Luft.

Die verblichene rote »Elektrische«, die wir überholen, trägt die Nummer 71. Sie führt an der Kirche zu Mariae Geburt vorbei, in der ich in der Jugend – zum letzten Mal vor der Reifeprüfung – mit schwindender Überzeugung beichtete und kommunizierte. Sie hat mich jahrelang zur Schule gebracht, später auf die Universität und in die literarischen Cafés. Das »Fasanviertel«, in dessen Nähe ich damals wohnte, scheint fast völlig zerstört, freilich weniger durch Bomben, wie mir erklärt wird, als durch Artilleriebeschuß. Die große Kaserne aus der Kaiserzeit, in der einst die Feldhaubitzen-Batterie meines Vaters lag, dann die Wehrmacht hauste und jene schweren

Angriffe auf sich zog, beherbergt jetzt die 14. Coy. RASC der Briten – wir sind, ohne es zu bemerken, in ihre Zone gelangt. Die fensterlosen Wohnhäuser der Gegend, die Läden, das kleine Hotel Nagler von üblem Ruf und die elektrische Uhr an der Kreuzung sind nur noch ausgeblasene Hüllen. Ein Blick in die Seitengasse, in der ich fünfzehn Jahre lang zu Hause war, erweckt in mir kein Heimatgefühl.

Das Bewußtsein, hier nicht mehr herzugehören, ist aus Schmerz und Befriedigung gemischt. Die Bomben, die diesen Häusern die Augen ausbliesen, haben nichts mit mir zu tun. Meine Bomben färbten an jenem achten September den Himmel über der City rot, als ich auf das Dach im Vorort stieg, um den feurigen Schein zu betrachten. Meine Bomben löschten eine liebliche Kirche Sir Christopher Wrens nach der anderen aus, verbrannten das Mobiliar meiner großelterlichen Wohnung im Lagerhaus an der Themse, bevor der erste Kriegswinter vorüber war, fielen um die »London Clinic« in der Nacht, in der mein Sohn geboren wurde, und waren vier Jahre lang die rauhe Begleitmusik meines Lebens. Meine eigene Bombe hatte im Februar 1944 gegenüber meinem Hause eingeschlagen, hatte zwölf Leute getötet und zwanzig verletzt, deren helle scharfe Schmerzensschreie mir noch in den Ohren klingen, und meine Wohnung in eine Mondlandschaft aus zersplittertem Holz und zerschmettertem Glas verwandelt. »Ubi bombe«, sagte Robert Neumann damals, »ibi patria.«

Aber der Autobus reißt uns weiter, vorbei an einem Anblick, der mir lange lieb gewesen war. Die Salesianerkirche, in den Himmel gezeichnet mit der vollkommensten Barockkontur, hat das Verhängnis ohne Schaden überstanden. Ihre unendliche Anmut greift mir ans Herz. Umhergeschüttelt wie auf einem stürmischen Meer, abwechselnd abgestoßen und angezogen, verbringe ich den Rest der Fahrt. Wir erreichen das Hotel Astoria im Stadtzentrum durch Straßen voller Schutt. Benommen sage ich Margaret und der Sergeantin adieu, verspreche die eine wiederzusehen und lasse die andere für immer in die irreale Welt des britischen Armeelebens in Wien versinken.

Mein Gepäck wird sogleich zum Gegenstand aufgeregter Unterhaltung in meiner Muttersprache, mit vielen Wendungen, die mir inzwischen entfallen sind. Als Empfangschef, Portier und Träger sich um mich scharen, entfliehe ich ihrer allzu lauten Wirklichkeit in den Lift. Mein Zimmer liegt im zweiten Stock. Die Tür schließt sich. Ich bin allein.

Das Doppelfenster ist nicht nur durch Portieren und Spitzenvorhänge gegen Kälte und Zugluft abgeschirmt, sondern auch durch Fensterpolster aus weißem Drillich und rotplüschenen Lambrequins. Ich blicke zur Führichgasse hinab, auf die kleinen Läden, in denen früher so viel elegantes, ja frivoles Zeug zu haben war. Jetzt sind die Schaufenster leer. Aber nein, dort unten liegt hinter spiegelndem Glas ein Sammelsurium, das mich schon in meiner Kindheit berückte: falsche Schnauzbärte, Polizeihelme, Masken wilder Tiere und lachender Clowns, Kästen voll Taschenspielertricks, gezinkte Spielkarten, Würfel, auf denen die Sechs dreimal wiederkehrt, dazu Spinnen, die man in Wassergläsern finden, Wachsäpfel, in die man unschuldig beißen kann, und Blumenbuketts, an denen man nur zu riechen braucht, um Kreidestaub in die Nase zu bekommen. Sie allein, Reste einer nicht mehr zeitgemäßen Scherzlust, werden in dieser Gasse verkauft. Der Name des Ladens hat schon meine Kinderträume reizvoll durchläutet – ein Mozartischer Name: Die Zauberklingl.

Ich blicke mich im Zimmer um und gewahre mein Gesicht in der Spiegelkonsole. Bleich unter der Khakimütze – obwohl meine Wangen noch ein wenig fiebrig gerötet sind – und mit den allzu sichtbaren Spuren eines langen, ermattenden Krieges, paßt es wenig zu diesem Zimmer, das einem anderen Zeitalter anzugehören scheint. Hinter mir im Spiegel sehe ich den burgunderroten Bettüberwurf, die Mahagonikommode und die weiße Marmorplatte des Nachttischs. Sie alle gehören zu einem Alptraum, der mich immer wieder im Krieg bedrängte, in dem ich meinte, nach Wien versetzt zu sein – eine Feindin in meinem Vaterland, mit englischem Geld in der Tasche, mit englischen Worten auf der Zunge, indes meine Muttersprache mir in der Kehle gefror. Die geisterhaften Straßen, durch die ich ging, keiner hier vergleichbar und doch wohlvertraut, die Interieurs – altertümlich und furchteinflößend mit ihren Riesenschränken und Tischen, deren geschnitzte Adlerköpfe und Löwentatzen mich erschreckten, obschon sie dem großväterlichen Hausrat entnommen schienen – sie alle bedrohten mich mit Entdeckung, Verhaftung, Standgericht, Tod.

Noch jetzt, in diesem Augenblick, spüre ich den schalen Nachgeschmack der Angst, die mich im Traum erfüllte. Ein rettungsuchender Blick aus dem Fenster. Eben biegt ein Jeep ratternd um die Ecke der Kärntnerstraße. Der Krieg ist vorbei. Und ich bin in Wahrheit zurückgekehrt.

Sprachlos

Elfriede Jelinek
Paula

Früher habe ich noch die gymnastischen Übungen gemacht, die dafür gemacht sind, damit man einen flachen und harten Bauch bekommt und behält. Dann fühlte ich eine Schwangerschaft herannahen und gab daher diese wichtigen Übungen, die ich mir aus einer Zeitschrift herausgeschnitten hatte, wieder auf. Ich war wie gemacht dafür, Mutter zu werden, war ich doch ein ganzer Mensch. Man sagt ja, eine Schwangerschaft erfordert einen ganzen Menschen. Vielleicht war es ein Fehler, daß ich mit den Übungen aufgehört habe, als ich mich Mutter werden fühlte, denn mit den Übungen darf man nicht aufhören, wenn man sich Mutter werden fühlt: dann erst recht. Sonst ist man statt eines ganzen Menschen nur mehr ein halber oder geteilter. Vielleicht hat das auch dazu beigetragen, daß ich mich langsam meinem Manne zu entfremden begann, was in einer Ehekrise seinen Ausdruck fand. Ich fürchte, ich habe mich vernachlässigt, als ich neues Leben in mir wachsen fühlte. Man darf sich nicht so sehr auf das wachsende Leben in einem selbst konzentrieren, man muß auch dem Manne ein Augenmerk zuwenden, weil sich dieser sonst plötzlich vernachlässigt fühlt. Er darf nicht glauben, jetzt spielt er die zweite Geige statt der ersten. Das neue Leben in mir wuchs also und wuchs, ich aber verfiel äußerlich immer mehr, direkt proportional dem wachsenden neuen Leben. Dazu die schwere Hausarbeit, die das neue Leben zwar nicht am Wachsen hinderte, mich aber von meiner täglichen Mindestpflege immer ferner und ferner hielt. Ich war zwar erst knapp 16, aber je mehr das neue Leben in mir wurde, desto mehr Haare und Zähne fielen mir aus dem Kopf, was nicht unbedingt nötig gewesen wäre, wenn ich die kosmetischen Tricks angewendet hätte, die man anwenden muß, um Haare und Zähne bei sich behalten zu können. Ich war nicht schlecht entstellt! Ich hatte bisher immer versucht, meinen Verstand, zum Beispiel durch Fernsehsendungen, auf dem laufenden zu halten. Jetzt mußte ich jedoch gerade zur Fernsehzeit immer öfter meinen Gatten aus dem Gasthaus nach Hause holen, er war zur Zeit des Hauptabendprogramms immer schon völlig betrunken. Der Gang vom Gasthaus nach Hause war ein schwerer Gang, oft fielen wir gemeinsam über Hindernisse oder er schlug mich in eine Höhlung im Boden mit der Faust hinein. Dennoch war ich froh, ihn heil und ganz nach Hause gebracht zu haben. Hätte er sich nämlich erst später angesoffen, so hätte ich ihn in der Frühe zum Arbeitsgang nicht mehr aus dem Bett bekommen. So aber schaffte er es immer gerade noch, diesen schweren Gang anzutreten. Auch ich würde bald meinen schweren Gang ins Krankenhaus antreten müssen, um die Geburt zu vollziehen. Während der Zeit, in der ich mich Mutter werden fühlte, begann also die Entfremdung zu meinem Manne, die sich bald rapide ausbreitete und alle Bereiche des täglichen Lebens umfaßte. Denn mein einziges Kapital, mein früher schlanker und daher sowohl kosmetisch wie kleidungsmäßig leicht zu behandelnder Körper sagte mir jetzt leider den Dienst auf. Das heißt, mit der Schlankheit war es jetzt aus. Das Wichtigste ist nämlich immer, daß überhaupt eine Basis da ist, auf die man aufbauen kann, in meinem Fall war mein schlanker Körper diese Basis, die jetzt weg war. Bald begann mein Mann mich bald hierhin und bald dorthin zu treten. Manchmal hatte ich Glück, und er fand eine Stelle, die weniger schmerzte, so die Oberschenkel oder den Hintern, manchmal jedoch hatte ich Unglück, und er traf eine Stelle, die mehr schmerzte, weit mehr, den Bauch beispielsweise. Selbst während meiner Schwangerschaft war ihm mein Bauch offenbar nichts Heiliges, was er doch sein sollte, sondern etwas Unheiliges, das man treten durfte. Dennoch konnte die

Schwangerschaft erhalten bleiben. Hier steht, daß man die gymnastischen Übungen unter allen Umständen aufrechterhalten muß. Die andren Umstände waren für mich aber eine solch schwere Belastung, daß die Übungen auf der Strecke bleiben mußten. Was zwischen Mann und Frau wichtig ist, ist die gegenseitige Achtung. Mein Mann konnte diese leider für mich nicht mehr aufbringen, weil ich mich körperlich so gehen ließ. Ich weiß, ich hätte mich gegen diesen inneren Drang, der mir ständig sagte: lasse dich fallen, zur Wehr setzen müssen, hätte dagegen ankämpfen müssen, vielleicht, wer weiß, hätte ich sogar gesiegt, und der Drang, mich fallenzulassen, wäre unterlegen. Aber da fühlte ich plötzlich eine Panik in mir aufsteigen, die mir sagte: kosmetische Pflege, selbst wenn es nur die allermindeste Grundpflege ist, kostet Geld. Dieses Geld vertrank mein Mann. Kaum, daß mein Mann gehört hatte, daß ich mich Mutter werden fühlte, ging er schon ins Wirtshaus und kam nicht mehr heraus, außer, um mich zu schlagen und zu treten. Manchmal gab er mir auch zu bedenken, daß wir platzlich viel zu beschränkt für Kinder wären, weil wir doch nur dieses eine kleine Zimmer im Hause meiner Eltern bewohnten. Am liebsten wäre ihm gewesen, ich hätte mich in Luft aufgelöst oder wäre mit dem noch ungeborenen Leben verstorben, nur damit ich und das ungeborene Leben keinen Platz einnehmen. Obwohl mein schlanker Körper früher weniger Raum eingenommen hatte als weniger schlanke Körper, war das jetzt zu Ende, und ich nahm von Tag zu Tag mehr Raum ein, je mehr ich mich Mutter werden fühlte. Zuerst sagte mein Mann: eines Tages werde ich nicht mehr zur Tür hereinkommen, wenn ich todmüde von der Arbeit heimkomme, wenn du und dein Bankert noch mehr Platz verbraucht, dann wieder versuchte er durch die obengenannten radikalen Methoden, meinen Bauchumfang auf das normale und natürliche Maß zu reduzieren. Es ist ein großes Glück, wenn man sich Mutter werden fühlt, ich aber fühlte nur die Schläge meines Gatten auf meinen nun ungeschmeidigen und daher zu wenig wendigen Leib herniederhageln. Es ist eine Zeit der inneren und äußeren Vorbereitung für eine Frau. Ich bin eine Frau. Ich war aber fast immer unvorbereitet, wenn die Schläge kamen, obwohl ich sie stündlich erwartete. Manchmal, wenn ich ausnahmsweise versuchte, in meinen Kopf ein wenig Abwechslung und Zerstreuung vom täglichen Einerlei hineinzubringen, indem ich mir etwas im Fernsehen anschaute, holte er mich gleich wieder von der Abwechslung und Zerstreuung weg, führte mich aus dem Wohnzimmer meiner Eltern in unser Zimmerchen und schlug mir dort manchmal sogar auf den Kopf, der doch wendig bleiben sollte, was ihm langsam ebenso schwer fiel wie meinem Körper. Ich glaube, mein Gatte wünschte insgeheim, daß das Ungeborene auch ein Ungeborenes bliebe und niemals ein Geborenes würde, was ihm eines schönen Tages beinahe auch gelungen wäre. Wenn man mir nicht im Spitale Leib und Seele zusammengehalten und das Ungeborene daran festgebunden hätte, wer weiß, vielleicht wären heute mein Leib und meine Seele schon getrennt voneinander. Beides wurde jedoch errettet. Es war eine schöne Zeit, gutes Essen, oft Fleisch, dennoch holte mich mein Gatte wieder aus dem Spitale heraus, weil ich die Hausarbeit zu verrichten hätte, wer verrichtet sie denn sonst? So war denn auch diese schöne Zeit wieder zu Ende, ich erinnere mich noch heute gerne daran. Doch mein Gatte wünschte mich an seiner Seite zu haben, wo die Frau hingehört. Ich nahm also wieder meine täglichen Pflichten an seiner Seite auf. Jetzt ging es ja wieder mit ein wenig frischeren Kräften vorwärts, das werdende Leben in meinem Bauch war wieder für einige Zeit saniert. Im Spitale hatte ich einige neue Haarschnitte in einer Illustrierten gesehen, Haarschnitte, welche ich aber leider an mir nicht ausführen lassen konnte. Hätte ich es doch getan! Daß ich es nicht tat, war sicher ein Fehler, der sich sogleich an mir rächte, indem ich für meinen Mann immer unansehnlicher wurde, das werdende Leben fraß mir quasi die Haare vom Kopf, eine neuer Kurzhaarschnitt hätte vielleicht retten können, was noch zu retten war, was nicht mehr viel war, aber diesen Traum mußte ich austräumen, noch bevor er richtig angeträumt war. So blieb denn alles beim Alten. Mein Gatte wäre vielleicht mit einer neu kurzgeschnittenen Frau zufrieden gewesen, noch zufriedener aber war er mit einem oder mehreren Litern Alkohol in sich. Trotzdem quälte mich noch immer der Gedanke, daß ich kosmetisch und gymnastisch mehr hätte vorsorgen können für den Fall, der jetzt eintrat, nämlich mein körperlicher Verfall, der sich unter andrem auch in Wasser in den Beinen äußerte, welches mir das Gehen zu einer langwierigen und zeitraubenden Angelegenheit machte. Es ist ganz natürlich und ungefährlich, daß Frauen, die werdende Mütter sind, Wasser in den Beinen haben, es pflegt nach der Geburt spurlos zu verschwinden. Dies ist eins von den wenigen Dingen, die keine Spuren in einem Menschen hinterlassen. Das Wasser verschwand wirklich spurlos, und das Kind war ein gesundes Kind, später sollte ihm noch ein zweites nachfolgen.

Hatte ich mich früher nach kosmetischer Pflege und mehr Zeit für Gymnastik gesehnt, so sehnte ich mich nun unbegreiflicherweise nach einem besseren Leben, von dem ich annahm, daß es für mich besser geeignet wäre als ein schlechteres. Sicher war es ein Fehler von mir anzunehmen, ich hätte ein Anrecht auf ein solches, vielleicht war alles, worauf ich ein Anrecht hatte – die Tatsache, daß ich gesunde Kinder hatte. Es gibt welche, die das nicht von sich behaupten können. Und auch ich, die Mutter, war gesund. Das war ein Glück, von dem viele behaupten, es wäre ein unverdientes Glück, weil unter diesen vielen auch solche sind, die ungesunde bis kranke Kinder ihr eigen nennen. Auch mein Gatte war den Umständen entsprechend gesund. Die Umstände waren dagegen beinahe ungesund in diesem einen kleinen Zimmer, in dem vier Personen lebten, eigentlich nur drei, denn Kinder unter 14 Jahren sind halbe Personen, so sagt es der Gesetzgeber, wenn es sich darum handelt, wie viele Personen in einem Personenkraftwagen fahren dürfen. Vielleicht war es mein Fehler, daß ich diese Lebensumstände in lebenswerte verwandeln wollte, in lebenswerte Umstände meine ich. Es hätte mir genügen müssen, daß wir alle satt zu essen hatten, wofür mein Gatte aufkam, nachdem er einen nicht unwesentlichen Teil seines Wochenlohnes für alkoholische Zwecke abgezweigt hatte. Ich sehe auch ein, daß die Lebensumstände meines Gatten ebenfalls nicht die angenehmsten waren, hatte er doch, außer den unangenehmen Lebensumständen daheim, die wir mit ihm teilten, auch noch die unangenehme und schwere Arbeit im Wald zu vollbringen. Immerhin wohnten wir nur zu dritt, wenn nicht zu zweit, in dem kleinen Raume, während er draußen eifrig am Bäumefällen war. So wenig, wie es mich aber befriedigte, zu dritt in einem kleinen Raume zu leben, so wenig befriedigte es mich, zu viert in demselben kleinen Raume zu leben und außerdem immer von der spannendsten Stelle im Fernsehen weggeprügelt zu werden, teils wegen Nichtigkeiten, teils jedoch wegen, wie ich zugeben muß, wichtigen Eheverfehlungen wie einem wegen des ›Kommissar‹ ungewaschen gebliebenen Geschirr. Wo mein Mann recht hatte, hatte er recht. Haushalt und Kinder dürfen nicht unter den Auswirkungen des ›Kommissar‹ leiden. Wenn Haushalt und Kinder nicht unter dem ›Kommissar‹ litten, litten sie in zunehmendem Maße leider unter einer gereizten und oft auch mürrischen Mutter, nämlich unter mir, die ich mir einbildete, unter einer unerträglichen Belastung zu stehen, die vor allem nervlich in Erscheinung trat, die aber in Wirklichkeit sicher eine erträgliche gewesen ist, Beweis: ich habe sie ertragen. Und das sogar mehrere Jahre! Das wiederum beweist, daß es doch letzten Endes meine Schuld gewesen sein muß. Nachdem ich auf die tägliche Gymnastik für Bauch und

Hüften sowie auf Lippenstift und Lidschatten verzichten mußte, hätte ich dafür einen weniger vergänglichen, einen bleibenden Ersatz, nämlich meinen Gatten, die Kinder sowie den Gesamthaushalt suchen und finden müssen. Ich hatte meinen Gatten, die Kinder sowie den Haushalt zwar gesucht und gefunden, sie waren mir aber auf die Dauer kein Ersatz. Also blieb in mir eine gewisse Oberflächlichkeit erhalten, obwohl mein Leben doch wahrhaftig genug Tiefe hatte, so hinterließen z. B. die Schläge, die auf mich niederprasselten, doch oftmals ein tiefes Gefühl des Hasses gegen den Schläger in mir, der Geschlagenen. Anschließend beging ich dann den, wie ich glaube, entscheidenden Fehler, Geld als die Lösung dieser Probleme zu sehen, was niemals eine wirkliche Lösung sein kann, da man die entscheidenden Dinge im Leben, wie allgemein bekannt ist, durch Geld nicht erkaufen kann, Gesundheit zum Beispiel, wie ich schon ausgeführt habe. Statt dessen wollte ich immer mehr und gewaltsam erkaufen. Etwas, das man mit Gewalt erreichen will, geht oftmals schief. Etwas, das man aber mit Geld erkaufen kann, kann man auch kaufen, vorausgesetzt, daß man dieses Geld überhaupt sein eigen nennt. Geld bewegt die Welt. Das ist eine einfache Rechnung. Vielleicht war es wirklich meine Schuld, aber die Prostitution für Geld, die ich schließlich zu vollführen als meinen einzigen Ausweg sah, brachte mir wirklich soviel ein, daß ich mir dafür ein sorgenfreies Leben hätte leisten können, besonders in unsrer Gegend, wo das Angebot an Prostituierten so gut wie nicht vorhanden ist. Oder sagen wir besser, hätte mir soviel eingebracht, wenn nicht unrecht Gut nicht gedeihen würde. Das durch Prostitution erworbene Geld war nämlich dieses unrechte Gut, das auch in meinem Falle nicht gedieh. Das alles merkte ich spätestens an dem Tag, an dem alles herauskam, daß nämlich dieses Gut, das ich da so eifrig erwarb, ein unrechtes und nicht gedeihungsfähiges war. Ich hatte es erworben mit Hilfe meines kosmetisch ungepflegten, leider, möchte ich sagen, beinahe verwahrlosten Körpers, der dennoch immerhin ein weiblicher genannt zu werden verdiente, dessen wenige Haare noch immer ungeschnitten, dessen abgebrochene Fingernägel noch immer unlackiert, dessen Absätze immer noch schiefgetreten und nicht erneuert waren, und so weiter. Ich hatte es erworben, obwohl kaum noch etwas Reizvolles an mir zu finden war, nicht einmal mit einer Lupe, und dennoch genügten offenbar die wenigen typisch weiblichen Merkmale und Kennzeichen, um einen schwunghaften kleinen Handel damit aufzuziehen. Doch gerade in dem Moment, da ich daran gehen konnte, mich wieder ein wenig herzurichten, war es auch schon wieder zu Ende mit der Hege und Pflege, denn da hatte sich schon die Tatsache, daß unrecht Gut nicht gedeiht, als zutreffend herausgestellt. Durch einen blöden Zufall. Meine Kinder und meinen Gatten war ich dann auch rasch los, schneller als ich schauen konnte. Gerade jetzt, wo ich wieder etwas gehegtere Weiblichkeit für ihn in petto gehabt hätte. Ausgerechnet jetzt, wo ich wieder damit beginnen konnte, mich zu attraktivieren, mußte das passieren. Das unrecht erworbene Gut schrumpfte in der Folge noch rascher zusammen als das rechtmäßig Erworbene, wie mir scheint, und zwar schrumpfte es während der Zeit nach der Scheidung, als ich mir eine Stelle suchen mußte, die ich dann auch fand. Freilich, Kapital, das ruht und nicht arbeitet, ist schnell zu Ende. Ich selbst mußte arbeiten, durfte nicht ruhen. Es war vielleicht auch ein gewisser Fehler von mir, daß ich nicht mit dem unrecht Erwerben weitermachte, was eine leichte, wenn auch ziemlich ekelhafte Erwerbstätigkeit darstellt, dennoch wollte ich, wenn ich schon keine Familie mehr mein eigen nannte, doch wenigstens Güter rechtmäßig erwerben. Es war vielleicht ein Fehler, daß ich die Prostitution sausen ließ und mich der Fabriktätigkeit zuwandte, bei ersterem wäre sicher mehr zu holen gewesen, aber es hatte mir schon einmal kein Glück gebracht, und so wird es mir vielleicht auch ein zweitesmal kein Glück bringen, vor allem, wo ich doch darauf hoffen kann, daß ich bei meinem Aussehen bald einen Freund haben werde, der vielleicht beruflich eine saubere Tätigkeit ausführt und keinen Tropfen Alkohol anrührt. Dann wird sich vielleicht die Investition, die darin besteht, daß ich eine rechtmäßige Tätigkeit ausübe, nämlich eine Fabrikarbeit, rentieren, nämlich in einer neuerlichen Ehe und neuerlichen Kindern. Diese Chance will ich mir nicht durch neuerliches Erwerben von unrechtem Gut vermasseln. Es kann nämlich leicht zu einer schlechten Gewohnheit werden, Unglück zu haben oder Unrecht zu tun, was dasselbe ist. Ich möchte nun auch bald zu den Leuten gehören, die gewohnheitsmäßig und sogar rechtmäßig Glück haben, wie der Besitzer dieser Fabrik zum Beispiel, um nur einen zu nennen, dieser Fabrik, in der ich hier mein Brot und meine Kosmetika verdiene. Letztere stellen ein sogenanntes EXTRA dar, das mir jedoch sehr gelegen kommt, gehört es doch zu den rechtmäßigen Investitionen, die darauf zielen, eine neue Ehe und einen neuen Hausstand mit einem neuen, frischen und unverbrauchten Menschen zu gründen. Auf diese Weise werde ich zwar nicht viele Güter erwerben können, doch werden diese wenigen Güter auch gedeihen. Auf die andre und unanständige Weise würde ich zwar viel mehr Güter erwerben können, sie würden aber in meiner Hand nur Unglück bringen und keineswegs gedeihen. Unglück habe ich genug gehabt. Jetzt will ich einen Aufstieg nehmen. Ich habe aus meinen Fehlern der Vergangenheit gelernt, was eine Leistung ist. Einmal ist es schon mein Fehler gewesen, ein zweites Mal soll es nicht mein Fehler werden. Da muß alles streng legal zugehen.

Marianne Fritz
Dienst ist Dienst, Schnaps ist Schnaps

Berta Schrei, vor allem Johann Strauß zugeneigt, wunderte sich darüber, daß dieser in ihrem Leben so schwer unterzubringen war. Sie schaute in den Rückspiegel, sah Wilhelms Augen, die ihr irgendwie starr an der Straße festgehaftet schienen. Sie schloß sofort wieder den Mund, und als sich mehr zufällig als bewußt der Blick Wilhelms mit dem Bertas kreuzte, war es nicht mehr der Frontheimkehrer Wilhelm, der sie mit den Augen Rudolfs anschaute, sondern der Chauffeur, der irgend etwas Unbestimmtes vor sich hinbrummte und den Rückspiegel anders einstellte. Was Berta nicht mitteilte, pflegte mit ungeheuerer Intensität in ihrem Kopf weiterzuwuchern.

»Wenn unser Mädel schläft, schaut sie aus wie unsere Madonna«, hatte Berta sagen wollen und sagte es nicht.

Wilhelms Mund blieb wie der Bertas die ganze Heimfahrt über versiegelt. Berta hatte Zeit, ihrem Gedanken über Klein-Bertas Ähnlichkeit mit der Madonna nachzuhängen. Während des Abendessens, Berta war endlich dabei, die sie verblüffende Entdeckung mitzuteilen, klingelte das Telefon und Wilhelm, der Chauffeur und Geh-her-da, sagte: »Sehr wohl.« Und: »Aber natürlich.« Und: »In einer Viertelstunde schaffe ich es leicht.« Und: »Aber das ist doch selbstverständlich. Wofür werde ich denn bezahlt?«

Wilhelm Schrei, der selbst den Eindruck gewonnen hatte, daß zu diesem Ausflug vielleicht einiges Abrundendes zu sagen gewesen wäre, wußte, daß er als Geh-her-da und Chauffeur des Mueller-Rickenberg, womit er immerhin die Existenz der Familie Schrei absicherte, und das ja auch nicht gerade schlecht, das Privatleben zurückstellen mußte, sobald die Pflicht ihn rief, was Berta auch durchaus verstand; worüber sie auch nicht mehr haderte und klagte, wie es früher üblich gewesen war. Berta erhob sich wortlos, begab sich in das Schlafzimmer und nahm die Berufsuniform Wilhelms vom Kleiderbügel. Sie stand mit dem Rücken zur Madonna. Irgendwie fügte es sich, daß ihr Blick auf die Madonna fiel. Sie mußte sich irgendwann dieser zugewandt haben. Die Chauffeursuniform überm Arm vergessend, stand sie wie festgewurzelt und betrachtete, als wäre das Studium des Madonnenantlitzes ihre eigentliche Pflicht, dieses besonders aufmerksam und besonders gewissenhaft. Es war auch wirklich zu verblüffend. Wenn die kleine Berta schlief, glich sie der Madonna aufs Haar.

»Wenn sie schläft, ist sie nicht so oberflächlich, so äußerlich gestimmt. Die prägenden und modellierenden Tatzen des Lebens; die walzende, pressende und drückende Pranke; die Schwerkraft der Verhältnisse; das Leben an sich, können ihr nichts anhaben, wenn sie schläft. Das ist es. Der Schlaf schreckt alles ab. Alle und alles.«

»Berta! Was treibst du so lange?!«

Wilhelms Ruf aus dem Badezimmer empfand Berta fast als Bestätigung für die Richtigkeit ihrer Beobachtung. Mit dem Ruf war Klein-Berta neben der Mutter aufgetaucht und hatte mit gerümpfter Nase und verächtlich nach unten gezogenen Mundwinkeln barsch und fast ein wenig herrisch festgestellt: »Du hast ja nicht alle. Der Papa braucht den Anzug. Gib ihn schon her.«

»So. So«, sagte Berta und nach einer längeren Pause. »Der Papa braucht den Anzug? Nun denn. Dafür spricht einiges.« Sie ließ sich den Anzug vom Arm ziehen, zuckte nicht einmal zusammen, als Klein-Berta, eh sie mit dem Anzug zum Papa rannte, ihr die Zunge so weit als möglich in ihrer ganzen Pracht zeigte.

Wilhelm, schon in Berufsuniform, tippte Berta auf die Schultern, lächelte dabei sein Wilhelms-Lächeln, das er für solche Gelegenheiten immer bereit hatte und das nach einem so liebevoll und phantasievoll zusammengebastelten Rezept hergestellt war, daß sich Berta sofort einsichtig fühlte in die Schwerkraft der Verhältnisse, bejahend nickte und sagte: »Nun denn. Du mußt eilen, willst du zur rechten Zeit kommen. Geh schon, Wilhelm. Geh schon. Ich muß hier noch einiges in Ordnung bringen.«

»Wenn ich zurück bin, werden wir ausführlich miteinander sprechen?«

Berta nickte, warf einen sinnenden Blick auf die Chauffeursmütze Wilhelms: »Es ist wirklich eine fesche Uniform. Sie steht dir so gut«, und wandte sich dem Kasten zu. »Halten wir einander nicht auf«, fügte sie hinzu, und Wilhelm ging, eh er die Wohnung Nummer 12, im Haus der Allerseelengasse Nummer 13, verließ, in die Küche, um sich von Rudolf und Klein-Berta mit einem Kuß auf die Stirn zu verabschieden. Berta warf einen sinnenden Blick auf die Gemälde-Madonna, seufzte und kehrte zurück in die Küche, wo Rudolf und Klein-Berta lustlos in ihren Tellern herumstocherten und ihren Eintritt mit übellaunigen Gesichtern zur Kenntnis nahmen.

»Das Nachthemd steht dir gut zu Gesicht«, sagte Berta zu Klein-Berta und dachte an den blauen, wallenden Mantel der Gemälde-Madonna. Klein-Berta schwieg. Rudolf schwieg. Das Abendessen schleppte sich dahin; Bertas Versuche, die Gesichter aufzuhellen, verdüsterten Rudolfs und Klein-Bertas Mienen nur noch mehr.

»Alles in allem. Es war doch irgendwie ein bemerkenswerter Ausflug?«

Schweigen.

»Könnte nicht einiges dafür sprechen? Das neue Auto vielleicht? Oder die schönen Rosen? Habt ihr die vielen schönen Rosen gesehen?«

Schweigen.

Berta beugte ihren Kopf gleich einer Schwerhörigen Rudolf zu: »Was hast du gesagt?« Sie lauschte eine Weile angestrengt, wandte sich dann Klein-Berta zu und fragte diese: »Oder hast du was gesagt?«

Schweigen.

Nach einigem Hin- und Herüberlegen, was sie vielleicht noch sagen könnte, zuckte Berta die Achseln und erhob sich: »Nun denn. Es ist wohl Zeit.«

Rudolf nickte bestätigend, neigte seinen Kopf schief und maß seine Mutter mit kritisch-nachdenklichem Blick.

EVELYN SCHLAG
Robert

Ein Motorrad war gekommen. Breitbeinig stand ein junger Bursch über seinem Fahrzeug, ein paar Schritte vor ihr. Das erste, woran sie dachte, war, daß es ganz natürlich schien, sich über etwas drüberzustellen, so wie der da seinen Körper über dem Motorrad aufgeschlagen hatte.

Bon jour! sagte er.

Bon jour, wiederholte sie, viel leiser als er.

Ihr Kopf war heiß und voll. Der Bursch redete weiter, aber sie verstand nichts davon. Wahrscheinlich fragte er sie, was sie hier mache. Oder ob sie Zeit habe.

Je ne comprends pas, sagte sie.

Das sollte für ihn ein Programm sein. Es war doch einfach – oder? *Je ne comprends pas!* Ich will allein sein. Aber er lehnte sein Motorrad an einen Baum und setzte sich ihr zu Füßen, die Arme um seine aufgestellten Beine, und sah sie an. Was sollte das werden. Sie saß noch immer auf dem Holzstoß. Sie wußte, daß er sie belästigte. Daß er ihre Stille angepatscht hatte.

Je m'appelle Robert, sagte er.

Wie praktisch, dachte sie. Englisch und Französisch.

Et toi? Comment t'appelles tu? drängte er.

Als müßte! sie einen Namen haben. Sie sagte gar nichts.

Nach einer Weile fragte er wieder.

Louise, sagte sie und seufzte.

Sie sagte es französisch. Eine von Pfluegers Freundinnen in der Gegend hieß so.

Je m'appelle Louise.

Sie meinte es nicht. Es war doch nur ein eingelernter Satz aus einem beliebigen Französischkurs, vielleicht aus einem von Pfluegers Lehrbüchern. Er hatte ihr vor ein paar Tagen die Hefte gezeigt, in die er geschrieben hatte, als er einen für die Erlangung der Aufenthaltsbewilligung notwendigen Kurs besuchte. *You'd have to know French sufficiently if you wanted to live in Québec*, hatte er gesagt – so als wollte sie hierbleiben. Es war ihr vorgekommen, als wäre er schon auf der Seite der die Fremden aus dem Land haltenden kanadischen Einwanderungsbehörde. Nicht einmal, wenn sie es wäre. So war das also.

Ihre Erinnerung schwamm auf dem nichts verstehenden Blick des jungen Mannes hier herum. Hörte er nicht? Ein Schulbuchsatz! Es würde noch lange dauern, bis diese Sprache etwas anderes als solche Sätze für sie wäre.

Où habites-tu.

Hatte er das jetzt gesagt – oder war das in ihr gedacht?

Louise – c'est un nom français, sagte er. *Tu es une Québécoise?*

Non, je ne suis pas – du Canada. Je suis de l'Autriche.

Autriche? Europe?

Oui.

Sie fühlte sich gleich wie aus einem alten Land hierherversetzt.

Je ne parle pas français, sagte sie dann.

Mais tu le parles!

Non – je ne comprends pas. Je ne comprends pas!!

Er sagte dann schnell ein paar Sätze, die, weil sie nun tatsächlich nichts verstand, wie zu ihm selber gesprochen klangen.

Eh?? sagte er dann.

Je ne comprends pas.

Sie zuckte mit den Achseln, stieg von ihrem Holzsitz hinunter. Er stand auf und war größer als sie. *Ro-bert?* Er sah gutmütig aus; viel älter als zwanzig konnte er nicht sein. Diese nicht nachgeprüften Eindrücke, die nicht mehr wert waren als ein Vorurteil. Mit der Gutmütigkeit eines Jungen stand er vor ihr – das hieß: anerkennen, daß der andere, ältere, also sie, mehr wußte. Schon stimmte das Bild nicht mehr.

Tu veux m'accompagner? fragte er.

Oui, sagte sie.

Sie fühlte den schweren Körper des Fahrzeugs unter sich, wie es sich nach der einen Seite lehnte. Robert sagte etwas, das sie wieder nicht verstand, aber sie nahm an, sie sollte sich festhalten. Ihre Arme griffen um seinen Rücken nach vorne. Jetzt, wo sie hinter ihm saß, kam ihr sein Rücken so groß vor. Das karierte dünne Hemd. Als er losfuhr, packte sie vor Schreck fester zu, krallte sich in seine Rippen. Seine Ellbogen standen spitz zu ihr. Diese schmächtigen Arme, an denen hing ihr Überleben. Wie sollten die sie jemals wieder gesund in ihre Welt zurückbringen?

Die Arme vor seinem Magen verschränkt, hielt sie sich an ihren eigenen Händen fest. Der Unbekannte, um den sie gehakt war. Nichts wußte sie von ihm, außer daß sie hier mit ihm übers Land raste, daß an diesen hageren jungen Armen ihr Schicksal festgemacht war. Wenn er wollte oder auch nur einfach ungeschickt war, konnte er sie in eine Verletzung, eine lebenslange Verkrüppelung führen. Aber was sollte er ihr antun wollen?

Sie sah an seinem Gesicht vorbei und über seine Schulter weg die Landschaft bereit sein. Die Straße stach ohne Kurven, speergerade auf sie zu. Ein festgewordener Fluß. Ein gestockter, in irgendeinem Schreck, irgendeiner Begeisterung gestockter Fluß! Mit ihren Armen für immer in diesem Griff rundum, mit dem Kopf in diese Richtung, ihren gespreizten Beinen, den Knien als Vorposten, war sie jetzt auch nichts anderes als ein vor Schreck und Begeisterung Festgewordenes! Als Meteorit sauste sie über den Boden, über ganz Kanada hin. Sie wünschte, Robert würde ihr zurufen, daß sie jetzt auf dem Weg an die Küste wären – an die Westküste!

Pflueger war jetzt einer, der ihr nicht das Wasser reichen konnte. Sie lebte nun im Kanada eines anderen. Pflueger saß in ihrer Erinnerung wie ein gelandeter Fremdkörper auf seinem Grundstück. Pflueger, der sich mit den Bewohnern des Landes anfreunden wollte. Er lautete aber anders! *The Landed Immigrant.*

Schon hatte sie Mitleid und Heimweh. Was für ein Verrat! Pflueger war wie verloren für sie. Und wenn sie ihn nie wieder sähe?

In dem Körper, den sie umfangen hielt, spürte sie es singen und brummen. Ihm stieg jetzt das Hochgefühl über die Zunge. Die zwei einander unbekannten Durchslandfahrer! Ich will gar nichts wissen von ihm, dachte sie. Mir ist wohler, wenn er mir gar nichts ist außer diese Fahrt. Und er will doch auch sonst nichts von mir – oder? Er will, daß ihm jemand im Rücken sitzt, mit dem er eine tolle Flucht antreten kann. Wir rennen wildgeworden davon! Wir sind nie länger als einen Augenblick da, wo wir sind. Wir sind – nirgends! An keinem Ort, nur in unseren Vorstellungen von uns. Man kriegt uns nie wieder!

Später kletterte sie mit steifen Knien von dem Motorrad und strich sich einzelne, an ihrem Gesicht klebende Haare weg. Zurück mußte sie aber auch noch kommen! Sie hatte keine Ahnung, wo sie war.

Magnifique, lobte sie Robert und hörte dann seiner Begeisterung zu. Es waren lauter kleine Fragen. Mit seinem Mut, dieses Rasetempo in die Hand zu nehmen, mochte sie ihn jetzt. Auf dem Weg vom Holzstoß hierher, und von hier wieder zurück – da konnte sie ihn akzeptieren. Im übrigen haßte sie das mit breiten Armen Ins-Tempo-Greifen aller anderen jungen Männer auf ihren Maschinen.

Jetzt fiel ihr ein, daß sie beide keinen Sturzhelm trugen. Sie wußte nicht, ob das hier Pflicht war. Robert hatte sie an den Unterarmen gefaßt und bewegte diese hin und zurück, wie bei einer Puppe, der man das Bewegen oder das Leben überhaupt einreden will! Er lachte immer schneller, er hatte Erfolg! Der Erfolg gab ihm zu lachen. Er warf ihre Arme grob weg, so daß sie ihr weit zurückflogen.

Tu ne comprends pas, non-non, Louise!

Er lachte wieder ganz laut, und ihr fuhr plötzlich eine große Angst ein. Auch junge Menschen konnten verrückt sein! Oder – kannte er *die* Louise, nach der sie sich benannt hatte, wußte er das alles, kannte er ihre Lügen? Wie denn aber? Wie... was –?

Veux-tu...? fragte er und sah sie stark an dabei.

Willst du zurückfahren, willst du spazierengehen, willst du weiterfahren... aber sie wußte ja doch, was er meinte. Mein Gott, wie er ihr anbot, was er hatte. Das Vergessen des Orts mit seinem Motorrad. Das Übereinstimmen an einem Ort mit seinem Körper.

Non, sagte sie. *Please don't! Ne pas!*

Okay, sagte er drauf.

Wenn alles so einfach wäre. Er deutete mit der Hand weit weit weg jetzt, seine Hand sollte nichts mehr mit ihnen beiden nebeneinander Stehenden zu tun haben, sondern mit dem ganzen Distrikt – L'Estrie! Sie wußte, daß dieser Teil Québecs L'Estrie hieß. Pflueger hatte ihr einen Prospekt gezeigt, in dem er als Sehenswürdigkeit seines Orts angeführt wurde. *Un fabricant de flûtes à bec d'une grande renommée!*

Was Robert sagte, hörte sich wie ein Hadern an. Vielleicht beschimpfte er sie jetzt auch. Für Robert bin ich auf dem Holzstoß zu Hause, dachte sie. Dorthin wollte sie jetzt zurück! Wenn sie nur nicht Pfluegers Haus preisgeben mußte. So viele Möglichkeiten gab es hier aber nicht; er konnte sich leicht zusammenreimen, woher sie gekommen war. Zu wem sie gehörte. Daß sie zu Pflueger gehörte, dem Fremden. Sie prägte sich sein Aussehen ein. Für eine Beschreibung etwa? Das bißchen Bart, noch weniger als bei Pflueger, wie vom Feuer geschwärzte und gekrümmte Andeutungen; seine Augen, die unruhigen, dunklen, die dauernd an ihr herumschauten nun, einmal in ihr linkes

Auge, dann in das rechte, dann über die Wangen zu den Ohren; hinunter und hinauf, aber schneller wieder hinunter. Seine Haare, die überhaupt nicht glänzten, wie Krippenschmuck, irgendeine dunkle Baumwolle.

Anstatt den Weg zurück fuhren sie dann weiter. Plötzlich erkannte sie ihren Holzstoß wieder, aus der anderen Richtung, aus dem Inneren des Weges. Sie kniff Robert, damit er stehenbleibe.

Merci, sagte sie.

Das Motorrad hatte er an den Holzstoß gelehnt. Plötzlich packte er sie bei der Hand und rannte mit ihr ein Stück, sie sprachlos mit langen Schritten hinterdreinstolpernd. Dann lagen sie auch schon in dem bleichen, raschelnden Gras. Sie wußte, daß niemand sie hören würde. Eine kleine, spottende Kreuzigung – ihre Arme auseinandergeklappt, von ihm gehalten. Mit dem Knie spießte er von unten nach ihr. Sie versuchte, seinen nervösen Blick festzumachen.

Robert, sagte sie. *Ne pas! Ne pas!*

Er hatte doch schon einmal darauf »okay« gesagt. Das mußte er jetzt nur wiederholen, das konnte er doch, und sie war wieder gerettet! Was für eine mühsame Sache, dachte sie. Aber ich habe ja gar keine Angst vor ihm. Ich weiß, daß er mir nichts antun wird, ich weiß es! Irgendwoher habe ich diese Gewißheit.

Er ließ sie los. Sie setzte sich mühsam auf. Mit der größten Kraft seines Gesichtes schämte er sich für die schreckliche Erinnerung, die sie mitnehmen würde von ihm. Dann stieß er kurz und schnell ein paar hohe Laute aus und strampelte in ein kindhaftes Weinen hinein, mit häßlich verzogenen Lippen und schmalen Augen, die ihren Blick nicht mehr ertrugen. Vor ihm noch sprang sie auf und rannte davon. In ihren Ohren schlug die Gefahr. Mitten in Pfluegers Arbeit hinein riß sie die Tür auf und war bei ihm.

Waltraud Anna Mitgutsch
Ausland

Als Claudine zur Welt kam, drehte sich Lillians Bewußtsein zurück zu ihrer eigenen Kindheit. Aber es war eine Kindheit in einer anderen Sprache, in einem anderen Land, und die erinnerten Erfahrungen, ihre Orte, ihre Gerüche und ihre Laute waren doppelt entrückt. Sie waren von ganz anderem Stoff als das Vorhandene, waren magische Kinderwelt, die jede Gegenwart zu absorbieren suchte.

Solange ihr das Kind noch ganz gehörte, redete sie mit ihm nur in der eigenen Sprache, sang ihm die Lieder vor, die ihr die Welt zurückverwandelten, Erinnerungen an längst Vergessenes tauchten auf, alles, was unzugänglich und verloren schien, war plötzlich frisch und gegenwärtig. Sie glaubte, die Farben wieder zu riechen, mit denen die Tische im Lesesaal der Bibliothek an der Main Street lackiert gewesen waren, wo der Vater an manchen Vormittagen Bücher holte und wo sie sich in der Kinderecke Bilderbücher ansah. Der Spielplatz mit dem hellen Dünensand von der nahen Küste, in dem man nach jeder Talfahrt von der steilen Rutschbahn wadentief versank, im Sommer war er warm und trocken, im Frühling blieb er an den Beinen kleben, und im Schatten unter den alten Bäumen halb verborgen standen die Palisaden und Klettertürme zum Indianerspielen. Die Umgebung, in der Claudine aufwachsen mußte, erschien ihr armselig verglichen mit den Reichtümern ihrer eigenen Kindheit.

Doch die Erinnerungen, deren Spuren sie in der Gegenwart nicht finden konnte, sonderten sie von andern ab. Sie hätte gern irgend jemandem davon erzählt, um sie ein wenig greifbarer zu machen, doch niemand wollte ihre alten Geschichten ohne Pointen hören. Man lächelte höflich und ließ sie eine Zeitlang reden, bis sie von selbst verstummte, weil sie die unterdrückte Langeweile spürte oder man sie einfach unterbrach. Sie konnten sich die Welt, die für Lillian wirklich war, nicht vorstellen, und was sie sich nicht vorstellen konnten, interessierte sie auch nicht. Jetzt bist du hier, sagten sie ungeduldig, und meinten damit, es sei nicht gut, zu sehr in der Vergangenheit zu leben. Andere Frauen mit kleinen Kindern schienen nicht denselben Drang zu spüren, sie eifersüchtig in längst Vergangenes einzuführen und sich dort zu verschanzen, als sei die Wirklichkeit, die sie umgab, bedrohlich. Die Kindheit, die Claudine erlebte, war nicht Wiederholung, sie war ein Bruch, den Lillian verhindern wollte.

Lillian setzte sich abseits von den anderen Müttern auf eine leere Parkbank, die Gespräche mit ihnen strengten sie zu sehr an, es fehlten ihr die Wörter und die Sicherheit. Deutsch war für sie eine erwachsene Sprache, in der sie besser dachte als fühlte, es fiel ihr leichter, komplizierte Ideen in ihr auszudrücken als einfache alltägliche Erfahrungen mit einem Kind.

Solange Claudine ihr gehörte, war sie glücklich. Sie fuhr mit ihr hinaus aufs Land, dorthin, wo die Vorstadt in Villenparks und Schrebergärten endete, und sie benannte unermüdlich alle Dinge mit den Worten ihrer Sprache, nahm sie in Besitz, als wären sie bisher namenlos gewesen und unbeachtet wie Kulissen.

Look at the trees! See the birds?

Die Dinge wurden wirklich, sie belebten sich, erhielten Farben, erschienen freundlich, lieblich oder bedrohlich, je nach Witterung und Stimmung, sie waren greifbar, fühlbar, reine Gegenwart. Unbändig war ihr Glück, wenn das Kind die Wörter nachsprach, voll Vertrauen in die Einheit von Namen und sichtbarer Welt, und ihr den Riß schloß, der die stumme Wirklichkeit von ihren willkürlichen Definitionen trennte. *Bird*, sagte das Kind, und zeigte auf die Krähenschwärme über den Äckern, es war Oktober, und die Feldraine waren weiß und lila von spät blühendem Unkraut, an den Straßenrändern wirbelte der Wind das erste gelbe Laub auf. *What's that?* fragte das Kind und zeigte auf einen Drachen, der hoch über den Baumwipfeln in einen düsterroten Abendhimmel stieg, zu taumeln anfing und im schwarzen Ästegewirr der Obstgärten hängenblieb. *A kite.* Lillian benannte alles, was sie sahen und hörten, als sei es ihre eigene Erfindung, und sie war stolz darauf wie auf ein besonders kostbares Spielzeug, das sie dem Kind anbot, es zu bestaunen und zu besitzen. Auch Trotz mischte sich darunter – als wäre sie die letzte Trägerin einer vergessenen Kultur, als wäre einfaches Benennen in ihrer Sprache bereits Rebellion, auf die Strafe stand. Und war sie, Lillian, nicht das einzige Bindeglied zwischen Claudine und einem Land, von dem sie nur durch Lillian erfahren konnte? Die andere Zugehörigkeit war allein schon durch die tägliche Gegenwart im Vorteil. Von Anfang an war ihr Besitzanspruch ein Kampf, unter den mißtrauischen Blicken der anderen. Was war für Josef die Märchenwelt, in die sie dieses Kind verstrickte? Das sei doch nicht die Wirklichkeit. Sie wird es einmal schwer haben, warnte er. Sollen Mütter nicht die Mittlerinnen zwischen Kind und Umwelt sein?

Aber Claudine war neugierig und frühreif, eine Weile bewegte sie sich mühelos zwischen den beiden Sprachen hin und her, dem Code der Mutter und der Welt der anderen, sie blieb neutral, denn sie beherrschte und benutzte beide zu ihrem Vorteil. Bis sich der Schwerpunkt ihres Kinderlebens auf die Erlebnisse mit Gleichaltrigen verlagerte und sie vom Kindergarten heimkam mit Neuigkeiten, die keine englische Entsprechung hatten, mit Heinzelmännchen und Bibabutzemännern, Kasperl und Rübezahl. Sie breitete die neuen Schätze vor ihrer Mutter aus und suchte Anteilnahme, den glücklichen, gemeinsamen Eifer der ersten Jahre, die Freude an der gerade erst entdeckten Welt. Doch Lillian fühlte sich bedroht, sie nahmen ihr das Kind weg, so schnell ging das, mit fremden Kinderreimen und fremden Spielen, und sie stand daneben, bestohlen und beraubt, und konnte sich nicht wehren. Wie sollte sie sich auch noch freuen, mitsingen und in die Hände klatschen?

Hölzern und schweigsam stand sie am Rand bei jeder Weihnachtsfeier, jedem Faschingsfest, was sollte sie dabei, es waren fremde Bräuche, die ihr dumm erschienen, sie schüttelte den Kopf, bat um Entschuldigung, ich kenne dieses Lied nicht, es tut mir leid. Nein, sie wollte nicht versuchen mitzusummen, sie wollte es nicht lernen. Tadel und Mißmut trafen sie, sie schloß sich aus, das könne ihrem Kind nur schaden. Sie fühlte sich gedemütigt und ausgestoßen, niemand war neugierig auf ihre Bräuche. Dachten sie denn, sie hätte keine? Wie kamen sie dazu, ihr etwas aufzuzwingen, was sie nicht wollte? Die anderen durften nicht nur ihre eigene Kindheit weitergeben, die wurden dafür noch gelobt, ihr Eifer zeigte, daß sie gute Eltern waren. Doch bei ihr war es anders, als sei Claudine bereits Besitz des fremden Landes, ihr nur auf Zeit geborgt, und jeder hätte das Recht, sie zu enteignen, ihr zu erklären, wie sie es machen müsse. Sie nahmen sich die Freiheit, ihr eine fremde Sprache und fremde Bräuche aufzudrängen, sie maßen ihre Liebe zu dem Kind an der Begeisterung, mit der sie sich verleugnete und aufgab, sich und das Kind, das einzige, was sie in dieser Fremde hatte. Fremd hörte sich an, was Claudine von draußen mit nach Hause brachte. Ja, sagte Lillian, ist schon recht, aber zu Hause reden wir englisch.

Sie kämpfte verzweifelt, um sich das bißchen Heimat, das sie zum Leben brauchte, durch Claudine zu retten, und zwang dabei das Kind zu wählen: die anderen, das waren alle, oder ich, deine Mutter, und Claudine entschied sich. Rede nicht so mit mir, sagte sie streng, wenn Lillian englisch mit ihr sprach, sie schämte sich ihrer Mutter, sie wünschte sich nichts sehnlicher als eine Mutter wie all die anderen. Je älter Claudine wurde, desto heftiger tobte der tägliche Kleinkrieg zwischen ihnen, denn keine war bereit, die Vernichtung der eigenen Welt zu dulden, beide hatten Angst, sich selber zu verlieren, wenn sie dem Fremden zuviel Platz einräumen mußten.

Als Lillian wieder schwanger wurde, ließ sie von Claudine ab und zog sich auf sich selbst und auf das Kind zurück. Sie konnte ihrer Tochter nichts mehr bieten, was in deren Welt von Wert gewesen wäre, es gab nichts mehr zu schenken, nichts mehr zu formen, die anderen hatten ihr das Kind gestohlen, auf das nächste würde sie besser achtgeben.

Aber ihr Standort verlor an Festigkeit. Der stumme Dialog, den sie seit ihrer Kindheit mit sich selber führte, die inneren Bilder, die Kommentare, die ihr Erfahrungen erklärten, hatten angefangen zu versiegen. Entblößt stand sie zwischen beiden Sprachen. Was sie erlebte, widerfuhr ihr auf deutsch, Fremdwörter begleiteten die Schwangerschaft wie kalte medizinische Geräte, nichts war lebendig in diesem klinischen Sprachbesteck, das ihren Körper untersuchte, seine Vorgänge sondierte und sie im Dunkeln ließ, denn vertraute Bezüge in der eigenen Sprache gab es keine: Schwangerschaft in der eigenen Sprache war ein weißer Fleck. Die weißen Flecken in der Sprachlandkarte mehrten sich, das Schweigen mehrte sich, die Ohnmacht und die Wut. Was blieb, war ein Gefühl der Kälte und der Verlassenheit. Und der maßlose Besitzanspruch, mit dem sie dieses zweite Kind, einen Sohn, an sich riß: Den kriegt ihr nicht, dem soll nur vertraut sein, was ich liebe, unvorstellbar, ein fremdes Wort an ihn heranzulassen, eines der vielen Kosewörter, die sie rundum hörte, Liebling, Schatz, Herzchen, nie würde sie Verrat an sich und ihm begehen.

Niki war ein zartes Kind, still und langsam in allem, was er lernen sollte, auch in der Sprache. Ich möchte nicht, daß er belastet wird mit einer zweiten Sprache, sagte Josef, es wäre zuviel. Natürlich war die erste Sprache Deutsch, die zweite war das Überflüssige für die Robusten, Begabten, schädlich für alle, deren Gleichgewicht labil war. Doch Lillian wurde feindselig und unzugänglich: Er ist auch ein Teil von mir.

That's a deer, erklärte sie und zeigte auf Bambi im Bilderbuch.

Das ist ein Reh, berichtigte Josef, es klang wie eine Drohung.

A deer, rief sie, *that's a deer!*

Ein Reh, wiederholte Josef, zum letzten Mal, ein Reh, und seine Stimme bebte vor Wut.

Niki befreite sich verstört aus Lillians Armen und weigerte sich von nun an, in Gegenwart der Eltern Bücher anzusehen. Er entzog sich, indem er in zwei Sprachen schwieg.

Er muß in diesem Land aufwachsen, gab der Psychologe zu bedenken und war erstaunt über die Panik, die eine sachliche Behauptung bei Lillian hervorrief.

Er ist mein Kind! rief sie. Konnte denn kein Mensch verstehen, daß sie zu ihm nicht in der fremden Sprache reden konnte, ebensowenig wie zu sich selbst? Wie sollte sie ihn auf deutsch denn nennen, wie ihre Liebe zeigen, ihre Zärtlichkeit, wie ihm Gefühle mitteilen, die in den Worten waren, in ganz bestimmten Worten, für die es keine Übersetzung gab? Ich kann Gefühle nur in meiner Sprache ausdrücken, erklärte sie dem Psychologen.

Er wechselte mit Josef einen beredten Blick.

Niemand, auch ihre Freunde nicht, konnte verstehen, warum sie sich so sehr dagegen wehrte, mit ihren Kindern Deutsch zu sprechen. Du sprichst es fließend, sagten sie, gut genug für den Alltag, für die Kinder. Gewiß, sie machte Fehler, vielleicht solltest du mehr lesen, schlugen sie vor, vielleicht einen Uni-Kurs für Fortgeschrittene belegen. Sie benutzte manchmal Redewendungen wie zufällig herumliegende Werkzeugteile, sie paßten nicht, sie griff daneben, na und? Sie hatte nicht den Ehrgeiz, sich zu verbessern. Ist doch egal, sagte sie ungeduldig, wenn jemand sie korrigierte, du weißt schon, was ich meine. Die Wörter und Sätze waren wie fremde Kleider, die sie sich achtlos überwarf, Verkleidungen, die sie entstellten, ihr eigenes Pech, wenn sie nicht paßten, ausgeliehen wie sie waren. Gefühle waren Sache der eigenen Sprache, in der sie die Wörter langsam und zögernd setzte, präzise.

Auch das Deutsche ist reich an Gefühlen, erklärte man ihr.

Nichts war im Lauf der Jahre für sie so sehr zum Kampfgebiet geworden wie die beiden Sprachen, und nun verlangte man von ihr auch noch, daß sie ihre Liebe übersetzte, ihren Gefühlen Gewalt antat, endgültig resignierte.

Er ist noch zu klein, bat sie, er braucht noch meine Nähe.

Der Psychologe lächelte verständnislos: Und auf deutsch können Sie Ihrem Kind nicht nahe sein?

Zu Hause, wenn sie allein war, redete sie englisch mit ihm, und unterwegs, auf der Straße, unter Menschen flüsterte sie ihm schnell, voll schuldbewußtem Trotz englische Sätze zu, die Angst, ihn zu verlieren, war zu groß.

Eines Tages, als Niki vier war, kam er weinend in die Wohnung, die anderen Kinder wollten nicht mit ihm spielen, sie hätten ihn verspottet, weil er nicht von hier sei.

Jetzt hast du's, rief Josef. Willst du die Kinder für ihr ganzes Leben ruinieren mit deinem Egoismus, willst du sie zu Außenseitern machen durch deine sture Weigerung, dich anzupassen?

Sie fügte sich und gab auch dieses Kind frei, um ihm nicht im Weg zu stehen in einer Welt, der sie sich verweigern mußte. Wer sollte verstehen, daß sie den Platz nicht wollte, den man ihr anbot, wie sollte man es sich erklären, wenn nicht als Arroganz? Doch zwischen ihr und Niki blieb eine sprachlose Nähe, eine stumme Trauer über den Verlust des ersten Überflusses an Liebe, und manchmal fragte er sie: Wie hast du mich genannt?

Honeypie, sugarplum, sagte sie leise, und die Erinnerung tat weh wie eine alte Narbe, wie erfrorene Glieder in der Wärme. Wie dieses Land es schafft, mich umzubringen, dachte sie, mir bei lebendigem Leib jedes Gefühl herauszuziehen, daß ich taub bin bis in die Finger und jede Berührung schmerzt, und ich vergessen habe, wie es ist, wenn man sich frei bewegt und jeder Teil von Kopf bis Fuß man selber ist.

Sie spürte, wie sie allmählich ihre innere Sprache verlor, die Ausrufe und Wortpartikel, freischwebende Satzfragmente, die ihr für Augenblicke flüchtige Erinnerungen herantrugen, Verbindungen zu früher schufen und sie belebten. Sie freute sich, wenn aus dem Nichts ein Slangausdruck der Collegezeit auftauchte, der, mit einer Spur Bosheit, eine Situation benannte. Doch immer seltener kamen die richtigen Wörter spielerisch ganz von selber, die Sicherheit ging ihr verloren und damit die Lust an ihrer Sprache. Und wenn die eigene Sprache nicht mehr lebendig ist, fragte sie sich bang, kann ich dann noch leben? Wer bin ich dann? Entsetzt bemerkte sie, wie ihre Sprache abzubröckeln begann, versank wie überschwemmte Inseln, ohne daß ihr die andere gehörte. Ich wollte doch noch schreiben, dachte sie, irgendwann später, hatte sie gehofft, nach einem reichen Leben, irgendwo anders als zu Hause, käme dann ein Leben für ihre eigenen Bedürfnisse. Und was besaß sie nun?

Sie sah erstaunt die Kinder an, die in dieser Welt zu Hause waren, Niki verträumt und immer noch ein wenig weltfremd, Claudine mit einem gierigen Eifer, nichts zu versäumen, sich den anderen ununterscheidbar anzupassen. Bei jedem Fest war sie dabei, sie liebte Umzüge, Prozessionen und vor allem Jahrmärkte. Begeistert zog sie Lillian, die voller Panik war, durch das Gewühl zwischen den Buden. Lillian schaute hinunter in das eifrige Gesicht der Tochter, wie sie mit ihren kleinen Mäusezähnen an der rosa Zuckerwatte zupfte, und einen Augenblick lang empfand sie gegen das Kind denselben Widerwillen, der sie in diesem Gedränge überkam, wo der Geruch verschwitzter Kleider über ihr zusammenschlug. Wann beginnt die kollektive Dumpfheit ein Kind zu infizieren? fragte sie sich und sah mit plötzlicher Verzweiflung in das Gesicht, das ihre Augen hatte, ihren Mund. Es war ihr Kind. Zwölf Jahre ihres Lebens.

Helga Glantschnig
ABC

A

Adam und Eva Zuerst waren Dinosaurier und Affen, dann ist Mensch geworden, Adam und Eva. Und dann haben sie Kinder gekriegt. Und einen haben sie gleich getötet. Und dann hat sie Gott geschimpft.

Adresse Die haben alle Menschen. Da gibts in jedem Haus eine Adresse und eine Haustür, wo du hineingehst. Mollardgasse oder Webgasse oder Millergasse oder Mariahilferstraße und Hetzgasse. Dann gibts noch ein Wien und Zahlen.

Afrika Nicht Stadt. Ein Land oder so. Dort ist Kokosnuß, Löwe, Giraffe, Affe gibts Elefant und Banane und schwarze Mann auch, natürlich Frau. Alle haben nicht gerade Haare, wie die Türken manchmal.

Alt Meine Mutter ist so alt wie du und schaut viel mehr alt aus. Warum sind die Frauen in Österreich so schön? Auch die alten.

Allee Also alle Bäume sind bei der Straße in der Allee, alle. Für alle Seiten gibts Bäume, so wie im Schönbrunn, gibts auch Blumenallee.

Amerika Dort gibts Kino und Superman und Asterix und Mickey Mouse und Michael Jackson und Michael Knight und Bud Spencer. Und Indianer gibts und Kämpfen.

Angst Wenn man allein ist. In Nacht, dann mach ich meinen Kopf mit Decke zu. Ist große Vogel oder Kobra oder Räuber, dann gibts Angst.

Apfel Ein Apfel hat eine rote oder eine grüne Haut, und es hat eine weiße Frucht, und die Mehrzahl ist Äpfel.

Ararat Dort ist bei Sommer Schnee geblieben. Dort gibts viel ist kalt. Große, große Berg.

Arbeit Vater muß Arbeit gehen. Jeden Tag 5 Uhr und kommen 5 Uhr zu Hause. Für Arbeit gibts Geld. In Türkei gibts Spielarbeit. Die Kinder gehen zu den Schafen, aber kein Geld, nur Essen und Wasser zum Trinken kriegen sie. Und dann bin ich zu Hause gegangen, alle Tage wieder.

Aufgabe Man kriegt immer in Schule, auch in Fabrik. Wie eine Putzfrau, die kriegt Aufgabe, wie meine Mutter.

Augen Zum Sehen was zum Lesen. Mit Mund, nein, mit Augen lesen. Mit Mund und Augen. Da können wir braunes Auge haben, blaues und schwarzes. Wer gelbe Haare hat, hat blaues Auge. Wer schwarze Haare hat, der kriegt schwarze Augen. Die Frauen schmücken sich in den Augen. Die Deutschen haben so blaue Augen. Die Türken haben so braune. Und gibts auch grüne. So grüne wie du.

Ausflug Ist wie eine Urlaub. Da fahrt man in eine schöne Stadt oder irgendwo, daß es dir gefällt. Das ist ein Ausflug.

Auswendig Man tut immer sprechen oder auswendig eine Ansage sprechen oder auswendig ein Gedicht sagen. Wenn die Kinder nicht schauen müssen.

B

Baby Ist ein ganz kleines Kind. Wer hat ein Baby, alle Familie hat Freude. Und lachen. Aber die kleine Baby weint viel.

Bach Hatte 12 Kinder und spielt zu König. Er geht zu kleiner Stadt und schreibt Noten. Er bekommt 82 Jahre, dann tot. Er hat eine Frau. Die Frau macht die Kinder. Eine Frau ist tot, und er hat zweites Frau. Seine Name ist Anna Magdalena Bach. Und er schreibt für sie viele Hefte, und sie spielt auch Klavier.

Badewanne Wir haben nicht. Da kann man sich abwaschen. Wie eine Schüssel. Da drinnen ist Wasser zum Baden, und da gibts nackte Mann und nackte Frau und Kinder natürlich auch. Wer irgendwo schmutzig ist. Und dann haben sie drinnen ein Shampoo. Und dann nehmen sie ein Handtuch. Und dann sind sie wieder schön, sehr, sehr.

Baklava Ist ganz süß, und es machen die Türken, besonders am Feiertag machen sie es. Baklava machen aber nur manche Deutsche. Die Türken machen es immer.

Bald 10 Minuten, kann aber vielleicht größer sein. Bald ist Eßpause, oder bald kommt die Osterhase. Das ist bald, nicht so jetzt, da, in Deutschkurs. Aber bald. Bald ist ein Wald.

Ball Ist rund und für Spielen, und man kann es hochwerfen, und es kommt wieder runter.

Banane Kommt von Afrika, aber mit Polen schmecken Banane nicht gut. Banane ist krank, kleine Tiere in Banane, und Kind ist auch krank. In Wien schmeckt schön.

Bank Eine Bank sammelt Geld, und das Geld kriegen sie von den Menschen. Und im Bankomat können die Menschen Geld ziehen. Und in Schwein können sie werfen.

Barbiepuppe Kann man spielen, aber nur Mädchen, aber es gibt auch Männerbarbie. Es gibt auch Ultrahaarbarbie und Diamantbarbie, sie hat Diamantaugen, wie Gold. Eine Barbie hat Busen, weil es ein großes Kind ist, 18 oder 19 Jahre, dann kriegt man Busen. Es gibt auch Petrabarbie.

Alle heißen Petra. Es gibt auch ein Petrahaus mit Petrabett und Petramann. Alle Barbies kommen aus Amerika. Eine kommt von China. Das steht auf ihre Popo: made in China. Aber ist nicht eine echte Barbie.

BART Hat Mann, große Mann und kleine. Hinter dem Mund und unter und daneben. Kann groß sein oder klein, so wie bei Haare. Aber ist kratzig. Mein Vater hat immer ein bißchen lang, weil er nicht immer schneidet.

BÄR Ein Bär ist braun und kann Mensch umlegen. Und ein Bär schläft um Baum, um große Baum, damit sie nicht umfällt, und dann ißt es Honig.

BAUM Ist braun und hat grüne Blätter, und groß ist es auch, und Vögel können sitzen, und da kann auch Apfel sein oder Birne und Zwetschke.

BAUMSCHULE Baum und seine kleinen Kinder, so wie ein bißchen Wald. Kinder von Baum gehen in Schule, damit sie groß werden.

BEERE Rote, kleine Kerne drinnen. Ist Erdbeere oder Himbeere. Mit Marmelade gemacht ist ganz schön. Hat was Doppeltes: zwei E.

BEET Das ist Blüten und eine Biene und eine Tulpe, Narzisse auch. Es gibt Tulpenbeet, wie ein kleiner Garten.

BERG Dort gibt es so viel Vogel. Dort essen die Schafe das Gras, und kommt Wasser aus dem Berg. Dort gehen alle zu den Schafen, wenn die Sonne scheint. Dann waschen sie die Schafe, und die Frauen machen Käse. Einhörnchen gibts auch, Ameisen, Mariakäfer.

BERNHARDINER Ich glaube, Bernhardiner ist ein Mädchenname.

BERUF Du hast Lehrerin. Ich habe Schule und Karate. Ich habe Schule und Klavier. Macht man mit 15 oder 16. Dann kriegst du richtiges Beruf.

Besuch Aus Türkei kommt ein Besuch oder Deutschland oder in Wien geht zu Besuch Türkei. Dann nehmen sie Fotografieren mit. Dann gehen sie in Park. Dann schlafen sie im Sitzzimmer, und dann sind zehn Betten, kann auch zwölf sein. Gibts Tee und Baklava. Wenn Besuch fertig ist, geht sie wieder zu Hause oder in Türkei.

Beten Ist reden mit Gott. In Jugoslawien beten sie mit drei Finger. Die Türken machen auf Boden, und die Deutschen machen Hand zusammengeben. Beten ist wichtig für Gott.

Bett Ich schlafe mit meine kleine Schwester in eine Bett, was ist auch im Tag Bett. Meine Mutter und Vater schlafen in eine Bett, was im Tag für Sitzen ist. Ein Sitzbett.

Biene Eine Bienc hat vier Beine und kann auch Honig machen. Die Bienenkönigin schläft jeden Tag wie ein Murmeltier. Und es gibt in einer Woche eine neue Königin, immer wieder eine neue Königin.

Billa Billa heute. Das freut Leute. Allerschönste Geschäft, dann kommt Ziel und Hofer.

Bitter Mit Zitrone, Kaffee gemacht. Tee ist bitter. Bitter ist Saft ohne Zucker und mit Grapefruit.

Blind Auge ist offen, aber kann nicht sehen, vielleicht Schwarzes aber.

Blinde Kuh Man kann ohne Augen was raten. Vielleicht kann es auch ein Affe sein oder eine Maus, die gesteckt ist.

Blitz So wie ein dünnes Feuer, wie ein Strich, ein schiacher. Und es kann Mensch tot machen, wenn es durchgeht.

Blond Ist so wie gelb. Gelbe Haare sind blond oder die Sonne und der Mond und die Sterne und eine Ente vielleicht.

BLUME Ist Kind von Wiese.

BLUT Rot da drinnen. Wenn man runterfällt, kann man die Blut sehen. Wie roter Saft, rote Coca-Cola. Hat jeder Mensch. Ohne ist Knochen und Haut.

BODEN Ein Boden brauchen die Menschen fürs Gehen und Laufen und zum Einkaufen.

BÖREK Ist was Türkisches und nicht süß. Es ist eigentlich wie Brot, nur warm und umgeschlagen und mit Käse, auch warm.

BRAUT Sie heiratet mit ein Mann. Die Frau hat eine schöne, weiße Kleid und eine Blume im Kopf, eine Krone. Die Frau hat eine Kette und viel Gold. Ich will nicht Braut sein. Ich will mit meiner Mutter bleiben.

BREIT Weniger groß als lang. Lang ist größer, aber ein Hund ist breit, und eine Kuh ist noch mehr.

BRIEF Wenn jemand gestorben ist, dann ist da eine Nachricht. Das ist Brief. Und wenn jemand allein ist, dann kann er Brief schicken und gehen, wenn seine Tochter zum Beispiel in Deutschland ist. Oder: Ein Mann ist in Wien, und sie schreibt für seine Mutter, was ist los in Wien. Und seine Mutter schreibt auch, was ist los in Bukarest.

BROT Kann man mit Butter essen, Käse oder Wurst. Türkische Brot ist rund wie eine Torte und ein bißchen dick und weiß, nein, hellbraun. Das kann meine Mutter allein machen.

BUCH Muß man viele Rätsel denken, so wie wir jetzt tun. Aber du kannst ja nicht Buch schreiben. Ist ja alles falsch, was wir sagen. Sind die Falschheiten schön? Schreibst du Dummheitbuch.

BUCHSTABE Muß man schreiben. Ist immer mit einem Wort. Das M war der erste Buchstabe, jetzt schreiben wir alle Buchstaben in Lateinschrift. Mein Lieblingsbuchstabe ist das M und das kleine F. Das lange I und das stumme H sind schlimm, weil also zum Beispiel, wenn du schreiben willst Ku, dann hörst du nicht das h in der Kuh. Das ist versteckt, und kann man nicht hören. Aber dann kann man sehen. Das ist schlimm.

BUNT Viele Farben, und die sind schön. Kann alles sein: grün, gelb, rot, dunkelrosa und auch Fleischfarbe. Das kann man benutzen, fürs Malen. Ein Bild mit Malfarbe ist zum Beispiel bunt. Bunt kann auch noch ein Buntstift sein.

BÜRGERMEISTER Präsident von einer Stadt. Also der Bürgermeister ist Zink, nein, Zilk. Haare so, Augen so, weil wir so ein Magazin bekommen, da ist immer so ein Bild von Politik. Von Franz Franzisky auch. Die Türken wollen Zilk, nicht ÖFP, ist schöner. Von Zilk ist auch ein Bild, in Goldfarbe. Er wohnt im Rathaus, da ist ein Salon. Im 1. Bezirk, da ist auch das Museum. Da waren wir. Großes Haus, früher war eine Burg, dann ist Haus geworden.

BUTTER Von Käse gemacht, nein, von Kuh. Von Schaf gibts auch, und Käse, Joghurt, Milch. Butter ist nicht so gut in Türkei, hier aber schon. Von der Kuh ist besser.

C

CEMBALO Eine alte Instrument, 200 Jahre oder 300 Jahre, so alt ist diese. Ist ein Instrument für Mozart, jetzt ist in Museum, da hab ich auch Geige gesehen.

CHINA Eine große, große Stadt. Da gibts chinesische Mauer, die ist ganz lang. Die Menschen essen immer Reis und haben schwarze Haare und andere Augen. Gibts einen großen Prater, gibts auch.

CHOR Viele Singer zusammen ein Lied singen. Kann Mann sein oder Frau, aber viele.

CHRISTBAUM Baum mit Stacheln und Kugeln und mit Schokolade und mit Stern. Manchmal gibts auch Bänder und Ringe. Vor der Schule gibts auch eine, aber da ist nichts für Essen.

COCA-COLA Sie frißt den Bauch auf. Wenn man ein Stück Fleisch in die Cola gibt, dann am Morgen ist es schon aufgegessen, weil es Soda gibt.

COMPUTER Das ist Maschine, wo du spielen kannst und rechnen und schreiben auch die Aufgabe. Er hat auch Papier und viele Buchstaben und Nummern und Fernseher.

COUCH Wir haben drei Stück. In der ersten schlafen mein Vater und meine Mutter, in der zweiten ich und meine Schwester, in der dritten mein Bruder. Und die letzte Couch ist ein Polstersessel. Nur für Sitzen, aber manche Couch geht unten auf.

CREME Ist für Wangen, ist weich und kalt. Creme kann manchmal grün sein oder rosa, immer hell. Schwarze Creme gibts nicht, blaue auch nicht. Aber die Frauen brauchen alle.

Tagebücher. Traumbücher

Hertha Kräftner
Notizen zu einem Roman in Ich-Form

6.12.1950

Von Zeit zu Zeit geschieht in gewissen Augenblicken etwas, das die alltägliche Situation durch ein fremdes Licht verändert und die Bodenlosigkeit des Lebens zeigt, die uns sonst gnädig verdeckt bleibt. Wenn wir uns nachher fragen, was es gewesen sei, so antworten wir uns, daß wir es nicht wüßten, oder wir müssen uns gestehen, daß es »nichts« war.

Ich erinnere mich an einen Sommerabend in Paris. Es war so warm, daß wir die eisernen Fensterläden offen hatten. Es war alles wie sonst; die Wandbeleuchtung schwach und abgedeckt; die andere Zimmerhälfte lag ganz im Schatten. R. lag auf dem grünen Bett und rauchte und erzählte etwas. Ich bemalte meine Nägel mit rosa Lack und sagte manchmal »Yes, my dear« oder »Oh, really?« und dachte, daß das Programm im »Eve« langweilig und gewöhnlich gewesen sei, oder langweilig, weil gewöhnlich? Meine Haut brannte noch ein wenig vom kalten Wasser; ich wurde müde. R. erzählte mit Vergnügen. Das Zimmer hatte in den wenigen Wochen schon ganz meine Züge angenommen. Am Eingang zum Alkoven hing an einem Nagel mein blaues Kleid, auf dem Kamin lag meine Post, und auf allen Stühlen hing etwas von meinen Sachen, Strümpfe, Gürtel, Tücher. Mein Koffer stand staubig in einer Ecke. Ich sage das, damit man nicht glaube, das Zimmer habe mir den Eindruck der Fremdheit gegeben.

Ich hatte meine Finger gespreizt auf meinen Knien liegen, damit der Lack unbeschädigt trockne. R. sagte: »Ich sah sofort, daß es nicht der richtige Weg war; ich erinnerte mich an einige Hecken, die ich dort nicht sehen konnte...« Da fiel ein heller Lichtstrahl auf die dunkle

Wand unseres Zimmers (jenseits der Straße hatte jemand den Fensterladen geöffnet), eine Männerstimme fragte, wartete ... Keine Antwort. Der Laden schloß sich.

R. erzählte nicht mehr. Wir sahen uns an. Langsam füllten wir uns mit Schrecken und fürchteten das Einschlafen.

29.1.51

Morgen werde ich zu Herrn K. sagen:

»Ich finde, daß unser Verhältnis viel zu wenig an sich hat, um das zu sein, was es sein sollte: die Untreue einer verheirateten Frau mit einem Mann, der weiß, daß seine Geliebte verheiratet ist. Sie wissen, ich bin so gut wie verheiratet (ich trage einen Halsschmuck, der einem Ehering gleichkommt) und Sie sollen auch wissen, daß jener Ehemann in keiner Weise langweilig ist. Ich frage mich, warum ich ihn betrüge, da doch unser Verhältnis zehnmal solider verläuft als meine Ehe. Es ist nicht gefährlich, zu Ihnen zu kommen; er wird es nie merken. Ich spüre also nie den Schauer der Gefahr. Ihre Lebensweise, Ihre Umgebung unterscheiden sich nicht wesentlich von meiner oder seiner. Und die Dinge, die wir miteinander tun, haben keineswegs den Geschmack nach Ausschweifung oder Laster. Wir müssen etwas erfinden, mein Lieber! Haben Sie nicht auch das Gefühl, daß etwas geschehen muß?«

Ich bin neugierig, was er dazu sagen wird. Hoffentlich fällt ihm nichts ein; denn ich lasse mir bestimmt nichts einfallen.

30.1.51

Meine Mutter ist Gemüsehändlerin am Gürtel, gleich neben dem schwarzen Viadukt. Ihr Mann aber ist nicht mein Vater, denn ich kam zur Welt, als er schon Jahre »verschwunden« war. Meine Mutter ließ ihn niemals suchen. Was meinen Vater betrifft, so hegt meine Mutter ganz bestimmte Vermutungen. Ein Studienrat, der zwei Gassen weiter wohnte, kaufte in jener kritischen Zeit fast täglich Kartoffeln bei ihr und– was stärker wiegt – er veränderte seinen Wohnsitz, als ich an meiner Mutter sichtbar wurde; er zog in einen entfernten Stadtteil. Und ich selber – bin ich nicht ein Beweis eines studienrätlichen Vaters? Hatte ich nicht die besten Zeugnisse in allen Schulen, studiere ich nicht seit drei Semestern mit bestem Erfolg, obwohl ich nichts dazu tue? Ich habe diesen Zug bestimmt nicht von meiner Mutter geerbt. Aber ich habe von meiner Mutter den Trieb zum Männlichen geerbt. Ich habe dasselbe üppige weiße Fleisch wie sie; das Verlangen ist ein süßer Geschmack in unseren Mündern; unsere Beine gehen von selbst zu den wartenden Betten. Aber meine Mutter liebt jedesmal, während mich ein Studienrat verwässert hat. Meine Mutter ist eine große Frau trotz Karfiol und Radieschen; ich bin nur Fleisch. Ich gebe mich allen hin, aber für keinen auf. Ich bin 19 Jahre alt und Herr B. sagt, es sei für ihn an der Zeit, sich ein junges unschuldiges Wesen zu suchen. Ich habe Herrn K. in seiner bemalten Bettdecke allein gelassen, denn er versteht nichts von den großen Riten. Ich habe den Engel nur solange geliebt, solange er keine Haut hatte. Aber da ist einer, der mich nicht kennt, den werd ich verderben.

13.2.51

Ich werde nie wieder fröhlich sein. Das Feuer brannte ganz lautlos, der Teppich war warm unter meinen nackten Füßen, da wußte ich es: ich werde nie wieder fröhlich sein. Es wird sich erfüllen, was im Kirchhof zu Drontheim gesagt wurde. Ich möchte einen Trost haben, etwas, von dem man weiß, daß es kommen wird, – nachher –, wenn das Traurige vorbei ist, aber es wird nicht vorbei sein und deshalb wird auch nichts kommen. Ich will –, ich weiß nicht, was ich will.

17.2.51

Ich werde ihm nie verzeihen, daß er nur um anderes leidet, aber niemals um mich. Ich werde ihm nie verzeihen, daß er mich in meinem Leid allein läßt. Wenn ich gehe, werde ich ihm nichts zerschlagen, denn er hat nichts aufgebaut, das sich auf mich gründet. Wenn er plante, plante er nie etwas um mich oder mit mir; er plante mich höchstens als freundlich lächelnde Zuschauerin. Gewiß, ich sollte bei allem dabei sein, aber nichts geschah und wird geschehen um meinetwillen.

Ich weiß nicht, ob ich noch sagen kann, daß ich ihn liebe. Ich »hänge an ihm«, das ist wahr, aber manchmal hasse ich ihn wie meinen bösesten Feind. Es ist eine Frage der Kraft, wie lange ich das noch aushalte.

Ich kann nicht mehr zu ihm. Der berühmte Abgrund hat sich aufgetan und nichts von seiner Seite kann ihn zuschütten. Und meine Seite will nicht mehr können.

Er stürzt mich in Verirrungen, ich bedecke mich bis zu den Haaren mit Schuld, ich kniee – und er vergißt es, und vergißt, die Lehre daraus zu ziehen. Ich sollte gehen, gehen, ganz allein sein und etwas Neues anfangen.

10.5.51

Ein neues Blatt in diesem Buch. Ich bin dabei, den Satz zu verwirklichen: »... Ist es nicht Zeit, daß wir liebend uns vom Geliebten befrein und es bebend bestehn: wie der Pfeil die Sehne besteht, um gesammelt im Absprung mehr zu sein als er selbst. Denn Bleiben ist nirgends.« Zu meinem Glück will ich den Satz verwirklichen, zu meinem Unglück aber darf ich nicht nur nicht bleiben, sondern bin an jenem Punkt noch nicht angekommen und werde niemals ankommen. Ich gehe sozusagen in einem Bogen daran vorbei. Das heißt also: ich liebe einen Mann, den ich nicht haben kann. Die Gründe dafür ergeben eine Liste. Es trennt uns vor allem, daß er einer anderen Generation angehört, und das heißt nicht nur, daß er um vieles älter ist, sondern daß er anders denkt. Welcher Mann von heute kümmert sich noch um Dinge wie Ehe, Verpflichtung an die Familie usw.? Er hat eine Welt, die ich niemals mehr kennenlernte. Es trennen uns unsere verschiedenen Weltanschauungen. Er zog sich ganz zurück, als ich heftig sagte: »Ich will niemals ein Kind haben.« Er ist sicher, ich bin unsicher. Er beherrscht sich, ich bin ausgeliefert.

Ich lese die Freude in seinem Blick, wenn er mich sieht, aber er hält an sich, während ich meine Augen nicht von ihm lassen kann. Er führt Konversation mit mir, ich habe immerfort Liebe auf der Zunge.

Was soll daraus werden? Eine unsinnige Frage – es darf nichts daraus werden. Wahrscheinlich ist es leichter, das ersehnte Dorf von außen zu umgehen, als darinnen gewesen sein und eine Erinnerung nicht loswerden können.

11.5.51

So ist also dieses lange, verworrene Kapitel zu Ende. Ich bin überzeugt, daß es die wesentlichsten Gedanken der ganzen Geschichte enthielt. Es ist eigenartig, daß es sich sozusagen von selbst beendete. Aber schließlich bin ich niemals sicher, ob *ich* meine Geschichten schreibe oder ob sie sich selber schreiben und einfach mich als Ausdrucksmittel benützen.

Das ist die Zeit, wo ich sonst zu ihm fahre. Vorbei. Ich habe immer erwartet, daß es kommen wird. Und habe mich immer gefürchtet, seit 4 Jahren. Aber es ging ganz einfach, rasch und ohne Widerstand. Freilich, es tut weh. Es tut so weh, daß ich schreien möchte, daß ich am liebsten zu ihm liefe, es tut so weh, wie niemals etwas vorher. Jetzt werde ich wahrscheinlich nicht mehr lange leben. Dieser Geruch nach Endgültigkeit! Kein Rosa hinter dem Regen. Es tut weh, es tut weh.

20.6.51

Ich habe gerade den vorigen Absatz gelesen. Es tut weh! Ich muß lachen, es hat nicht lange weh getan. Dann begann ein neues Kapitel im alten Roman mit den gleichen Personen. Ja, gute Romane müssen überraschen.

Aber jetzt ist auch eine neue Person unter die Lampe getreten, die den Autor der Geschichte bescheint. Es ist der Mann, der umgangen werden sollte, der Mann, der im Gehäuse saß, der Mann, der nicht erreichbar schien ... Er war so leicht zu erreichen, ich mußte mich nur eine Viertelstunde unerreichbar machen. Er hielt seine Leidenschaft zurück, aber nur solange, bis ich erkennen ließ, daß ich meinerseits meine Leidenschaften zurückhalte. Das rief in ihm die Pflicht des Mannes hervor, die Pflicht, Türen einzurennen, die die Frauen anlehnten, ehe sie sich in die dunkle Ecke des Zimmers setzten.

Diese Erwägungen sind sehr einfach und ich begriff den Zusammenhang in einem Augenblick. Und jetzt – kein Wort mehr von verschiedener Weltanschauung, keine Konversation, nur noch Liebe auf unseren Zungen. Oder das, was man auch Liebe nennen kann.

13.9.51

Das war vielleicht der letzte Sommer. Die Zeit zieht sich zusammen wie die Schnur am Rand eines Beutels; schwarz hängt der Beutel nach unten, in den leeren Raum. Das ist der Tod, in den wir fallen. Wir fallen in den schwarzen Beutel und bleiben dort liegen, wir fallen nicht in den freien Raum. Gesetz und Unterwerfung auch dort noch. Daß ich mich töten kann, ist ja nicht Freiheit, ist nur das Gesetz meiner Natur. Nichts wird dadurch anders, alles ist, wie es sein soll. Wer schreibt das vor?

Es ist gar nicht nötig, daß ich noch den Oktober erlebe, den ich sehr liebe. Ob ich liebe oder nicht, ob ich treu bin oder nicht, – es verliert an Wichtigkeit. 6 Männer wollen mich zu gleicher Zeit, der eine mehr, der andere weniger; es bleibt mir nichts mehr übrig, als zu entscheiden: keiner oder sechs. Wenn jemand meint, es gäbe noch eine andere Wahl, so irrt er: Ich habe nicht mehr Zeit, sie nacheinander zu lieben, der September wird zu kurz sein. Warum nehme ich denn die Pulver nicht morgen?

Weil ich wahrscheinlich noch leben soll: schlafen, essen, bei den Männern liegen, denken. Ja, denken! Es ist ein Hohn.

16.9.51

Es wird nicht weh tun. Nichts tut mehr weh. Der Gedanke an den Tod ist wie ein Narkotikum. Langsam werde ich gefühllos. Ich bedauere nicht mehr, die Akropolis nicht gesehen zu haben, einen Mann namens Joe nicht geküßt zu haben, ich verschmerze meine ungeschriebenen Gedichte. Mir tut niemand mehr leid. Ich bin nicht verzweifelt, nicht berauscht. Ich bin wie ein kaltes Reptil. Veronal. Sorgsam gesammelt, erschwindelt, oft am Abend betrachtet, manchmal die glatten Phiolen lange zwischen den Fingern gehalten, verborgen in meiner Seidenwäsche.

Ein Mann, den ich nicht genug liebte, daß es mich im Leben gehalten hätte, sagte einmal: »Sich töten? – Wozu? – Das führt doch zu nichts.« Das ist es: es führt zum Nichts. Dort will ich hin. Ich konnte nicht alles haben, so will ich auch kein Etwas.

25.10.51

Es ist Oktober und ich lebe noch. Die Liebe kam noch einmal, aber vielleicht geht sie schon wieder vorbei. Ich bin dabei nicht glücklich geworden. Ich glaube kaum, daß ich glücklich gemacht habe. Es ist mir gleich. Ich nehme nichts mehr wichtig.

Er kam ganz schmal durch den Herbst auf mich zu. Ich war verzaubert, ich hatte vergessen, was vergangen war. Ich wollte für ihn gut werden, aber er verzieh mir nicht, daß ich nicht gut war. Alles hätte silberig sein können und sanft, aber er schleppte uns in einen Raum, in dem ein bronzener Gong in einem fort tönt.

Ich will nicht mehr. Er war nicht imstande, mir das Leben zu erklären. Wozu führe ich es dann weiter, da ich es doch nicht verstehe.

Maxie Wander
Und einander ansehen…

Warnemünde, 25.4.66

Es regnet, und der Wind klatscht Wassergüsse gegen meine Fenster. Hier, von meinem Turm, kann ich bei gutem Wetter aufs Meer hinaussehen. Jetzt liegt dort eine Nebelwand, und auch die Mole mit dem eisernen Leuchtturm am Ende verschwindet im Dunst. Es ist kalt, die Heizung funktioniert nicht richtig. Sie wollten mir das Turmzimmer nicht geben. Im Winter sind die oberen Etagen für die wenigen Gäste nicht verfügbar. Hab es aber durchgesetzt. Wohne also bei den Angestellten, den Kellnern, Zimmermädchen und Köchen, die sich hier oben ziemlich locker eingerichtet haben. Erst begegneten sie mir mit Mißtrauen. Was will diese Person hier oben? Dann, nach dem ersten Kontakt, die Offenbarung: »Ach, Sie sind Wienerin?« Völlige Verwandlung. Was die bloß an den Wienern gefressen haben? Sie dulden mich, hören mich auf der Maschine klappern, grüßen freundlich und herablassend. Österreicher genießen offenbar überall in Deutschland eine Art Narrenfreiheit. Und nur manchmal ein schiefer Blick: Was macht eine Wienerin in der DDR? Noch dazu eine, die sich im Turmzimmer einschließt und lange Briefe schreibt. […]

26.4.66
Nachts, halb drei

Hab mich bei Flaubert festgelesen und das wunderbare Buch von Romain Rolland über Tolstoi angefangen. Hab Bettelheim entdeckt und bei Heyer gefunden: »Alles werdende Leben braucht ebenso dringend wie die Bestätigung den Widerstand. Wer sein Ich in diesen Jahren nicht gewinnt, kommt in die Notlage, es wenigstens zu markieren und zu posieren. Denn irgendwo müssen wir dieses

Ich den Ansprüchen einer ganzen Umwelt gegenüberstellen. Wenn kein Ich da ist, eben weil es nicht gewachsen ist, weil das Ich nicht zu sein wagt und nicht zu sein weiß, dann wird dieses Ich nicht als Ausdruck von Gewordenem und Erworbenem gelebt, sondern als Eindrucksspiel arrangiert.«

Ein alter Hut, daß man alles, was für den einzelnen Menschen gilt, auch auf die Gesellschaft anwenden kann. Stimmt ziemlich genau, was die Schwächen der Gesellschaft angeht. Jeder Gesellschaft. Das mit dem Ich, und – weil es nicht gewachsen ist – mit dem Eindrucksspiel! Diese blinde Sucht, überall und ständig Eindruck zu schinden, Lob zu erheischen und ständig von den gleichen Erfolgen zu reden. Nur wenn wir uns täglich mit den Widersprüchen des Lebens auseinandersetzen, können unsere Kräfte wachsen, kann die Gesellschaft lebendig bleiben. Und hier der Satz, den ich bei Rosa Luxemburg gefunden habe, bei mir herumtrage und allen unseren Freunden schicke: »Nur ungehemmtes, schäumendes Leben verfällt auf tausend neue Formen, Improvisationen, erhält schöpferische Kraft, korrigiert selbst alle Fehlgriffe. Das öffentliche Leben der Staaten mit beschränkter Freiheit ist deshalb so dürftig, so armselig, so schematisch, so unfruchtbar, weil es sich durch Ausschließung der Demokratie die lebendigen Quellen allen geistigen Reichtums und Fortschritts absperrt!«

[...]

Siebentagefibel

Selten hat mich ein Buch so stark ergriffen wie ›Aus meiner Kindheit und Jugendzeit‹ von Albert Schweitzer: »... ist nicht in dem Verhältnis des Menschen zum Menschen viel mehr geheimnisvoll, als wir uns gewöhnlich eingestehen? Keiner von uns darf behaupten, daß er einen andern wirklich kenne, und wenn er seit Jahren mit ihm zusammen lebt. Von dem, was unser inneres Erleben ausmacht, können wir auch unseren Vertrautesten nur Bruchstücke mitteilen. Das Ganze vermögen wir weder von uns zu geben, noch wären sie imstande es zu fassen. Wir wandeln miteinander in einem Halbdunkel, in dem keiner die Züge des andern genau erkennen kann. Nur von Zeit zu Zeit, durch ein Erlebnis, das wir mit dem Weggenossen haben, oder durch ein Wort, das zwischen uns fällt, steht er für einen Augenblick neben uns, wie von einem Blitz beleuchtet. Da sehen wir ihn, wie er ist. Nachher gehen wir wieder, vielleicht für lange, im Dunkeln nebeneinander her und suchen vergeblich, uns die Züge des andern vorzustellen.

In diese Tatsache, daß wir einer dem andern Geheimnis sind, haben wir uns zu ergeben. Sich kennen will nicht heißen, alles voneinander zu wissen, sondern Liebe und Vertrauen zueinander haben und einer an den andern zu glauben. Ein Mensch soll nicht in das Wesen des andern eindringen wollen. Andere zu analysieren – es sei denn, um geistig verwirrten Menschen wieder zurechtzuhelfen – ist ein unvornehmes Beginnen. Es gibt nicht nur eine leibliche, sondern auch eine geistige Schamhaftigkeit, die wir zu achten haben. Auch die Seele hat ihre Hüllen, deren man sie nicht entkleiden soll. Keiner von uns darf zum andern sagen: Weil wir so und so zusammengehören, habe ich das Recht, alle deine Gedanken zu kennen... Alles Fordern dieser Art ist töricht und unheilvoll. Hier gilt nur Geben, das Geben weckt. Teile von deinem geistigen Wesen denen, die mit dir auf dem Weg sind, so viel mit, als du kannst, und nimm als etwas Kostbares hin, was dir von ihnen zurückkommt.«

Schließen Sie drei Menschen in ein Zimmer ein und beobachten Sie, was diese Typen machen, wie sie reden, aufeinander reagieren, vielleicht losgehen und explodieren, wie sie sich verhalten und vielleicht auch verwandeln – und Sie haben ein Stück! So ungefähr, vielleicht nicht so ungeschickt wie ich, hat es Gorki in einem Brief gesagt. Und es ist einfach phantastisch, es ist bestimmt der wichtigste Dreh, den ich in letzter Zeit über Schreiben, Erzählen, über das Handwerk des Schreibens geschluckt hab. Und von einem langen Vortrag über ›Probleme des Realismus‹ von Lukács, ich glaube einer vom Marxismus-Institut hat ihn gehalten, im Schriftstellerheim in Petzow, davon hab ich mir auch nicht viel mehr hinter die Ohren geschrieben als das: Nicht die Menschen beschreiben, sondern alles, was du über sie sagen willst, in Handlung umsetzen! Lukács gibt Beispiele von Zola, Tolstoi, Balzac und anderen, wie einer nur beschreibt, der andere aber seine Figuren handeln läßt und sie in Schwierigkeiten stürzt, in Krisen und wie sie sich verhalten. Nicht behaupten, Anna ist schön, das ist Scheiße, sondern laß Anna Karenina in ein Moskauer Café eintreten, um den Grafen Wronski zu suchen (ich spinne jetzt), und zeige, wie die Gäste an den Tischen plötzlich verstummen, aufblicken, oder wie es einem, mitten im Gespräch mit einem Pelzhändler, plötzlich die Sprache verschlägt und er dieser Frau hinterherstarrt. Na schön, es wäre vielleicht noch deutlicher, wenn er gerade ein hartes Ei ißt und beinahe daran erstickt... Dann brauchst du nämlich kein Wort mehr darüber zu verlieren, wie schön diese Anna ist, wie ihre Augen leuchten, wie sie den Kopf trägt und sich bewegt... Auch Tschechow, erinnere ich mich jetzt, sagt irgendwo, daß wir nur zeigen sollten, wie Menschen aufeinander wirken. Der Schriftsteller hat nicht zu urteilen, der ist böse, der ist gut – er braucht nur die Wirkung der Handlungen zu zeigen! Das ist eines der Geheimnisse von Tschechow, würde ich wagen zu sagen. Und da fällt mir ein Satz aus der Physik ein: »Das Ganze ist mehr als die Summe der einzelnen Teile!« Ich finde diesen Satz ungeheuer gut, obschon ich kein Wort davon verstehe. Auf Tschechow angewendet jedoch, versteh ich ihn. Ein Literaturwissenschaftler könnte über ›Die Dame mit dem Hündchen‹, sagen wir, eine Analyse anstellen, und herausfinden, wie er das macht, von wem er gelernt hat, welchen Traditionen er folgt oder nicht folgt. Merde. Das, was wirklich die Wirkung ausmacht, kann niemand erklären, auch kein Literaturprofessor! [...]

21.1.67

Siebentagefibel
»Die Geburt ist nicht ein augenblickliches Ereignis, sondern ein dauernder Vorgang. Das Ziel des Lebens ist es, ganz geboren zu werden, und seine Tragödie, daß die meisten von uns sterben, bevor sie ganz geboren sind. Zu leben bedeutet, jede Minute geboren zu werden. Der Tod tritt ein, wenn die Geburt aufhört.« Sagt Erich Fromm. Und dann müßte man hinzufügen, daß ja ein Geburtsakt etwas sehr Anstrengendes ist. Da liegt eine Frau und schreit vor Schmerzen. Die Wehen kommen und gehen, immer schneller. Und zuletzt ist es eine Art Zerreißprobe. Und wieder Atemholen. Und wieder Schmerzen. Und es erinnert mich daran, wie Fred manchmal sagt, daß wir nichts im Leben davon erreichen, was wir wollen, ohne große Mühe, Anstrengung und Bewährung. Und daß nach all den großen Mühen am Ende nix anderes übrigbleibt als – du selbst!

25.1.67

Liesl,
Du fragst aber naiv. Jawohl, so leben wir, jeder mit seiner fixen Idee. Du mit Deiner fixen Idee, Deine Kinder vor allen bösen Einflüssen zu bewahren und ihnen einen guten Start in der westlichen Welt zu geben. Bestimmt die beste aller fixen Ideen. Und ich mit der Idee, immer neue Geschichten zu erfinden. Warum? Weiß ich nicht. Schreiben kann ich übrigens nur in einer fremden Umgebung, ohne Belastungen durch den Haushalt, in diesem Haus werde ich meistens steril und blöd. Fred geht es natürlich ebenso. Im Feber fährt er wieder in das Heim in Petzow, wo er schon sein ständiges Zimmer hat, ganz oben, mit

Blick auf den See. Aber so sehr er sich auf seine Arbeit freut, so jammert er auch über die Trennung. Ich kenne niemanden, der so zwischen den Extremen lebt und pendelt, so unruhig ist, der von großen Reisen träumt, wenn er daheim ist, und sich nach Hause sehnt, sobald er die Nase in die Welt gesteckt hat.

Das Paris-Buch hat ihm den Fontane-Preis eingebracht. Das bleibt in diesem Land nicht ohne Wirkung. Von allen Seiten Aufmerksamkeit und Gratulationen. Na, so groß ist dieser Preis nun wieder auch nicht. Alte Bekannte melden sich, langweilen uns mit ihrem Respekt vor dem Orden. Die Bezirksleitung der SED, so haben wir den Eindruck, wird uns vielleicht eine Wohnung außerhalb des Grenzgebietes besorgen. Einige Verlage verhandeln jetzt mit Fred über neue Bücher. Auch Reisebücher. Es wäre dringend notwendig, für einige Zeit hier herauszukommen. Oft ertappen wir uns dabei, daß wir den einen oder anderen Fall von Unfähigkeit und Schlamperei nicht so erbittert mißlaunig betrachten würden, wenn er sich etwa in Wien oder Paris ereignet hätte. Wir sind entwurzelt. Fred bemängelt das übrigens auch an meinen Geschichten. Er sagt, sie sind weder wienerisch noch deutsch, sie klingen wie Übersetzungen aus dem Englischen. Na, ich tröste mich, denn eine große Schriftstellerin werde ich doch nicht! Ein Dichter braucht den Boden, in dem er und seine Sprache wurzeln, wovon er sich nährt.

21.1.67

Immer wieder die Frage, warum ich schreibe. Hab ich denn etwas zu sagen? Aber das ist es wohl nicht. Nicht weil ich glaube, die Welt ist aus den Fugen, und ich soll die Tür wieder einhängen ... Ganz anders. Ich male. Wie ein Tupfen Farbe auf einem Blatt Papier, würde ich sagen, und dann breitet sich das wie von selbst aus. Ich hab 'nen Einfall, wie zwei Menschen einander begegnen, etwa in der Eisenbahn, zwischen Berlin und Prag... Und wie geht es weiter? Es sind immer Beziehungen zwischen Menschen, die sich ausweiten wie ein Spinnennetz. Und dann wird das Netz von einem Windhauch zerrissen...

2.2.67

Hab einen Satz bei Pavese gefunden: »Deine Dichtkunst ist gezwungenermaßen dramatisch, weil ihr Auftrag die Begegnung zweier Personen ist – das Geheimnis, der Zauber und das Abenteuer dieser Begegnung. Nicht das Bekenntnis deiner Seele.« Ist das nicht wunderbar?

Frühling in der Luft, draußen singen die Amseln, geben die Partitur von einem Dachfirst zum andern weiter, jubeln, schmettern, viel zu früh, ist doch noch lange nicht Frühling! Und wir räkeln uns noch, sind noch nicht wach. Das Fenster weit offen, die Luft schneidend kalt, aber wie frisch und bekömmlich. Aufstehn, he! – Guten Morgen, Alter, warum sagst du nie guten Morgen? – Guten Morgen, sag ich doch eben! – Hast du gut geschlafen? Wir machen uns heut ein bombastisches Frühstück!

Nein, soviel Dummheit am frühen Morgen. Und es ist immer das gleiche, mit winzigen Änderungen im Text. Und wie schön das ist. Ein bombastisches Frühstück heißt, alles auf den Tisch packen, was da ist. Und langsam essen und stark duftenden Kaffee schlürfen. Und einander ansehen. Heimlich. Und sehr glücklich. Und reden. Viel erzählen. Wieso gibt es immer wieder und jeden Tag von neuem soviel zu reden bei uns? Vielleicht, weil wir nicht sehr gescheit sind und imstande, das tausendmal Gesagte hin und her zu wenden, wie der Bäcker den Teig, falls er die Brötchen noch mit der Hand macht. Handarbeit. Handgearbeitetes, winzig kleines Glück. Gibt es überhaupt ein anderes?

Meta Merz
Am Morgen des Schlafes
notizen 1980-81

es war am morgen des schlafes.

ein mann stand auf, nahm das tulpenblatt zwischen seine lippen und betrachtete den himmel, der sich grünschillernd zwischen den türmen vor der haustür des mannes dahinzog.

schwarz und weiß leckte die erde über die landschaft und wolkenschatten erweckten leben auf den flächen.

langsam wandte sich der mann um und richtete seinen blick auf die weibliche gestalt im verlassenen bett. eine gelbliche gestalt, eingefallen, eine leiche bereits im zustand der verwesung.

der mann holte einen roten lippenstift aus dem jackett, das er am vorabend achtlos über eine stuhllehne geworfen hatte, und begann mit traurigen augen die frau zu schminken.

14.5.81

computer und rollen aus papier in der ewigen kiste.

datumsverzerrung an den schaltpulten des morgen. hebel und handversuche.

posthume erklärungen auf den gräbern der gesellschaft. rautenförmige briefbotschaften. tägliche ungemütlichkeit auf den betten des schlafs.

magnetische glückwunschkarten. die elektronengehirne tanzen dem mittag zu. aufgeschlossene türsteher jedesmal bereit im film mitzuspielen.

schwenks und vorkehrungen des menschen. daseinswünsche und vernachlässigung des jenseits. seitwärts abgerollte fliegerehepaare robben sich zum tower vor. asthmatische währungseinheiten altbewährt nie geliebt.

niederungen und anhöhen streben dem horizont gleichermaßen entgegen. taugefärbte nachtpartikel verlieren sich in der rauhen morgensonne. ungeziefer auf vertrocknetem moos. baumrinden pflastern die straßen. die heilige versuchung exerziert im hinterhof der kaserne. schaumstoff wacht über die wolkenconfiguration.

schonzeit für die schattenjäger im winter. graue fragen in reih und glied. schüler und lehrer gleichermaßen gelangweilt im durchschnitt.

statistische erhebungen zerflattern im atem. gerstengitarren streuen ihre lieder zwischen gartenzäune. trostverliebte jünglinge wandelnd neben holzstößen. geleerte arkaden im frühling. donauverwüstung für die unschuldigen.

mond und sonnenreisen angeboten vor dem parlament. auch wir wollen ferien. schleier vor den spiegeln der vernunft des bewußtseins.

teebeutel im sich färbenden wasser lassen erinnern an löwen und savanne.

kollegengetrampel auf der treppe. kaffeelaute im ersten stock. der sekretär ist bei der arbeit. täglich werden die philodendronblätter abgestaubt.

solointerpreten in der zuckerdose. die kunden schlangen sich vor den großen kaufhäusern. notenzeilen parallel zur wendeltreppe.

17.5.81

schon zehn jahre voraussein wenn man das datum schreibt. spiralvögel verfangen in netzen aus ungewißheit. weiße gedanken rinnen in die nacht.

vergoldete tonspielereien mit anspruch und berechtigung. wer berechtigt wen zu was wann darf ich mich berechtigen. sturzfluten von fragebögen hallen laut wenn sie vom berg abprallen. noch ist mein kopf nicht ausgetrocknet.

verloren rollen sich die mönche im sand. nasses geschwätz ausgewrungen vor meiner tür.

sich anhalten am montagssaft. seitensprünge allerorten, die verlassene gräfin guillotiniert ihren lieblingshund nachdem sie ihm die augen mit farbloser schuhcreme zugeklebt hat. teppiche rollen sich auf und zu. bilder im halbdunklen schatten des grauen morgenlichtes. eigenartige figuren treten hervor hinter den alltäglichsten gegenständen. gummibänder spannen sich um die welt damit sie platz hat sich zu dehnen damit wir platz haben für die wolkenkratzer. mäuse liegen zu tausenden gefangen in spanien. puppen und kleider verstreut auf den barrikaden. sanfte abstände reihen sich ein. ungewolltes unverzerrtes lachen breitet sich aus auf dem quadratmeter des täglichen unbewußtseins am boden des glases. tierschreie im gewinde der kanäle. die aufgebahrten bemühen sich rechtschaffen um die trauergäste und beileidsspender. dosen und tubengeruch schleift hinter mir her wie eine unbrauchbar gewordene demonstrationsflagge. greise mütter tanzen um bäume und übersehen die schilder betreten verboten an ihrem tag. jährlich. rituale vervollständigen sich künstlich und wachsen an zu einem monument des schwachsinns. unfreiheit gibt es allerorten aber alle fühlen sich wohl als träge sklaven. eingebrannt in ihre hirne und mäuler und ohren und nasen und bäuche das geld. stille unmutsdecken gleiten von der gesellschaft ab perlen davon und versickern zu einer neuen existenz im untergrund.

18.5.81

jeder hat irgendwann einmal ein schwindliges gefühl im bauch, wenn er spürt, daß sich die erde dreht.

24.6.81

verstohlene gespräche führt man neben den opferstöcken.

die frau mit dem kind auf dem rücken ordnet gebückt ihre habseligkeiten. dem kind drückt sie ein gelbes stofftier in die hand. auf den letzten rolltreppen gleitet die verschlossenheit vorwärts. aus dem haus des pianisten ziehen blaue streifen fast vergessener musik nach außen.

noch erinnern die schwarzen galgen an vergangenes.

auf den öfen brät man mais und fladen werden zwischen den händen der frauen gedreht. auf den stufen vor dem denkmal hat sich ein porträtzeichner niedergelassen. ihn faszinieren die klar umrissenen gestalten vor seinen alten augen. schmal an der stadtmauer vorbei führt der pfad zur schule. die gehöfte scheinen verlassen aber abends kann man hinter den geschlossenen fenstern schatten erkennen. auf den eingerollten roten teppichen und hinter den kleinen topfbäumchen spielen kinder.

unverputzt liegen die neubauten da in der nachbarschaft der grenze die sich noch ungewohnt ausnimmt. das summen der flugzeuge und hubschrauber beunruhigt die ganze gegend. auf den bällen wird hektisch getanzt. man bewegt sich ungestüm als wollte man abschütteln. das intensive blau der abende betört die augen. spiele werden abgehalten und die beteiligung ist groß.

auf den zäunen lassen sich wieder vögel nieder.

man schlägt in den büchern nach um geschichten von versunkenen städten zu finden. gleißend gärt der mittag über der stadt und die fahrzeuge kommen nur langsam voran.

in den restaurants bestellt man austern und mayonnaise zu orangensaft aus flaschen.

31.7.81

miriam hält ihre haut in den händen. tränen von tee bedecken ihre stirn. rostrot spaltet sich ihr mund. halb erde halb himmel. in den kniekehlen sammeln sich öl und spatzen. bilder steigen aus ihren gedärmen und legen sich schlafen an ihren schläfen. schlamm spiegelt sich unter ihren lidern doch ist ihr blick der mauer zugewandt. anatol streicht ihr übers schlangenumwundene haar. von unten herauf dringen rote flammen in seine augen. die durchdringende erinnerung bebt in seinem weißen körper. er überlegt nach gestern währenddessen sie dem heute zujubelt. er schenkt miriam einen tag am grauen wasser. später erhebt er sich und verliert sich im granit. auf der barke weit draußen im see tanzt miriam. von ihrem himbeerrücken tropft schweiß in die rippen der nacht.

zwischen den mondphasen schlägt die zeit blasen an ihren nackten füßen. blaue durchscheinende mosaiksteinchen bedecken ihren rechten oberarm. miriams tropisches herz. eine regenwolke verfängt sich im stau des nebels als der abend wächst.

anatol erbricht die angst am fuße des gebirges. miriam verläßt ihr boot und nähert sich seinen atemzügen. leicht berührt sie seine schlaffe haut. vom schrei des käuzchens in der nacht geweckt erheben sie sich aus dem graben neben der mauer, noch feucht vom regen. rücken an rücken kniend, sich trennend, beschreibt jeder einen halbkreis und am ausgang des gebirges treffen sie wieder aufeinander.

gelbbraun gestreift der himmel. die saatkrähen starren ungerührt auf die beiden die ihren weg am rand eines waldes eines dorfes oder einer stadt fortsetzen.

31.7.81

die zähe welt verstrickt mit dem rostigen abend.

auf der gläsernen tür zum baummuseum hält sich ein schild das besagt »ernten verboten«. also fruchtlos dieses jahr. halbwürzige nachbarn begegnen mir auf dem gang und im lift. kronkorken auf flaschenhälsen. so fühlen sie sich. gestöpselt. herzschläge vakuumverpackt. streit im milchhof. leberflecken auf der garagentür. in den krügen liegt zierstaub. man verläßt sich auf schotterwegen um das meer zu treffen. gedankenknäuel werden abends behutsam entwirrt. die schachspielenden freskomaler an der seine lassen sich von anglern nicht stören. zur essenszeit haben duftstraßen hochsaison. stadtgebilde am hang verschwimmen im grau. seekälte zwischen den zehen. auf den platanen nisten sturmvögel. die mozartkirche sinkt in sich zusammen als hätte man ihr die luft genommen. gefüllt mit nougat marzipan und schokolade schmilzt sie an der sonne. flüchtet durch rinnen wie der musiker in seiner kutsche. kokossonne wärmt die bänke. auf halbmast gesetzte tigerflaggen streifen in der grauzone. entblätterte sammeln sich auf den marmorstufen. blaugeädert verbringen sie die zeit neben weinflaschen und lesen billige heftchenromane. die feile umzingelt den nagel. man fragt sich nach neuem. wildgeworden steht der erzähler auf einem bein und starrt in die menge. berg und talfahrtschaffner gehügelt erwachend am morgen. die frauen sind leise bei ihren tätigkeiten.

man reicht sich die hände. blau zu rot ergibt violett.

der mörder betrachtet sich sehr verliebt im spiegel.

auf den ehemaligen podesten werden weintrauben gepflanzt. ungebändigte setzlinge verbreiten sich stachelig auf den gehsteigen. neben mülltonnen finden sie ihr auslangen.

erzählungen im trichter der zeit. gesetze hinter schloß und riegel. schokoladenriegel. die tagescafebesitzerin streicht sich die haare aus der stirn. man sieht ihre leicht schräggestellten augen. die werktätigen prinzessinnen warten während der pausen mit übereinandergeschlagenen beinen auf den maschinenbäuchen. kauen an ihren mitgebrachten butterbroten und trinken tee dazu aus chinesischen porzellantassen. man schlägt die hände hinter dem kopf zusammen. rüstungen werden ausgegeben. zungen schnellen über den asphalt. der kater des polizisten kratzt am buchrücken der dienstvorschrift. der junggesellige wachmann ist inzwischen in der sauna. am rotgefiederten himmel geht die sonne auf.

Friederike Mayröcker
Minimonsters Traumlexikon

1

An Emmerich' Terrarium (nord-tele) sollten gut fortkommt. und die Angleichung ans »nadelgeld« des James Rosenquist/F III. Diese Überwinterung soll sterbens. infolge. Topf(ballen), bes. bei Fönix, zustrebend kurz, diverse Teuchtelmann, sowie Pallen & Palmen, mondseitig, ex-. erst so:

dann so:

dann so:

dann so:

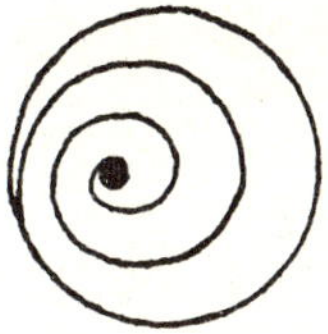

(von oben Sehnsuchtsblicke in die tiefe) –

2

Traum'as Nachträge: alles bindend, wenn auch heikel in Vertrautheit (fraunhaar), trockne Fiederung. Determination »stelz«, jetzt hier, jetzt dort & einmal aus dem Haus, wars ein herrlicher Weg. weiterwelken und deren Formen: Malaya, Java Baumlieb. hörn gut, trippeln Zähne. Panama als Unterholz. wenn Sternschild gatt. ampelmenschen für die Heimat als liebt, als willig als flor als Eugenie. Wedel & Vollendung des Triebs, ungefähr ein Schmerzenskind, oder ein Gärtner, aber fast immer anstands- & Etagenverlust. ins Haus flattern: »..dann habe ich nichts von der Pflanze!..« – etwas beschaffen, sagt auch stehender Umarmung zu, tilge das Komma nach »Zunge«! die blaue als Bräutigam. während diese wie aufschieszendes Hornmehl, zurückgeschnittene Köpfe sich anbieten. oder etwa zurückgeschnittene. ein heller Klang des Kopfes, ein Bröseln, und schon ergieszen sich die Nachttaue, im Wechsel des Wassers & resche. ihr Lieblinge erleichtern. Lösung der Gesichts-Punkte. ihr Schollfüszler! tilge »zu sprechen«, tilge »zwei hinter der Klammer«, tilge »666 hinter äolisch«, füge hinzu »Glanz«, füge hinzu »Quelle«, füge am Ende hinzu »prozeszchen«.

3

Mit goldenem Schiffshinterteil: Schirme zum Schirmherrn, Schmerzen zum Schmerzensmann, Ohren wie Orenburg, Flammen flamme-bleue, sich scheren um scheren, den Sommer zu retten, das Ackerschwein. unter Peitschenhieben, unter Flötenschall, unter dem Druck derselben Sorgen schläfern, entschweben, im Schlaf, im Traum, um die Zeit des ersten Schlafes, mitten im Schlaf, im Beischlaf, im Todesschlaf. Niedersinken des Pferdes (Rummelplätzchen Partie, wie sich dann alles sammelt!)

».. in den offenen Chiffonzügen..« graue französische Blicke, grad, von oben nach unten, von unten nach oben, dabei tosen, verbunden & knarrend, etwas seitlich wie Arme, von zusammengeriebenem Masz, man musz helfen (»..beiszen Sie Ihre Mutter in den Arm bis..«). Gewürm, Gitarre, Glatze, Glas, je länger desto mehr wachsende Kraft, auf einem Gerüst stehen, ein wenig stammeln, Gabel: damit essen oder fallen ungünstig. Während sie erfüllt war mit seinem blonden porterhouse, hatte er im verborgenen es ihr regnen lassen. (».. nehmen Sie Abstand davon, mich als die und die und die und die und die anzusehen, denn ich bin nicht die und die und die und die und die, sondern ich bin die und die und die und die und die..«) und sie sasz da wie eine knappe Schere. als Rauch, als slowakische Biene, als Schiff & Schirmherr, Flamme, Ohr und Schmerz, als Kräuselung der heftigen Lippe. laut schreiendes Haupthaar, hochfüszig, hochwiehernd, am höchsten. kaum Anlasz zu zweierlei Orten.

FRIEDERIKE MAYRÖCKER
verminderte Träume

zu den eben aufgehenden Zwillingen weisend, sank er ins süße schwere Moor. Federwild, wir betrachteten den Fischteich darüber Wind wehte. Ich beäugte seitlich Walentino weil ich ein paar Augenblicke mit ihm allein sein wollte, ihn aus der Freundesschar zu lösen suchte. Frostlöcher Echsen Maulbeerbäume, die Teiche inmitten Moorland. Er sank aber vor meinen Augen immer tiefer ein, bewegte die Augen. Hat die Form einer Träne sagte

Walentino, geschweifte Stirn, Schnuppe auf Lauer, im Taghimmel gelb verschwommener Mond; die Möbel zusammengedrängt wie auf dem Speicher Rundbau ihr Fruchtholz; biß rein, weiland Margit. Canadier, so benannte man in den Dreißigerjahren Polstersessel mit geschwungenen Holzarmen die man zum Draufliegen auseinander klappen konnte, sagte er

meine Zuneigung wollte ihn ins Netz locken was er wohl mit der Hälfte seiner Seele wünschte, Ort efeublätternder Wind man könne die Schuppen der Fische zählen, ihre Seele Keulen und Hinterteil heulen hören. Will sie mich heiraten? dachte er.

Es blökte plötzlich in der Straße ich beugte mich aus dem Fenster zu sehen was für Böcke, ich schlief da ein.

Schwarze Bauernkutsche wirbelte Staub auf und Feldhasen, in den Karrenwegen zwischen dörflichen Gewässern; hinter uns im Wagen die Freunde denen wir die Richtung weisen sollten schienen im mannshohen Getreide untergetaucht. Ein fremdes Idiom in der Luft rief Walentino und schon sträubt sich alles in ihnen; hundert schafft! mannhaft im Kaufhaus, die klassenlosen Aufrufe bestimmt, endgültig in hausväterlichem Zwergvergnügen unterzugehen!

ich war auf das schiefe Wagendach geklettert und schaute rundum. Er wandte sich zu mir und suchte zu sprechen er hatte plötzlich aufgehorcht, in meiner Leibesmitte und handfest das Kind im Sessel.

Ein Pastell im südlichen Fleisch des Himmels, Sternbild des Hundes sagte Walentino, Syntax als Sphinx. Wenn es zum drittenmal bellt kommst du herunter! Quecksilber hauptsächlich kauernd, wir werden es kalt haben, schneekluth! Unten leiert es auf quietschenden Rädern; Greisin rollt in altem Fahrgestell Einkaufsack graugrün, hinter sich her, blickt herauf; zwischen zwei Regengüssen Löschzettelchen Gesicht napfgroß, scheint über die Maßen ermüdet. Nahezu völlig verwelktes Blatt sagt Walentino eine Gestik die hilflos ins Leere geht er wandte sich zu mir und suchte zu sprechen er hatte plötzlich aufgehorcht, in meiner Leibesmitte und handfest das Kind im Sessel im Sattel; vor dem noch ungeputzten Baum am frühen Nachmittag eines Heiligenabends, auf dem blassen Schirm seiner Stirn: rotsattliges Schaukelpferd!

das Kind mit seiner Muskulatur, mit aufgerissenen Augen, was für ein Gebetseinschuß sagte Walentino. Ich ließ mich im Schneidersitz auf dem Fußboden nieder in den Hutgärten blühte es.

Anstatt ofens sagte Walentino und legte mir ein Sitzkissen unter.

Auf dem Canadier, sagte Margit auf die Frage Walentinos wo das Kind schlafen solle, freilich sei es kalt hier zu warten

(für Martin Schweizer)

FRIEDERIKE MAYRÖCKER
Fotogramm eines Traumes

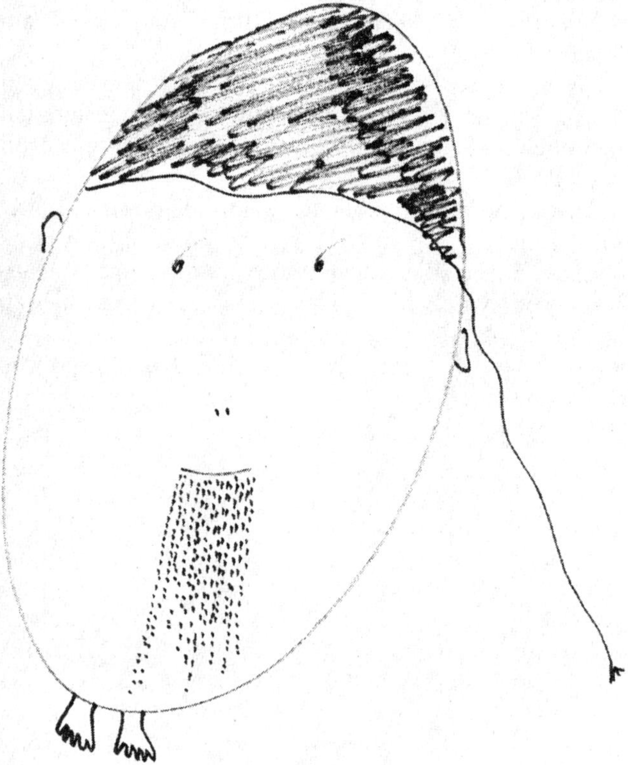

einen Traum, ein Traumbild fotografieren?

heute nacht sah ich in einer Straße diesen Mann im Traum, er bestand bloß aus seinem Kopf (großes Gesicht mit Bart) und nackten Füßen, er ertrug seine ungewöhnliche Invalidität mit strenger Würde und Nachdenklichkeit, nur seine Kordelmütze verlieh ihm etwas Freundlich-Zugängliches

Liesl Ujvary
Geheimer Verkehr

Warum erinnere ich mich nicht? Durch meine Kindeslandschaft habe ich mich auf genau abgesteckten Routen bewegt, die Konstellationen waren festgelegt und änderten sich nur innerhalb ganz bestimmter und sehr beschränkter Muster, deren Reglement mir genauestens bekannt war. Weder gab es strikte Verbote noch wurde körperliche Gewalt ausgeübt. Ich wußte es eben. Durch Osmose, oder ich habe es eingeatmet. Es lag wie eine Bedrückung in der Luft, man mußte es einatmen. Und obwohl ich glaubte, das Gesetz genau zu kennen, so stieß ich doch immer und immer wieder auf Bereiche der Verschwommenheit, Bereiche, für die trotz aller herrschenden Pedanterie die Gesetzeslage unklar war, wie ich jedesmal mit Entsetzen feststellen mußte. Ich lebte in einer Welt, deren Aufbau und Funktionsweise für mich völlig transparent, ja glasklar waren, in der ich mich aber zugleich auf Messers Schneide bewegte. Diese zahllosen Bereiche der Verschwommenheit kann ich nur als perfide Absicht begreifen, als Konzept, das mich nicht nur zwang, die herrschenden Gesetze genauestens zu befolgen, sondern das mich außerdem ständigen Anwandlungen einer kleinen diffusen Angst aussetzte und mich darüber hinaus dazu anhielt, die Gesetze weiterzudenken, auszudeuten und für mögliche neue Situationen umzuformulieren. Ich war also völlig eingesponnen. Ich konnte nicht umhin, mich schuldig zu fühlen. Ich war verloren.

Mein Vater im schwarzrotgestreiften Schlafrock, er ist sehr eigensinnig und zornig, er wirft einen Apfel beim Fenster hinaus, sagt, es sind zu viele Früchte im Korb. Wir wohnen in einem schönen alten Haus mit Innenhof, dort ist ein Schuppen mit Holzdach. Mein Vater klettert zornig hinaus und rutscht das Dach hinunter.

Das mütterliche Auge lastet auf mir. Ich war unter Beobachtung, ich bin unter ständiger Beobachtung. Man ist nicht zufrieden. Nichts ändert sich, habe ich mich verändert? Mit ihr habe ich einen Fehler gemacht! Die unaufgelösten Emotionen in mir sind ein Ort, der unmittelbare Ansprüche stellt und von dem aus ich auf mein Aufgewühltsein hinabschaue wie angeblich die Sterbenden auf sich selbst hinabblicken. Ich muß sagen, manchmal fürchte ich mich vor jedem Wort, das ich schreibe. Denn buchstäblich jedes Wort ist ein manchmal funkelnder, manchmal bösartig glitzernder Fremdkörper, aneinandergereiht ergeben sie fremdartige Gebilde, sei es von banaler Strenge, sei es von privater Verkommenheit. Ich erzähle diese Geschichte, d. h. ich belege meine Empfindungen mit Worten, weil dies, nämlich unser sprachliches Denkwerkzeug, das einzige Gerät ist, mit dem ich glaube Ordnung machen zu können in diesen Bereichen, die wir mit »ich« zu bezeichnen gewohnt sind. Ob es hier »Wahrheit« gibt, das sei dahingestellt, aber es gibt Ordnung, besser gesagt, Ordnungen. Gelänge es mir, eine solche Ordnung herzustellen, die meinem Bereich sozusagen verwandt wäre, die so etwas wie meine zweite Natur wäre, hätte ich mein Ziel erreicht. Das ist natürlich Illusion. Denn diese privaten Bereiche, von denen ich spreche, sind ja nichts anderes als eine unglückselige Verquickung von, wie soll ich sagen, na ja, ist ja schon alles vorgeformt, in mir spiegeln sich Makrokosmos und Mikrokosmos und dieser schmale, aber signifikante Bereich, dieses sogenannte Mitteleuropa samt seiner sogenannten Kultur.

Ich gehe zum Bahnhof Kitzbühel etwas kaufen, dort ist eine riesige Baustelle, die Ache wird umgeleitet, eine Müllverbrennung befindet sich an der Stelle des Hauses, in dem wir wohnten. Es stinkt fürchterlich. Kriegsähnliche Zustände.

Alle diese Dinge bestehen, weil man ihnen einen Namen gegeben hat. Ihr bringt sie in eurer Sprache hervor, ihr bejammert das Leid, das sie euch gebracht haben. Verbundenheit! Ja, gleichgültig, irgendwie lebt dies alles auch in mir, so wie ich darin lebe. Die Macht der Enttäuschung. Wogen der Bedrückung bringen meine Erinnerungen durcheinander. Trotzdem weiß ich mehrere Dinge: es gibt Realitäten innerhalb von Realität. Und diesmal erfüllt mein Wissen mir das Herz mit befremdlichen Gefühlen – mit Empfindungen, darin sich Unbehagen mit zitternder Vorfreude paart. Ich stehe und starre, gehe ein paar Schritte weiter – und stehe und starre aufs Neue. Vergebens trachte ich, mein normales Sehvermögen wiederzugewinnen. Denn etwas wie Verstümmelung haftet dem Ganzen an. Allerorten gewahre ich einen kaum merklichen Wandel des Natürlichen, der entweder die Folge einer geringfügigen Übertreibung oder, wahrscheinlicher noch, von Unterdrückung ist. Wohin ich blicke – alles Leben scheint hier blockiert zu sein.

Der Traum spielt in Kitzbühel bei meinen Eltern, die Wohnung ist aber meine Wiener Wohnung. Gäste kommen und wollen bei uns eine Fernsehsendung anschauen, ein großer Mann und eine Frau. Der Mann trägt Plastik-Après-Ski-Schuhe, die Frau einen leichten Synthetik-Mantel. Ich kenne diese Leute nicht. Wir sind nicht auf Gäste vorbereitet. Mein Vater wäscht sich in der Küche, im Zimmer ist es sehr staubig. Meine Mutter bringt etwas weg. Hanna und ich räumen schnell auf, ich sage ihr, wo sie ein Wäschestück hinlegen soll. Es ist Weihnachtszeit, ein Christbaum steht im Zimmer. Plötzlich steht meine Mutter an der Wohnungstür. Etwas Schreckliches ist passiert. Ihr Gesicht ist ganz verändert. Ich trage sie ins Zimmer, sie ist ganz leicht und kraftlos. Das Schreckliche ist draußen, vor der Wohnungstür, man hört die Entsetzensschreie der Leute. Ich ahne, daß meine Mutter meinen Bruder umgebracht hat.

Und noch etwas wird mir erschreckend bewußt: all diese Tortur ist gekrönt von einer unerträglichen Hoffnung. Ich selber finde nicht die Worte, das auszudrücken, was so laut in mir schreit. All meine Worte und Fragen, meine Mutmaßungen, Folgerungen, Erklärungen, meine subtilen Anspielungen – sie haben zu keinem Resultat geführt. Nichts bietet sich an, bis auf die paar trivialen Hinweise. Solche Gedanken kommen mir in zufälligen Momenten und überraschen mich auf eine Art, die mich bisweilen auffahren macht. Sie sind ja der Beweis, daß mein Denken unbewußt immer um jene Schatten kreist und daß die Ursache weit weg von alledem, außerhalb meines Gesichtsfeldes, liegt und mich mit vager Unruhe erfüllt, mich unsicher macht in meinem ganzen Bestreben.

Wenn man im äußeren Leben bestimmte Entscheidungen fällt, ohne sie zuvor innerlich zu prüfen, so kann das verheerende Folgen haben. Entscheide dich für das Richtige, dann lebst du wirklich. Ich bin die erste, denke ich voll Trauer, aber auch voll Hochgefühl, die diesen Weg so und nicht anders geht, durchs Dickicht der Städte, nach Luft keuchend, das Herz klopft mir bis zum Hals, die Knie zittern kraftlos, im Nebel, in eisigklarer Luft, verdorrend, vereist. Das Paradies liegt direkt vor meiner Nase. Aber wir beginnen zu sprechen, auch eine Umarmung ist eine Sprache, wieder Nebel.

Ich wache auf in der Kitzbühler Wohnung, es ist ein Erdbeben. Der Boden bewegt sich so stark, daß man nicht aus dem Bett steigen kann. Das Beben wiederholt sich mehrmals. Die ganze Familie ist in heller Aufregung.

Der sexuelle Code, dessen sich alle bedienen und dessen auch ich mich bediene, denn wenn ich nicht den richtigen Schlüssel ins Loch stecke, komme ich nirgends rein, der sexuelle Code also, ist auf eine so vertrackte Weise banal konstruiert, daß es schwer fällt, die Kurve zu kratzen. Meistens landen wir im out, mißbraucht als Geliebte, Mutter, Kumpel, als Psychotherapeut, jedenfalls als Ersatz für etwas, das wir nicht sind und auch gar nicht sein können. Nach jedem gescheiterten Versuch, und jede zwischenmenschliche Beziehung ist ja schon per se aus den angeführten Gründen zum Scheitern verurteilt, finde ich mich wieder ausgespuckt, lese mühsam meine Effekten auf und beginne wieder den langen Weg durch die umdüsterten Niederungen der Depression. Sollte es wirklich nicht gelingen, das große Buch der Ekstase wenigstens aufzuschlagen? Der Irrtum, glaube ich, ist, daß ich es immer wieder sozusagen im Guten versuche, also in Übereinstimmung mit solchen kulturellen Forderungen wie Anstand, Korrektheit, Freundlichkeit, Solidarität, mütterlicher Hilfe und was weiß ich noch alles, statt daß ich mich wie ein ehrlicher Straßenräuber verhalte, der blitzschnell und grausam zuschlägt, abräumt und sich dann in einem zugigen, verdreckten Winkel für eine Weile zur Ruhe setzt. Das wäre unproblematischer, würde mir wegen der offensichtlichen Schlechtigkeit meines Vorgehens jedes schlechte Gewissen ersparen, diese regelmäßige Frage »Was habe ich falsch gemacht?«, und überhaupt, warum sollen sich nur die Chemiemultis und die Physiker so verhalten, bar jeder moralischen Bedenken, der Erfolg gibt ihnen doch recht. Nichts ist so, wie es sein sollte, jede Richtung ist falsch, ich kann nicht leben wie ein Manager eines Rüstungsbetriebs, schon die Denkfigur reizt mich zum Lachen. Aber bin ich wirklich so anständig, so von reinem Streben erfüllt, wie ich mir manchmal den Anschein gebe, ja wirklich glaube zu sein? Wie können diese verschiedenen Dinge überhaupt das gleiche »Ich« sein? Wenn »Ich« imstande bin, mühelos so völlig verschiedene Bilder von mir zu entwerfen wie das eines ehrlichen Straßenräubers, das eines perfiden Mafioso, das eines gebildeten anständigen Menschen, das einer sensiblen empfindsamen Frau, das einer skeptischen übersättigten Intellektuellen usw., wie kann ich dann erwarten, daß ich um meiner selbst willen geliebt werde, was immer das sein mag.

Es ist Abend, sehr gefährlich, aus einem belagerten Kloster (Gassergasse?) konnten wir gerade noch entkommen, ich und andere junge Leute. Zuerst hat ein Provokateur aus dem Kloster Pflastersteine geworfen, im Hof saß ein Mönch an einem Tisch, schwarz gekleidet wie ein griechischer oder russischer Mönch, auf ihn wirft man Steine, ich auch, er lacht und verhält sich zweideutig, weicht den Pflastersteinen aus. Wir laufen dann hakenschlagend hinaus. Es ist schon dunkel. Jemand von den unsrigen hat einen Hund, einen Wolfshund. Ich zeige einem Ausländer, wie man mit dem Hund umgeht. Der Hund heißt Friedl, wenn man ruft: Fuß! geht er nebenher. Feuchter Schnee liegt auf den Straßen. Ich rufe Friedl zu: Fuß!, er geht neben mir, schnappt zärtlich nach meiner Hand, ich gebe sie ihm, er behält sie im Maul, leckt und beißt sie sehr zärtlich, ich bekomme fast augenblicklich einen Orgasmus, während wir weiter bergabgehen.

Mein Körper meldet sich zu Wort, wenn ich an eine bestimmte Person denke, und also enthebt mich mein Körper jeder Antwort. Manchmal bin ich sowieso überzeugt, daß alles eine Sache der Hormone ist. Wenn mein Nervensystem veranlaßt, daß reichlich die richtigen Hormone ausgeschüttet werden (drücke ich mich richtig aus?), dann funktioniert auch die zwischenmenschliche Kommunikation, die Bilder werden scheinbar mühelos zur Deckung gebracht. Aber alle diese Bilder von mir, vom Nervensystem, den Hormonen, von dieser Sehnsucht (oder der Empfindung, die ich mit dem Wort Sehnsucht übersetze) führen nur dazu, daß ich mich in ein immer intensiveres, immer verzweifelteres Leben, in immer größere Kühnheiten stürze. Dieses Buch ist noch nicht zu Ende.

Natürlich bin ich machtlos vor der Gewalt und der Verzweiflung, die sich für mich in dieser Sprache offenbaren. Denn wenn ich solche Sachen über mich schreibe, schreibe ich sie nicht nur, gleichzeitig und fast unmerklich nimmt mein Ich diese je nachdem großartigen oder jämmerlichen Heroisierungen auf, kleidet sich darin und tut so, als gebühre ihm das, diese Juwelen meiner Reflexion. Immer wieder muß ich mir vor Augen führen, daß diese Ausgestaltung meiner Person eine Belastung darstellt, ein Trugbild, eine Illusion. Eine höchst fragwürdige Angelegenheit, dabei geht es mir ja um ganz was anderes, nämlich ich möchte herausfinden, warum ich so bin und warum ich kontinuierlich darunter leide, so zu sein. Statt dessen, immer neue Bilder! Und nun sind wir in voller Fahrt, aber die Sphinx ist rätselhaft wie zuvor und der Regenbogen kein bißchen nähergerückt.

Es beginnt schon damit, daß ich große Schwierigkeiten habe, mir wirklich klarzumachen, wie sehr ich leide, denn die Selbstbeherrschung, derer ich mich stets befleißige, läßt mich ohne jede Regung erscheinen. Ich kann auch kaum sprechen, denn mir fehlt die Kraft, lauter als flüsternd zu reden, und selbst dann bringe ich nur unzusammenhängende Sätze hervor. Und deshalb muß ich mich dieser Arbeit unterziehen, denn nicht an einem minutiös gewebten Teppich meiner Regungen und Erfahrungen, auch nicht an einer stimmigen Erklärung meiner Person und meines Charakters arbeite ich. Heutzutage ist Denunziation an der Tagesordnung. Ich lege die Hand aufs Herz und spreche, so ist das. Ich glaube, was ich sage, selbst wenn es eine offensichtliche Lüge ist.

Aus Angst vor Atomwaffen oder Radioaktivität lassen die Leute vieles regelmäßig durchleuchten, monatlich, auch die Augenlider und vieles andere, die Hoden. Mehrmals im Jahr muß man das machen, auch jetzt vor Sonnenwende.

Es ist nämlich ganz egal, welche Art von sprachlichen Gesten, Einkleidungen ich verwende, für welche Art von glühender oder verzweifelter Metaphorik ich mich entscheide, wichtig ist nur eins, nämlich das Resultat. Als Resultat – wenn ich Glück habe – sollte ein Gebäude, eine Art Bau entstehen, aus Fleisch und Worten, aus durchdachten oder geborgten Argumenten, aus Gerüchen (nicht mitteilbar), aus Blattgrün, aus Gewittern, aus mitternächtlichen Himmelsbildern (ich schreibe in der Nacht), versteht man, worauf ich hinaus will? Dies alles soll so geartet sein, daß ich diesen Raum ausfülle, mein Ich, und zwar nicht mit Ach und Weh, sondern in aller Schönheit.

Habe mit Bodo zusammen gestohlen, eine Lampe oder einen Krug aus Zinn, chinesisches Geschirr, Kleider, Geld. Aus einem Heim, wo junge Leute wohnen. Es ist mir sehr peinlich. Alle sind in Aufregung wegen des Diebstahls. Helmut P. gibt zu, etwas gestohlen zu haben, und wird sofort verhaftet. Zwei ältere Frauen sprechen darüber. Ich gehe zurück ins Heim, gehe auf die Toilette und stelle die Lampe dort wieder auf den Fenstersims. Viele Leute. Die Leute belauern sich gegenseitig. Wenn man sich zueinander neigt, kann man die elektrischen Drähte sehen, die die eigenen und die fremden Nerven zusammenschalten, Telepathie. Ich muß sehr aufpassen, weil ich gestohlen habe.

Der Mensch ist schön, wenn er sich befreit, sagt man. Natürlich wird man mich mißverstehen, der Text wird in ein einziges Mißverständnis ausarten, denn die Menschen sind es nicht gewohnt, ein Ding als Kehrseite eines anderen, verborgenen, unausgesprochenen Dinges zu sehen. Jeder sieht nur die hingeknallte Leistung, soundsoviel Tonnen Stahl oder Getreide, nicht aber das Zucken der Nevenfaser, das stetige Pulsieren des Muskels, das Vibrieren, den Gesang. Es geht also um die Kehrseite aller üblichen Tugenden, und deshalb muß ich Verräter sein, Dieb, Räuber, Denunziant, Zerstörer, Feigling. Ja, ich sage das ganz ohne Scham, ganz offen, da kein Mensch mir glauben wird. Wer glaubt schon, daß Schriftsteller gemeine Schmarotzer sind, gemeine Räuber, gemeine Vampire, nicht wahr. Wir strahlen eine Ungefährlichkeit aus, eine Biederkeit, die keinesfalls den Tatsachen entspricht, auch wenn wir nicht den Finger am Drücker haben. Dafür sind wir subversiv, natürlich nicht in unseren literarischen Produkten, ha ha, sondern einfach so, in unserer Eigenschaft als gemeine Gefühlskriminelle. Schade, daß die Geheimpolizei in Österreich so wenig Ansehen genießt, wir gäben ausgezeichnete V-Leute ab, seit jeher gewohnt, ein Schattendasein zu führen.

Seit jeher gewohnt, schattenhaft zu agieren, meine ich. Denn das ist die erste und grundlegende Voraussetzung unserer Arbeit: sich in den anderen hineinzudenken bis zur Charakterlosigkeit. Den anderen, die anderen funktionieren zu lassen gemäß der sanktionierten Gefühlsmaschinerien. Wie ein frühkapitalistischer Fabriksherr seine Arbeitssklaven funktionieren ließ, setzen wir unsere Figuren als Gefühlssklaven ein und versuchen, mittels dieser Bilder die Seelenkräfte der arglosen Textbenutzer zu regulieren. Der Schriftsteller als Ingenieur der menschlichen Seele, wie es ein klarsichtiger Denker formulierte. Jede solche Figur immer schon Konstruktion, willkürliche Anordnung, Umdeutung und Zurichtung der Wahrheit, eben nach der Willkür des Direktors, Schriftleiters, Schriftstellers oder wie auch immer.

Ich schwimme über den Königssee, Felsen und Berge ringsum. Mit einer Freundin. Das Wasser ist ganz klar. Zuerst bin ich im seichten Wasser, ich will aber weiter, erst im tiefen Wasser wird es wunderbar schön. Ich schwimme in schnellen Stößen. Ich sitze auf einem kleinen Floß. Ich lache und freue mich. Im Wasser sehe ich ganz deutlich braun-weiß gestreifte Felsen. Fast stoße ich an einen Mann, der auf einem kleinen Floß rudert. Viele Schwimmer.

Kein Ich, keine Persönlichkeit und keine Freiheit, kein Charakter und kein Willen, sondern einzig eine große Neurose, erfunden von neugierigen und nüchternen Grüblern, welche nachdenklich alle Grade der Aufregung messen, jeden einzelnen Reiz der Krämpfe und Kämpfe aufmerksam notieren. Was ich hier gefunden habe, wird keinen anderen so schmerzen wie mich selbst. Ach, diese Angst, ein Opfer meiner Illusionen zu werden, den Versuchungen der Eitelkeit zu unterliegen. Seit Jahren führe ich einen hartnäckigen Krieg gegen diese literarische Physik, wofür? Als finge ich an, mit dem Herzen zu denken. Für eine neue Psychologie! Es gibt nämlich kein isoliertes Fühlen, Wollen und Denken, ich kann die Welt nicht mehr mit dem vereinfachenden Blick der Gewohnheit erfassen. Dies alles erscheint mir so unbeweisbar, so lügenhaft, so löcherig wie nur möglich. Es zerfällt mir alles in Teile, die Teile wieder in Teile und nichts mehr läßt sich mit einem Begriff umspannen. Natürlich ist das einerseits eine Schwächung des Willens, eine Zersetzung meiner Kräfte – andererseits, ja, wie ein fiebriges Denken, aber Denken in einem Material, das unmittelbar, flüssiger, glühender ist als Worte. Ein Fluß, eine Bewegung, Veränderung, Umsturz ohne Unterlaß. Man muß nämlich empfängliche und empfindliche Nerven haben! Weil aber gerade dieser Arbeit, die keine dichterische ist, das Persönliche so stark anhaftet, scheint mir, als stehe ich immer wieder an einem Scheideweg, glaube jetzt und jetzt, ich kann nicht weiter. In Kürze: es ist mir völlig die Fähigkeit abhanden gekommen, über etwas Zusammenhängendes zu denken oder zu sprechen.

(Selbst-)Portraits

Ingeborg Bachmann

Portrait von Anna Maria

Unvollendet

Von Anna Maria P. hörte ich zum erstenmal Costanza und Carlo sprechen, die sehr viele Maler kannten, meistens solche, von denen ich nie etwas gehört hatte. Meine Freunde wollten diese Malerin auf dem Lande besuchen, in Draiano, wo sie den Sommer über war, und mich zu ihr mitnehmen. Ehe unser Schiff den Ort erreichte – denn wir waren in diesem Jahr nicht weit davon an der Küste untergekommen –, fragte ich, wie ich sie mir vorzustellen habe. Nun, hieß es, sie sei Mitte Dreißig, sehr kräftig, muskulös, stark auch »als Mensch«; sie gehe gern in selbstgeschneiderten Kleidern herum, schieße auf Vögel und helfe in ihrer Freizeit den Bauern in den Weinbergen bei der Arbeit; so habe sie im Vorjahr tagelang Trauben gestampft mit bloßen Füßen. Meine Freunde zeigten sich sehr beeindruckt von dem einfachen und unverbildeten Wesen der Freundin, vielleicht darum, weil Künstler oft durch die Art ihrer Nebenbeschäftigungen die Phantasie der anderen weitaus mehr und nachdrücklicher beschäftigen und seltener durch das, wodurch sie es eigentlich tun sollten und wohl auch hin und wieder tun – durch ihre Arbeiten.

Dieser Tag, an dem ich in Draiano war, muß übrigens einer der schönsten Tage jenes Sommers gewesen sein, ganz blauer Raum, von abgöttischer Helle bewohnt, so daß mir die kurze Stunde im Hause der Malerin im Zusammenhang damit wie eine Störung erschien und fast aus dem Gedächtnis gefallen ist. Aber gewiß ist mir, daß die junge Frau, aus einem mir unbekannten Grund, über den Besuch meiner Freunde nicht die geringste Freude zeigte, ja sie überhaupt anblickte und unterhielt, als kennte sie sie nur flüchtig. Noch ehe sie dazu kam, uns ihre letzten Bilder zu zeigen, erklärte sie, beim Zahnarzt bestellt zu sein und uns vor der Abreise daher nicht mehr sehen zu können. Als wir gingen, gesellte sich zu uns ein junger Mann im Buschhemd und blauen Baumwollhosen, den sie uns als Begleiter zugedacht hatte und mit dem wir eine Trattoria aufsuchten. Ich kam neben ihn zu sitzen und ließ mich auf ein Gespräch ein mit ihm, nichtsahnend, wer er sei. Wir sprachen von den Besonderheiten dieses Küstenstriches, und er wußte zum Beispiel die Muschelarten, die hier vorkamen, kennerisch zu beschreiben, er zog das eine und andere Schalentier aus der Tasche, und ich fand alles in der Ordnung, bis er plötzlich, schon nicht mehr nüchtern, aufstand, zwischen den Tischen ins Freie schwankte und in einer Nebengasse verschwand. Costanza beugte sich zu mir herüber und sagte leise, er sei so eifersüchtig, ganz krank vor Eifersucht, denn mit dem verrufenen, verschuldeten Zahnarzt des Ortes betrüge Anna Maria ihn schon den ganzen Sommer lang. Im Vorjahr habe er einen Fischer neben sich dulden müssen, aber er halte trotzdem an ihr fest, denn sie sei »eine Persönlichkeit«. Mich befremdete das sehr, denn der junge Mann war bestimmt zehn Jahre jünger als die Malerin. Da er nicht wiederkam, gingen wir kopfschüttelnd weg und aufs Schiff und fuhren in einen drohenden Nachthimmel hinein. Bis zu unseren Gesichtern verspritzten die Wellen einen faden, grauen Schaum.

Ein Jahr später, im vor Hitze dampfenden Venedig, als sich zu irgendwelchen Festwochen »ganz Europa« eingefunden hatte, traf ich die Malerin wieder. Man hatte uns Zimmer in einem Studentinnenheim gegeben, die miteinander verbunden waren, denn eine dritte, mir kaum bekannte Person hatte, ehe sie und ich angekommen waren, erklärt, wir seien so sehr befreundet miteinander, daß man uns mit dieser Unterbringung eine Freude machen würde. Als ich in das Zimmer kam, dessen Tür zum Nebenzimmer offen stand, wußte ich nicht, welches der beiden Zimmer nun mir zugedacht war, da sowohl in dem einen wie in dem anderen jemand Kleider, Haarbürsten und Waschzeug ausgestreut hatte. Ich setzte mich auf das Bett des Zimmers, das mir mehr zusagte, obwohl es nach einer recht belebten Calle lag, und wartete. Die Malerin trat ein, und ich hätte sie nicht wiedererkannt, vielleicht weil ich sie das erstemal nur so kurz gesehen hatte, oder vielleicht weil sie ihr Haar nicht mehr wild und offen trug, sondern gekämmt war und in einem dunkelblauen Kleid steckte, das sie weniger plump erscheinen ließ. Sie begrüßte mich mit großer Herzlichkeit, und wir lachten beide über die Freundschaft, deren man uns verdächtigt hatte, ohne daß sie, was mir lieb war, auch nur einen Versuch machte, in den folgenden Tagen sich enger an mich anzuschließen. Sie erklärte nur kurz, es sei ihr recht, daß ich dieses Zimmer wolle, in dem ich mich schon aufhalte, und schloß dann die Türe. Als ich nach einer Weile das gemeinsame Badezimmer aufsuchte, sah ich, daß sie, mehr noch als das Zimmer, diesen Raum als den ihren betrachtete und ihn ganz mit Beschlag belegt hatte. Ich sammelte ihre Sachen ein, die sie in meinem Zimmer vergessen hatte, und brachte sie ihr; nur im Badezimmer um ein wenig Platz zu bitten, unterließ ich, weil mir der Mut fehlte.

Bei einem Abendessen in Venedig saß sie mir gegenüber, und ich stellte fest, daß sie, die man beim besten Willen mit ihrem bäurischen und nervösen Gesicht, den zwar glaskalten, hellen Augen, aber dem ganz abstoßend dünnen Mund, nicht anziehend nennen konnte, mit einer Gier alle Umsitzenden in ein Gespräch verstrickte, die darauf schließen ließ, daß sie es gewohnt war, Erfolg zu haben; allerdings wandte sie sich ausschließlich an die Männer, während sie sich begnügte, bei mir ab und zu mit einem Blick Einverständnis zu suchen.

Später, als wir am beleuchteten Lido spazieren gingen, zwischen Eisbars und unruhigen Gärten, und als der Meerwind uns kehlige Musik von einer Grammophonplatte, von weither, zutrug, schwieg Anna Maria plötzlich, und da ihr Schweigen sich allen mitteilte, waren auch wir anderen still. In gedrückter Stimmung erreichten wir den Pier und warteten auf das Schiff, das uns in die Stadt zurückbringen sollte. Die Malerin, vielleicht bemüht, »Einsamkeit« zu spielen, entfernte sich von uns; vielleicht aber hatte sie wirklich ein Licht im Wasser gesehen und mußte dem Strahl folgen. An diesem Abend gingen wir miteinander nach Hause, und ich weiß es so genau, weil sie mir nur dieses eine Mal etwas von sich erzählte. Sonst kamen wir in dieser Zeit mit ihren langen, festlichen Nächten beide sehr spät nach Hause, aber nie miteinander, und sie jedenfalls immer noch später als ich, aber sie schlief nie, was ich gerne tat, bis in den hellen, durchlärmten Vormittag hinein, und ich bewunderte sie deswegen nicht wenig. Leute, die wir beide kannten, erzählten, sie hätten sie um vier Uhr morgens mit aufgelösten Haaren und barfuß mit Herrn B. in der Nähe des Kasinos gesehen, es nahmen viele an, daß sie in diesen Mann, dem gegenüber sie sich am Tag sehr förmlich benahm, vielleicht weil er verheiratet war, oder aus anderen Gründen, verliebt war. Sie war aber auch mit anderen allein zu treffen in den Cafés auf dem Markusplatz oder am Rialto, und ihre Wirkung auf Männer war sehr groß, unleugbar und verwunderlich.

Auf der Rückreise fuhr ich bis Florenz mit einem Herrn im Speisewagen, der sie sehr verehrte und der mir beim Essen folgende Geschichte erzählte: »Sie ist vielleicht das sanfteste und schönste Geschöpf, das ich kenne.« Ich wunderte mich darüber, denn andere fanden sie verschiedener Härten wegen lächerlich und auch unweiblich, und ich selbst hatte sie jedenfalls wenig reizvoll gefunden, selbst ihr Charme erschien mir so eingeübt und übertrieben, wenn sie mit Männern sprach, daß es mir peinlich war. »Aber es gibt für sie nichts als ihre Kunst!« (So wenigstens drückte er sich aus.) »Sie haben ihre Bilder nicht gesehen, doch sie hat mir Blätter gezeigt, die mich nur im unklaren lassen, ob sie sehr viel oder gar nichts taugen. Sie ist auch wirklich verrückt, und ich möchte Sie jetzt fragen, ob Sie einen jungen Mann, mit dem ich sie einmal gesehen habe (er beschrieb ihn umständlich) getroffen haben?« Ich verneinte, obwohl mir später einfiel, daß sie in der Halle wirklich öfter von einem überaus eleganten jungen Menschen erwartet wurde, aber ich wollte ihn nicht kränken, gab vor, in meinem Gedächtnis zu suchen, und schüttelte den Kopf. »Dieser junge Mann«, fuhr er fort, »wird sie heiraten, und zwar aus einem sehr merkwürdigen Grund. Sie müssen wissen, daß sie, die man doch wirklich nicht schön nennen kann«, gab er mit unsicherer Stimme zu, »eine bestimmte Art von Männern anzieht, und zwar solche, die im allgemeinen ohne jedes Interesse an Frauen sind. Sie verstehen –?« setzte er mit einem langen, fragenden Blick hinzu, und ich nickte rasch und sachlich. »Dieser junge Mann ist aus einer sehr guten Familie und hat daher gewisse Rücksichten zu nehmen. Aber nicht allein deswegen will er sie heiraten, sondern weil er meint, ohne sie nicht leben zu können, ohne ihre sich allen mitteilende Kraft, und als sie anfangs sein Ansinnen unmöglich fand, beging er einen Selbstmordversuch aus Verzweiflung über ihr Nein.«

Ich hingegen dachte in diesem Augenblick, daß es viel merkwürdiger sei, nicht zu wissen, woher plötzlich Gestalten wie die Malerin kämen. Aus welcher Familie mochte sie wohl sein? Wo hatte sie wohl ihre Jugend verbracht? Wie hatte sie ihren ersten Schritt aus der Anonymität getan? Denn heutzutage weiß man buchstäblich nicht mehr, woher die Leute kommen, die man vorfindet und deren Namen immer auftauchen in Gesprächen, die selbst immer wieder an allen möglichen Orten auftauchen und durch nichts legitimiert sind, hier oder dort zu sein. Mir fiel mit Vehemenz ein, was die Malerin in der einzigen Nacht mir erzählt hatte, in der wir miteinander nach Hause gekommen waren und zu unseren Zimmern hinaufgingen: »In unserem Haus, das nicht sehr groß ist und in dem ich mit meiner Mutter und meiner Tante lebe« – man könnte fragen, wann das wohl sei, da sie überall und nirgends war, viele Freunde hatte und malte, die Sommer im Süden verbrachte und im Winter zu Ausstellungen fuhr oder zu anderen Freunden, die sie aufnahmen in Paris oder Rom – »in unserem Haus, das sehr klein ist und trotzdem eine Dependance hat, ein Gartenhaus nennen wir es, steht zwischen den Mauern ein Kirschbaum. Einen schöneren habe ich nie gesehen. Dieser Kirschbaum hält im Frühling seine schaumigen Äste über beide Häuschen, und dann scheint es, als wären die beiden Gebäude unter ihn hineingebaut worden. Und sowie ich an ihn denke, legt er mit seiner Fracht, seiner unlöschbaren Helle, in mir an, wo immer ich auch bin. Denn ich bin sein Land; die Dinge brauchen uns Heimatlose, um irgendwo zu Hause zu sein.«

Den schönen, jungen Selbstmörder, der, wenn ich recht verstanden hatte, eine so mysteriöse Rolle in ihrem Leben spielen sollte, traf ich, ohne daß er mich erkannt hätte, bei den C., die mich im Wagen nach Ostia mitnehmen wollten, weil man dort eine in Heiterkeit untergegangene antike Stadt finde. Ich sagte, ich kenne es schon, aber in dem Augenblick hörte niemand zu, und später durfte ich es nicht wiederholen, weil man um die Freude gekommen wäre, es mir zeigen zu können, aber der Selbstmörder hörte es und lächelte grimmig, ging dann mit mir zwischen den Mauern auf und nieder und riß Gräser ab, biß hinein und rief schließlich laut: »Immer diese Rücksichten! Warum sagt denn keiner, was ist, und warum bevölkern wir denn die Welt mit unseren eigenen und anderen Gespenstern – als dürften wir uns nicht zu nahe kommen!« Er schwang sich über die Mauer einer alten Steinbar und stellte sich dahinter wie ein Kellner auf. Er blickte zur Decke, die der blanke Himmel war. »Ich möchte diese wunderbare weiße Wolke herunterziehen und in die dunklen Getränke mischen, die wir ausschenken.« Auch ich sah auf, der Wind erfaßte mich, der vom Meer kam, und ohne nachzudenken, in einer Besinnungslosigkeit, die ich sofort bereute, sagte ich: »Ich kenne einen Kirschbaum, der dieser Wolke in diesem Moment gleicht und der auch wie etwas unverwüstlich Weißes über der Welt hängt.« Er fragte: »Sie meinen den Kirschbaum unserer guten Freundin Anna Maria?« Ich bestätigte verwirrt: »Ja... Sie kennen sie?« Er dachte kurz nach und sagte: »Flüchtig. Ich möchte fast sagen, ich kenne sie dieses Kirschbaums wegen, obwohl ich sie nie besucht habe und daher den Kirschbaum nicht beurteilen kann. Aber ich habe mir eine Fotografie bei ihr ausgebeten, die sie mir gab, als ich einmal Gelegenheit hatte, mit ihr länger zu reden.« Es hätte mich nicht erstaunt, ihn kühl oder abfällig von ihr sprechen zu hören, weil Verlöbnisse ja selten im Guten gelöst werden, aber er spielte entweder meisterhaft ein Spiel, bei dem mir nicht klar wurde, worum es ging, oder jener Verehrer Anna Marias war damals völlig im Irrtum über die Dinge gewesen, die sie und den Selbstmörder betrafen. »Wie geht es Ihrer Freundin?« fragte er dann. Ich sah ihn an und erwiderte: »Aber wie soll ich das wissen! Wir sind nicht sehr gut befreundet miteinander!« »Nun«, sagte er, »ich dachte es mir, weil mein Freund (er nannte den Namen des Verehrers) mir kürzlich erzählte, Sie seien eng befreundet... Wenn ich mich recht erinnere, gab es da sogar ein paar komische Geschichten, und Anna Maria soll Ihnen übel mitgespielt haben. Darum sind Sie ihr wohl böse?« fragte er und lächelte ganz durchtrieben und erfüllt von Freude. »Welche Geschichten!« rief ich aus. Natürlich hätte, aufgrund irgendeiner guten Erziehung, dieser Mann mir niemals diese Geschichten erzählen dürfen, um keine Indiskretion zu begehen, oder um mich nicht zu kränken – ob sie nun auf Wahrheit beruhten oder nicht. Aber ihm kamen gar keine Bedenken, und ich hörte mir seine Erzählung kopflos an, ohne ihn daran zu hindern. Als er zu Ende war, rief ich: »Das ist nicht wahr und ganz unmöglich obendrein. Sie kennt mich kaum, und ich kenne sie kaum.« »Oh«, sagte er, »trotzdem ist das hübsch und Sie verstehen jetzt, daß ich lachen mußte.«

An demselben Abend, als ich aus dem Haus ging, um Blumen zu kaufen – ich wohnte in einer sehr abgelegenen Gegend von Rom –, sah ich Anna Maria diesen versteckten Platz überqueren, der so schön und goldbraun im Abendlicht ist und den ich nie überquerte, ohne etwas Neues zu entdecken, nie ohne Begeisterung über seinen rummelhaften Lärm und seine exaltierten Marktweiber, den traurigen Muschelmann und die Blumenfrau, die nur grüßte, wenn sie etwas verkauft hatte. Anna Maria kam auf mich zu. Ich fühlte, wie ich rot wurde, und ich hielt ihr mein Gesicht hin in der Abendröte, sie mir das ihre, ich grüßte sie, und weil plötzlich einen Augenblick Stille auf dem Platz eintrat, so wie manchmal das bewegteste Meer eine Achtel- oder Sechzehntelpause macht, in der man den Atem anhält vor Schrecken und Entzücken, so hielt ich den Atem an, als ich meinen Gruß allein in der Stille hörte. Sie sah mich verwundert an, und da ich wußte, daß sie vorzügliche Augen hatte, war ich sicher, daß sie mich erkannt hatte, aber nicht erkennen wollte. Gemächlich, wie irgendeinen Vorübergehenden, auf den ihr Blick gefallen wäre, musterte sie mich und ging weiter.

Die beiden Freunde, durch die ich Anna Maria kennengelernt hatte, wohnten kurze Zeit darauf bei mir, weil sie ihre Wohnung gekündigt hatten und ihre neue noch nicht beziehen konnten. Von Anna Maria wurde nie gesprochen. Aber als ich mit Costanza, die sich in langen, weißen Morgenröcken durch die Wohnung schleppte und den Staub von den alten Möbeln, die so schwer reinzuhalten waren, kehrte, allein war, sagte sie: »Man kann den Kopf nicht in den Sand stecken, wie du es tust, was ist bloß mit dir und Anna Maria?« Ich fuhr auf. »Mit mir und Anna Maria!« Costanza: »Du magst sie eben nicht. Aber Carlo ist ganz deiner Meinung.« Ich: »Meiner Meinung!« Costanza: »Er kann Frauen nicht leiden, die sich nicht waschen.« Ich hob die Hände und machte eine Bewegung, um sie zum Schweigen zu bringen. »Warum sollte sie sich denn nicht waschen, um Himmels willen«, sagte ich. »Frag mich nicht! Aber sie darf sich nicht wundern, wenn niemand mit ihr zu tun haben will.« »Nein, nein«, sagte ich schmerzlich, und ich fühlte mich elend, weil ich etwas sagen mußte, was ich gar nicht sagen wollte, und zu dem Stoff beizutragen anfing. »Sie war sehr begehrt, und ich glaube, da waren einige in sie verliebt in Venedig.« »Du warst in Venedig«, schrie sie, »nun erzähl einmal alles, obwohl ich vermutlich mehr weiß, als du wissen kannst!«

Ich erfuhr noch alles mögliche über Anna Maria, auch späterhin, und von den verschiedensten Leuten. In Paris hieß es, alle hätten sich von ihr zurückgezogen, weil sie sich unmöglich betragen habe; in Mailand hörte ich nur Gutes, und es wurde viel von ihren Bildern gesprochen. Sie galt ja bei den einen als einfach, mutig und begabt, bei den anderen als verlogen, intrigant und zudringlich, und die Meinung aller wechselte, als sie vor kurzem starb, und seither hörte ich von ihr meistens als von der »Ärmsten« sprechen.

Einen Freund, mit dem ich unlängst im Auto in der Nähe Pavias durch den kleinen Ort fuhr, in dem Anna Maria zuhause gewesen war und in dem ihr Kirschbaum stand, bat ich, vor dem kleinen Haus anzuhalten. Mit einem Mal dachte ich herzlich an die Malerin, fühlte mich von guten Gefühlen überschwemmt und glaubte, diesen Kirschbaum sehen zu müssen. Ich trat durch den Garten ein und hielt Ausschau nach der unverwüstlichen, weißen Blütenwolke. Ich entdeckte nicht einmal einen Baumstumpf und wollte schon umkehren, als mich eine ältere Frau, in der ich sogleich Anna Marias Mutter vermutete, der großen Ähnlichkeit wegen, anrief und nach meinen Wünschen fragte. Es fiel mir nicht schwer, zu erklären, warum ich hierher kam. Die Frau brach in Tränen aus, griff mit beiden Händen nach mir und lachte dann unter Tränen vor Freude: »Anna Maria hat soviel von Ihnen gesprochen, soviel von Ihnen erzählt.« Ich machte mich los und stand voll Verblüffung und im Aufruhr. »Das ist doch nicht möglich!« stammelte ich und unterbrach mich ihretwegen. Aber bei mir dachte ich: Was mag sie wohl erzählt haben! Was kann sie bloß von mir gewußt und über mich gesagt haben?! Ich fühlte mein Gespenst einen Augenblick in diesem Haus umgehen und wünschte mich auf der Stelle weit fort. Beim Abschied gab mir die Frau ein in Seidenpapier gehülltes Bild der Tochter als Andenken mit. Wir hatten beide feuchte Augen, und im Gehen fragte ich sie nach dem Kirschbaum. »Es war kein besonders schöner Baum, und er wollte nicht einmal blühen. So ließ ich ihn schlagen, vor langem schon.« Ich winkte, schloß das Gartentor, lief über die Straße auf das Auto zu und stieg ein. Während wir weiterfuhren, versuchte ich, meinem Freund diesen Aufenthalt umständlich zu erklären, ohne einen Namen zu nennen, und löste dabei die Fotografie aus dem Seidenpapier. Ich starrte das Bild an, hob es ganz nah an die Augen, aber ich konnte mich nicht erinnern, dieses Gesicht je gesehen zu haben. Mein Denken setzte aus und dann wieder ein mit dem Gedanken: Das ist nicht Anna Maria! – »Aber das ist doch Anna Maria«, sagte überrascht mein Freund, der einen Augenblick von der Fahrbahn weg und auf das Bild sah. »Ich wußte nicht, daß du sie gekannt hast«, sagte ich. »Aber natürlich«, erwiderte er. »Anna Maria! Wenn du willst, kann ich dir ja alles erzählen ...« Ich zündete rasch eine Zigarette für ihn an und steckte sie ihm zwischen die Lippen: »Ich bitte dich, sie ist doch tot«, sagte ich und zitterte noch immer. »Aber findest du, daß ihr das Bild ähnlich ist ...?« Ich reichte ihm die Fotografie, und er sah sie noch einmal genau an. »Sehr«, sagte er.

In meinem Herzen dachte ich: es wird ihr noch oft ein Unrecht geschehen.

Marlen Haushofer
Porträt eines alten Mannes

Vom Turm der Jesuitenkirche schlug es fünfmal. Der alte Mann erwachte und drehte sich auf den Rücken. Um halb sechs würde er aufstehen, den Gasstrahler in der Küche andrehen und Kaffee kochen. Kaffee sollte er eigentlich nicht trinken, seines schwachen Herzens wegen; aber er kümmerte sich nicht um die Warnungen des Medizinalrates. Dieser alte Gauner trank Kaffee, rauchte und soff Kognak und maß sich niemals den Blutdruck. Heute, an seinem fünfundsiebzigsten Geburtstag, würde der alte Mann zwei Schalen Kaffee trinken. Dieser Gedanke versetzte ihn in boshaft-heitere Stimmung. Was für ein Spaß, im Dezember Geburtstag zu haben, wenn die Blumen so kostspielig waren. Keiner würde wagen, ihm einfach Chrysanthemen zu schenken, die er seit Jahren laut und deutlich verabscheute. Rosen und Nelken mußten es sein, kostbare Glashausblumen. Rosen, Lilien, Nelken, alle Blumen welken, aber zuvor würden sie eine Menge Geld kosten.

Der alte Mann starrte in die Dunkelheit. Es war wirklich zum Brüllen! Wenn es sich einrichten ließ, wollte er auch im Winter sterben. Sie konnten sich einfach nicht erlauben, ihm billige Papierblumenkränze auf den Grabhügel zu legen. Unrat mußte mit Rosen, Lilien und Nelken bedeckt werden. Er hatte sich über diese Narretei zeitlebens amüsiert. Sollten sie nur zahlen für ihre zarten Gefühlchen!

Du bist ein boshaftes, altes Scheusal, stellte er sachlich fest.

Komisch war das! Einmal, das wußte er sicher, war er kein boshaftes Scheusal gewesen. Wie war das eigentlich gekommen? Wurde man es allmählich oder schlagartig und, vor allem, geschah dies allen oder nur einigen? Seine

Nichte hatte ihm vor einiger Zeit ein Buch geborgt, ein langweiliges, unlesbares Buch, aber ein paar Seiten davon waren ihm in Erinnerung geblieben. Irgendein Mensch verwandelt sich in einen riesigen Mistkäfer oder dergleichen. Der Mann, der das Buch geschrieben hatte, mochte ein Narr sein, aber an dieser einen Geschichte war etwas dran. O ja, das stand fest. Er hatte sie mit steigendem Unbehagen gelesen und wußte noch immer nicht, ob ihn ihr Ende befriedigte oder enttäuschte.

Zwischen fünf und halb sechs Uhr morgens dachte er jetzt häufig an den Kerl, dem diese üble Verwandlung widerfahren war, voll Mitgefühl und Schadenfreude, immer aber wie an einen Schicksalsgefährten. Wurde denn er selber, auf dem Rücken liegend, das Federbett über den Bauch gewölbt, zur Decke starrend, jenem Käfer nicht von Tag zu Tag ähnlicher? Jedenfalls war es verdächtig, wie seine Finger- und Zehennägel immer mehr verhornten. Manchmal schmatzte er leise mit dem zahnlosen Mund und lauschte dem Geräusch nach, das gar nicht menschlich klang.

Natürlich konnte er jederzeit aufstehen, Strümpfe und Hosen anziehen, die Zahnprothese einsetzen und sich in einen Menschen verwandeln, zumindest konnte er das vorläufig noch.

Diese morgendlichen Betrachtungen waren eher anregend als furchteinflößend. Man mußte den Dingen auf den Grund gehen. Dies zu tun, hatte er schon als kleiner Junge begonnen. Nur einmal, um die Fünfzig, hatte ihn die Vernunft verlassen, als ihm plötzlich klar geworden war, daß ein Mann, der den Dingen auf den Grund geht, nicht, von aller Welt geliebt, als sanfter, weißhaariger Greis endet. Denn auch er litt unter Anfällen, in denen er wünschte, geliebt zu werden, freundlich auszusehen und niemanden zu erschrecken. Ach, wie jener Käfer sich danach sehnen mußte, auf dem hornigen Rücken gestreichelt zu werden, wohlzuduften und zu hören, er sei schön und angenehm.

Aber, zum Teufel, das mit den Illusionen war schiefgegangen, und er würde nicht als sanfter Greis enden. Nach gewaltigen Anstrengungen hatte er endlich begriffen, daß er unheilbar war. Und so ging er weiterhin den Dingen auf den Grund.

Sah er auf der Wiese ein weißes Lamm, war sein Herz nicht erfüllt von Freude an der Schöpfung. Dazu glaubte er kein Recht zu haben. Er war ja jederzeit bereit, weiße Lämmer aufzufressen. Nichts unterschied ihn von den Schlächtern. Gerade daß er Tiere liebte, mit dumpfer Zärtlichkeit, war doch sicherlich eine böse Verirrung. Er verachtete die Streichler und Mäh-Rufer. Dies, fand er, stand nur Kindern, Geistesschwachen und Vegetariern zu.

Was die Kinder betraf, so wirkten sie fast ebenso verwirrend wie Tiere. Auch sie weckten Zärtlichkeit und Trauer. Er verzichtete bewußt darauf, ihre unschuldige Zuneigung mit Schokolade zu erkaufen. Die Kinder kümmerten sich auch nicht um ihn, sie spielten ruhig weiter, wenn er im Park starr und düster über sie hinwegsah.

Auch er hatte einmal ein Kind gehabt. Damals hätte er dem Wunsch seiner Frau nicht nachgeben dürfen. Der alte Mann erinnerte sich, wie gescheit, gesund und heiter dieser kleine Junge bis zu seinem sechsten Jahr gewesen war, ein Wunder an Vollkommenheit. Es war die schlimmste Zeit seines Lebens gewesen, mitanzusehen, wie dieses Wunder im Laufe der langen Schulzeit zu einem mürrischen, unschönen Jüngling wurde, der jedes Selbstvertrauen verloren hatte und dem man endlich so viel Bosheit und Furcht eingepflanzt hatte, daß er hoffen durfte, im Leben vorwärtszukommen. Die Nachricht vom Tod dieses Sohnes hatte den alten Mann nicht mehr so schmerzlich getroffen, wie er es erwartet hatte. Heute war dies alles längst Vergangenheit. Wirklich war nur noch der langsame Verfall: die braunen Flecken auf dem kahlen Schädel, die zunehmende Taubheit, Rheuma und

Sodbrennen. Das Essen schmeckte nicht mehr wie früher, selbst die Gerüche hatten sich verändert.

Die Einsamkeit des Alters war nicht so schlimm, einsam war er immer schon gewesen. Der Drang, die gläserne Wand zu zerbrechen, war schwächer geworden mit den Jahren. Die Einsamkeit war jetzt mehr an der Oberfläche, eher lästig als tragisch. Es war lästig, nur Brocken eines Gespräches zu verstehen, und es war lästig, wenn ein paar junge Leute glaubten, ihn gelegentlich besuchen zu müssen. Sie langweilten ihn, und er langweilte sie, aber er konnte sie nicht wegschicken. Ihnen zu erklären, warum er sie nicht brauchte, wäre viel zu umständlich gewesen. So saß er mit starrem, angestrengtem Lächeln in ihrer Mitte und rauchte mehr als ihm guttat.

Sein früheres Wohlwollen für junge Leute schlug mehr und mehr in Bosheit und Ungeduld um. Ihre gesunde, junge Haut, die festen Zähne und vor allem ihr törichter Optimismus machten ihn mürrisch. Auch er hatte dies alles einmal besessen, und es hatte ihn doch nicht davor bewahrt, das zu werden, was er heute war. Auch sie würden einmal, in vielen Jahren, verwandelt in ihren Betten liegen, in der trüben Dämmerung dem Verfall preisgegeben.

Der alte Mann dachte flüchtig an seine Frau und war froh, daß sie nicht mehr lebte. Die Vertrautheit alter Paare, diese Mischung aus Abscheu, Mitleid und Resignation, war ihm immer widerwärtig erschienen.

Er atmete schwer und schlief wieder ein. Nach fünf Minuten erwachte er von neuem. Er hob die dünnen Lider und sah vor sich die Umrisse seiner knotigen Hände und dahinter den dunklen Berg des Federbetts. Die nächsten zwölf Stunden galt es mit Anstand zu überstehen. Länger als bis sechs Uhr würde wohl keiner der Gratulanten bleiben. Dieser Gedanke ermunterte ihn soweit, daß er sich ruckartig aufsetzte und mit den Füßen nach den Pantoffeln angelte.

Der alte Mann hatte recht behalten: Rosen und Nelken

überall; weiße Rosen, Teerosen, rosa Nelken, gelbe Nelken und nochmals rosa Nelken. Seine Schwester hatte keine Blumen gebracht, dafür die Geburtstagstorte, die wie alle Konditortorten nur nach Zucker schmeckte. Sie, die Schwester, hatte die Blumen in Vasen aufgeteilt und sich dabei sichtlich unbehaglich gefühlt. Sie war erst sechzig und ganz gesund, und sie vermutete, daß ihr Bruder sie beneidete. Diese dumme, alte Bruthenne! Nicht, daß sie das nicht schon immer gewesen wäre – er konnte sich nur nie daran gewöhnen. Von allen seinen Geschwistern war gerade sie übrig geblieben, die er nie gemocht hatte. Wie sie sich alle angestrengt hatten, freundlich zu sein, und wie sie verlegen lächelnd herumgesessen hatten! Und das natürlich mit Recht: was konnte ein fünfundsiebzigster Geburtstag anderes sein als eine einzige Verlegenheit. Der Jubilar hatte sich sehr bemüht, ein lieber alter Herr zu sein. Vermutlich hatte er dadurch besonders beklemmend gewirkt. Das Gesicht tat ihm weh vom angestrengten Lächeln, das noch immer wie eine Maske daranklebte. Er schnitt Grimassen, um es endlich loszuwerden, und ging dabei von Blumenstrauß zu Blumenstrauß. Keine einzige Blüte duftete. Das mochte an seiner Nase liegen oder einfach daran, daß Glashausblumen nicht duften. Jedenfalls sahen sie prächtig aus, ein wenig scheintot zwar, lauter Schneewittchen im Sarg. Sehr bald mußten sie ihr eisgekühltes bißchen Leben verhauchen.

Der alte Mann tappte zum Schreibtisch und zündete sich eine Zigarette an. Sie schmeckte eher nach dürrem Buchenlaub als nach Tabak. Vor vielen Jahren schon hatte er Buchenblätter geraucht. Leichter Schwindel überfiel ihn, und einen Herzschlag lang wurde er zu dem kleinen Jungen im dämmerigen Schuppen: rascher Kinderatem, süßer Speichel auf der Zunge. Etwas streifte sein Herz und zog sich erschreckt zurück. Auf den Schreibtisch gestützt, schüttelte der alte Mann den Kopf, als wehre er eine Fliege ab.

Auf dem grünen Löschblatt lag eine große Schachtel;

zehn Päckchen seiner Lieblingszigaretten. Das war seine Nichte – schenkte Zigaretten, einem alten, herzschwachen Mann Zigaretten. Sie war die einzige vernünftige Person, die in seiner Familie noch am Leben war. Wie dumm die anderen alle geschaut hatten. Seine Schwester war ganz rot geworden vor Ärger. Seine Nichte hatte ihm zugelächelt und gezwinkert, und er mußte senil oder blind sein, wenn dieses Lächeln nicht hieß: Alter Mann, ich hab' dich gern.

Weshalb mochte sie ihn? Er war nicht liebenswürdig, machte kaum Geschenke und besaß auch kein nennenswertes Vermögen. Er hatte sie, als sie ein kleines Ding war, nie auf den Knien geschaukelt und war überhaupt ein ganz und gar unergiebiger Onkel gewesen.

Er kratzte sich die Glatze und dachte nach. Junge Mädchen schwärmten manchmal für ältere Herren, aber sie war kein junges Mädchen, sondern eine Frau mit viel Vergangenheit (die Familie knirschte noch heute mit den Zähnen über ihre Abenteuer), und er war nicht älter, sondern alt. Vielleicht war sie gar, wie diese Psychologen behaupten, an irgendein Gesicht fixiert.

Der alte Mann holte den Rasierspiegel aus der Lade und besah sich im Licht der Schreibtischlampe. Er stöhnte laut. Wenn diese verdammten Psychologen recht hatten, war seine Nichte ein bedauernswertes Geschöpf. Unfug, lauter Unfug! Er hielt den Spiegel ein wenig schief und betrachtete lange und ernsthaft sein Gesicht. Es war ein ganz gewöhnliches Gesicht: nie schön gewesen und jetzt auch noch vom Alter zerstört. Und dann wußte er plötzlich, was seine Nichte zu ihm zog. Sie mußte schon lange vor ihm jenen winzigen Punkt in seinen Augen entdeckt haben, hinter dem die Schwärze und Kälte lauerte. Ja, der Tod saß schon dort drinnen – und sie hatte es gesehen.

Der alte Mann trug den Spiegel an seinen Platz zurück, und es tat ihm leid, daß er in Zukunft seiner Nichte aus dem Weg gehen mußte. Er war ja schließlich kein Monstrum von einem fremden Stern, das man erforschen und sezieren mußte. Er lächelte bei diesem Gedanken und war seiner Nichte durchaus wohlgesinnt. Sie tat ja nichts anderes als er: den Dingen auf den Grund gehen. Na ja, schön, sollte sie.

Er war jetzt sehr müde, merkwürdig müde, vielleicht würde er noch einen Sprung in den Park tun und ein paarmal tief atmen.

Später lag der alte Mann wieder in seinem Bett, ausgestreckt auf dem Rücken, von seinem Gewicht auf die Matratze gepreßt. Er wartete auf den Schlaf.

Barbara Frischmuth
Das Bild, das man sich macht

Der Garten hat ein Tor, durch das man sich nicht dünnmachen kann.

Die erste Version von mir begegnet mir am Rand eines Mistbeets. Sie ist etwa drei Jahre alt und fragt: möchtest du wissen, wie das damals mit dem Goldfisch war? Nein, sage ich, weil mir das wirklich egal ist. Da reißt sie brutal ein paar Salatpflanzen aus und stopft sie in den Kopf einer Puppe, deren Haar einer Katze als Probiermaus dient.

Die zehnjährige Version von mir steht neben der Regentonne und stiert vor sich hin. Dann murmelt sie: o mani padme hum! Wie? frage ich, wie war das? Aber sie antwortet vorerst nicht. Tibet! sagt sie nach einer Weile, so als wüßte ich nun alles. Wieso Tibet, ausgerechnet Tibet? frage ich. Du warst doch dort, sagt sie, du willst mir doch nicht erzählen, daß du nicht dort warst? Ich war aber nicht dort, sage ich. Sie tut, als müßte mir das peinlich sein. Aber es war doch ausgemacht, sagt sie und glotzt mich an. Nicht daß ich wüßte. Ich versuche einzulenken: die Türkei, Persien... gibt dir das nichts? O mani padme hum! sagt sie und stiert wieder vor sich hin, als gäbe es mich gar nicht. Bitte, dann halt nicht. Sie nimmt einen Stock und rührt damit in der Regentonne, daß mir das Wasser vor die Füße schwappt.

Ich weiß nicht, was ich vom Wetter halten soll. Der Himmel hat ein so komisches Muster. Mir ist nicht ganz klar, ob die Wolken flugzeugförmig oder die Flugzeuge wolkenförmig sind. Da muß doch was los sein.

Hinter der Rotbuche, eigentlich schon unter den Haselnußsträuchern, liegt eine etwa zweijährige Version von mir auf einer Decke und spielt mit den hoch gehobenen Zehen. Hast du es abstürzen sehen? frage ich aufgeregt und deute mit dem Kopf auf die noch deutlich erkennbaren Wrackteile einer zweimotorigen Maschine, die aber schon lang nicht mehr rauchen. Sie lacht, daß es nur so gurgelt, und schreit: Fugfeig! Fugfeig! und macht mit den Lippen ausdauernd brrrr!

Also das könnte es gewesen sein, denke ich, ohne von dem Kleinkind, das gerade einen Rappel hat, weiter Notiz zu nehmen. Aber die Trümmer sehen aus, als hätte sie jemand sorgsam dorthin geschichtet, und gar nicht so, als wären sie von diesem seltsamen Himmel gefallen.

Nicht daß es mir besonderen Spaß machen würde, hier herumzustolpern, aber der Garten hat etwas für sich. Ich frage mich, warum nicht auch die Katze und der Hund in mehreren Versionen vorkommen. Als ich Version eins ein Stück im Korbwagen schiebe, schaut der Hund zwar auf, aber eher gleichgültig zu uns herüber. Als ich jedoch mir, als Fünfjähriger, einer frechen Bemerkung wegen eine Kopfnuß gebe, stürzt er auf mich zu und hält mich am Ärmel fest, so daß ich zu tun habe, um wieder loszukommen. Etwas an mir muß ihn schließlich an mich erinnert haben.

Ich wundere mich darüber, wie gepflegt der Garten ist, so als wäre ein eigener Gärtner dahinter her, daß alles in eine bestimmte Richtung wächst. Das hat zur Folge, daß die Bäume auf der einen Seite viel zu lange Äste haben, während sie auf der anderen fast verkümmern. Nur das Gras ist überall gleich hoch. Der Version von mir, die etwa acht Jahre alt ist, geht es bis zum Knie, und sie schiebt es mit den Händen auseinander, so als stünde sie in einem nicht zu tiefen Wasser.

Ich suche die Hängematte. Ich weiß, daß da irgendwo eine Hängematte sein muß, zwischen zwei Nadelbäumen, wenn mich nicht alles täuscht. Eine ziemlich große Hängematte sogar, an mehreren Stellen gestopft, schon von unseren Eltern her, aber sehr geräumig. Ich bilde mir ein, daß mir Version neun schon ziemlich ähnlich sieht. Sie liegt, an der einen Hand Daumen lutschend, in der anderen ein Buch haltend, in der Hängematte und denkt nicht daran, mir Platz zu machen. Das ist dein Problem, sagt sie. Wer zuerst kommt, mahlt zuerst. Dieses Auftrumpfen macht mich krank, ich bin doch schließlich kein Gespenst.

Die Astern sind voll und bunt geworden. Ich möchte wetten, daß die Palmen schon auf ihren Winterplätzen stehen, sonst müßte ich sie doch sehen können.

Ihr da, sage ich zu meiner sechs- und zu meiner siebenjährigen Version. Beide versuchen, das Lesebuch ihrer jeweiligen Schulklasse in die gemeinsame Schultasche zu stecken. He, ihr da, sage ich, das wird doch kein Problem sein! Sie sehen mich entgeistert an, dann werfen mir beide ihre Lesebücher nach. So geht das nicht, sage ich und hebe die Bücher auf. Sie sind voller Illustrationen von Ernst Kutzer, und ich kann mich gar nicht satt sehen. Es ist schon ein bißchen sonderbar, unreife Monatserdbeeren und volle Chrysanthemen nebeneinander stehen zu sehen. Aber dem Garten macht das nichts aus, sein Haushalten ist ein Kapitel für sich. Er hat eben Reserven. Das Bild, das man sich von ihm macht, ist ein veränderbares.

Ihr hingegen bietet nicht gerade viel Abwechslung, rufe ich meinen zehn nun versammelten Versionen zu. Euch aus eurer Lethargie zu reißen, ist eine Arbeit, die ich mir nicht alle Tage antun möchte. Hat jemand was zu fragen? Da stecken alle von eins bis zehn den Daumen in den Mund und gluren mich an. Also dann an die Arbeit! Ich habe mir absichtlich ein kleines Stöckchen mitgenommen, das ich demonstrativ durch die Finger gleiten lasse. Es dauert eine Weile, bis sie sich in Bewegung setzen. Version vier und Version fünf haben, wie ich erst jetzt bemerke, Lederhosen mit bestickten Hosentürln an und tragen Schaufeln bei sich.

Ihr wißt, was geschieht? frage ich. Sie nicken. Also dann. Sie ziehen den Kreis immer enger. Und mitsamt der Wurzel, sag ich, daß mir nichts zu wuchern anfängt.

Aber ja, murmeln die Größeren unter ihnen und fangen an dem Bäumchen zu ziehen an, mit aller Kraft, bis es nachgibt und – Wurzeln zuoberst – auf dem Boden liegt.

Seht ihr, sage ich, es war innerlich schon ganz morsch. Sie sehen einander an. Und wenn das kein verkrüppelter Wuchs ist! Ein paar von ihnen ziehen an Wipfel und Ästen, so als wollten sie es geradebiegen. Und überhaupt, was soll das für ein Baum sein, der nicht größer wird, der immer nur so eine Art Bäumchen bleibt, das man womöglich noch in Töpfen ziehen muß?

Das war das Stichwort. Sie heben das Bäumchen auf und gehen damit in Prozessionsordnung auf das schon etwas baufällige Treibhaus zu. So habe ich sie dann, eine nach der anderen aus den Augen verloren.

Brigitte Schwaiger/Arnulf Rainer
Eine Malstunde

Ich will mich nicht anpassen. Ich kann aber auch nicht ausbrechen, ohne daß ich draufkomme, unter welchen Mechanismen ich aufgewachsen bin. Weil ich das analysieren will.

Ja, und deswegen passen Sie sich an und sprechen von »Mechanismen« und »Analysen«.

Das schädigt nämlich einen Menschen, so wie ich aufgewachsen bin.

Schädigen tut das nicht, wie Sie aufgewachsen sind, höchstens autobiographisch fixieren tut das. Man hat dauernd den Geschädigtenverdacht.

Ich bin aber ein geschädigter Mensch.

Sie sind überhaupt nicht geschädigt. Das ist kein Schaden, den Sie haben. Sie sind höchstens hängengeblieben, so wie ich auch. Seien Sie froh, daß Sie das haben! Dazu den milden, versteckten, braven Mädchenspott. Sie sind überhaupt nicht geschädigt, sondern haben dadurch als lebenslanges Thema die sanften Ironien. Das ist doch Ihre eigenste literarische Plattform geworden, von wo Sie Ihre Herren, Helden und Haberer bewältigen. Ein Einbildungsmensch sind Sie vielleicht, das ist wahr. Ein Furchtmensch. Eine Sacré-Cœur-Furcht-und-Angst-Tochter. Das ist es vielleicht. Aber das ist auch kein Schaden an sich. Wenn eine das als Beruf richtig ausbaut und auspowert, da lassen sich ganz große soziale Unentbehrlichkeiten oder Erfolge, sogar Monopole herausschlagen. Ich spreche von der Wertfindung aus dem Autobiographischen. Jeder Romancier schöpft aus seiner Kindheit Allerbestes. Verstehen Sie? Aber Sie passen ja nicht auf.

O ja, von der Religiosität und vom Bravsein haben Sie gesprochen.

Also brav, jetzt haben Sie eine brave Farbe. Wenn Sie noch braver sind, dann leeren Sie mehr Wasser drauf. Lassen Sie das alles mehr schwimmen. Da müssen Sie sich selber gar nicht mehr auskennen. Aquarellmalen ist dasselbe, wie wenn Sie baden gehen.

Da bin ich ja dann wieder brav und angepaßt, wenn ich jetzt alles mache, was Sie sagen.

Ja, natürlich, ganz richtig. Sie sollen ja brav sein, um das geht es ja. Daraus schöpfen Sie Qualitäten: Natürlich sind Sie angepaßt an meine Direktiven. Um das geht es. Ich kann Ihnen sagen, wo Sie hängen, wo Sie ins Trockene gestrandet sind; verstehen Sie? Ich habe ein scharfes Auge und kann sofort sehen: Dort hängt sie. Dort könnte sie vielleicht wieder flottmachen, weiterschwimmen.

Weiter wohin?

Daß das Bild besser wird, Fräulein! Um das geht es ja heute! Oder sollen wir sagen, daß das Bild flüssiger, gehaltvoller wird? Außerdem haben wir heute die Naß-Lektion. Das nächste Mal zeige ich Ihnen, wie man aus der Vertrocknung etwas herausholt. Dörrobstbilder.

Wie Sie mich da zum Malen bringen, das ist schon toll.

Aha, jetzt kommt der volle Einsatz. Jetzt rächen Sie sich an Ihrem vierblättrigen Zeichenlehrer.

Allein hätte ich das nie gemacht.

Was? Allein hätten Sie das nicht gemacht? Wenn ich es Ihnen zum Beispiel sage, dann hätten Sie doch sofort die Anpassung, daß Sie das machen. Sie sind doch nicht nur brav, wenn ich dabei bin, oder? Selbst wenn ich jetzt nicht dabei wäre, wenn ich Sie jetzt nach Hause schicke zum Trockenmalen, würden Sie auch brav trockenmalen.

Ja?

Na, sehen Sie. Ist ja nichts dabei, sag ich Ihnen ja. Es gibt keine Qualitäten, keine Charakterzüge, die von vornherein schlecht oder gut sind. Das ist ein Aberglaube. Davon muß ein Künstler ausgehen, daß man alles zu einem Wert machen kann. Deswegen gibt es die geschätzte Künstlerschaft, weil der Künstler Dinge zu einem Wert machen kann, die die andern immer verabscheut haben oder an die sie sich nicht herantrauen oder wo sie sich nicht auskennen.

Wissen Sie, was das ist? Mein Bild sollen Sie anschauen!

Ist schon wieder was Unanständiges da?

Erkennen Sie das?

Was ist das? Eine blanke Brust?

Nein, das sind Augen. Das ist doch ein Gesicht.

Und dafür genieren Sie sich schon? Ich seh es von weitem und weiß nur, daß da ein Wasser draufgehört.

Wo ist denn der Wein?

Der steht da. Sie müssen sich aber selber einschenken. Na ja, so eine direkte Beschäftigung tut Ihnen ganz gut. Damit Sie mit der direkten Sinnlichkeit hantieren lernen. Nicht nur über irgendwelche verbale Verarbeitungen an Ihren Herren oder Erzieherinnen milde Rache nehmen.

Wie machen Sie denn das, mit dem Wasser da drüber?

Zum Beispiel mit einem nassen Küchensauger, Schwamm, Siphonflasche oder nur mit dem Pinsel. Wollen Sie einen? Tauchen Sie ihn tief ins Wasser! Dann haben Sie noch mehr Flüssigkeit ... Die Pinsel öfter stärker eintauchen! Es ist wichtig, daß Sie das Bild als Gesamtes im Auge behalten, damit es bedeutungsstark wird. Ich kann Ihnen auch ein Bild von mir heraussuchen, wenn Sie es übermalen wollen. Wenn Sie das mehr interessiert und so, da hineinzumalen.

Das ist ja eh eine Zeichnung von Ihnen.

Ich meine ein richtiges Bild, wo dicke Farbe ist und so. Wo ich nicht weiterkomme und wo Sie vielleicht, weil Sie ein anderer Mensch sind, dann denken: Ja, der wilde Mann, der hat sich ja verrannt da hier, da weiß ich als zahme Frau doch weiter. Läßt sich machen! Oder wenn Sie sich genieren, können Sie auch einen Druck von mir haben, wo Sie drüberkritzeln.

Ich genier mich schon nicht.

Na ja, da gibt's so intensive Stellen auf meinen Bildern.

Sie stehen mir im Licht.

Fotos hätte ich auch, eine große Nackerte. Na ja, das ist

nichts für Sie. Sie brauchen eher einen angezogenen Herrn.

Wieso? Das kann ich gut, eine Frau übermalen.

Sie? Brauchen Sie nicht einen schwarz behaarten Mann?

Nein, das mag ich nicht, einen Körper, den ich nicht kenne.

Und einen fahlen Damenleib, den Sie nicht persönlich kennen, wollen Sie schon bemalen?

Mit dem weiblichen Körper kann man sich identifizieren, als Frau. Der fremde männliche Körper, das ist ein Fremdkörper.

Ah so. Dann tauchen Sie ihn unter! Überfluten Sie ihn! Schauen S', ob er schwimmen kann.

Jetzt hab ich mein Bild da überflutet, und jetzt kommt wieder Ihre Zeichnung heraus.

Ja, natürlich, das ist ja der Sinn der Sache.

Katharina Riese

Selbstportrait mit Taube

Oben, am Treppenabsatz der Straßenbahn-Haltestelle erwartet mich eine Taube. Ich sehe sofort, daß sie es auf mich abgesehen hat. Gier fixier. Mit tellergroßen Augen schaut sie zu mir herunter. Ich senke meinen Blick zu Boden und reihe mich hinter einem breiten Männerrücken ein. Nur nicht mehr hinschauen. Einziges Mittel. Ich hefte meinen Blick an das vor mir die Treppe hinaufsteigende Sakko und komme unangesprungen an der heiklen Passage der gleichen Höhe vorbei. Schon stehe ich am Bahnsteig im Freien. In sicherer Entfernung. Ich wage einen kurzen Blick zurück.

»Des Viecherl hot wos! Sunst darats net so dositzn!«

Eine alte Dame beugt sich fürsorglich zu der Taube hinunter, die nun bleiern ins Freie tapselt. Ich sehe gesträubten Auges ihre ausgemauserten Federn an Kopf und Hals, die Füße sind aschengrau. Die Taube ist alt und völlig benommen. Sie hält Kurs auf die Schienen. Ich ahne Entsetzliches.

Die junge Frau, die die alte Frau, die immer noch aufmerksam und mitleidig hinter der Taube hergeht, unterhakend stützt, erheitert mich:

(zur Taube) »Herst, i schick dan Burli, der draht da glei den Krogn um!«

Ihre offene Feindseligkeit gegen morbiden Heroismus gefällt mir.

Ich sehe den unendlich zarten Jump, mit dem sich die Taube vom Bahnsteig auf den Bahndamm fallen läßt. Kein Gewicht. Schon vom ersten Anblick hatte ich gewußt, daß diese Taube über sich hinauswachsen würde, nur konnte ich die Richtung noch nicht bestimmen. Nun wurde sie mir langsam sehr deutlich.

Beide, die alte und die junge Frau, begannen lebhaft in

die Hände zu klatschen, denn die Taube hatte sich nunmehr auf die Schiene »gelegt« und die Straßenbahn fuhr in die Haltestelle ein. Mit Hilfe einer brutalen Streusandbremsung kam die Straßenbahn knapp vor der Selbstmörderin zum Stehen. Ich stieg in die Tram ein mit dem merkwürdigen Gefühl, absolute Expertin für solche Fälle zu sein; eine Expertin allerdings, die, von unüberwindlicher Abneigung gegenüber ihrem einstigen Metier erfüllt, sich weigert, einzugreifen. Ich hätte den beiden Klatscherinnen gleich sagen können, daß sie umsonst klatschen, daß wir es hier mit einer Form exhibitionistischer Entschlossenheit zu tun haben, die nichts mehr hört und spürt und sieht; die als alte Wiener Taube genau weiß, was eine Straßenbahnschiene ist und so geil auf Menschen, daß sie auf Publikumseffekte selbst beim Sterben nicht zu verzichten bereit ist.

Und natürlich hat sie mit dieser grausamen Nummer auf mich als ihr kongeniales Medium gewartet. Kaum war ich in ihrem vor sich hin dämmernden Tragödientalent aufgetaucht, hatte sie den Showdown begonnen. Artig saß ich in der Straßenbahn, mischte mich nicht ein und sah am Mienenspiel der zusammengelaufenen Kinder draußen (woher die plötzlich gekommen waren?) den Fortgang des Finales. Der Fahrer leistete gegen seine Rolle als Taubenmörder Widerstand und fuhr als letzte Warnung kurz an und blieb wieder stehen, um seine Tierliebe öffentlich unter Beweis zu stellen. Die in der Straßenbahn vor sich hin dösenden Fahrgäste hatten natürlich keine Ahnung, worüber sie gleich fahren würden. Nur die alte Dame stand knapp hinter dem Fahrer und sah über seine Schulter. Beide hatten jedoch die Taube aus dem Blickfeld verloren. Nach einigen Sekunden fuhr die Straßenbahn aus der Station hinaus, die Kinder zerrten die Mundwinkel nach unten und gaben sich andächtig dem Anblick des Unglaublichen hin.

Dieses Gerede, daß die Tauben in den Städten leben, weil sie ursprünglich Felsbewohner sind und den Kalk brauchen, geht völlig am Kern der Sache vorbei. Die Tauben sind rettungslos, selbstmörderisch menschengeil. Das ist es.

Am nächsten Morgen ging ich im Belvedere spazieren und dachte an die gestrige Taube und daß ich, ich habe ja im ersten Wagen gesessen, mir keine Gewißheit verschafft hatte, ob sie nicht doch noch irgendwie ausgewichen war.

Plötzlich wollte ich ES genau wissen und entschloß mich, sollte mich wieder eine Taube (wer nicht hören will, muß fühlen) fixieren, voll zurückzufixieren: Sie sah mich an und ich blieb stehen und sah sie an. Ich hatte mir alles bloß eingebildet. Sie tippte ein paarmal mit dem Schnabel am Boden und der geheimnisvolle Doppelabgrund Taube-Mensch schien in Luft aufgelöst. Ich sah ihr zu und dachte mir, eine Taube ist eine Taube, und atmete tief durch. Sie sind eben ein bißchen schwerfällige Vögel. Das ist alles.

In der Zentralachse plaziert, vom Oberen in das Untere Belvedere hinunterschauend, sah ich den Wolken zu, wie sie sich in der Wasseroberfläche des mit Schlamm gefüllten Brunnens spiegelten. An dessen Rand war sie nun geflogen und blickte mit eben diesem Taubenblick zu mir herauf, von dem ich nie weiß, ist es eine Bitte oder eine Drohung. Im Herzen fühlte ich einen tiefen Stich, und als hätte ich sie mit einem Gummiband an mich gezogen, schnellte sie heran, direttissima auf meine Augen zu. Ich duckte mich reflexiv, und so landete sie gnädig einen Meter hinter mir. Schreien? Um Hilfe rufen? Zu spät. Tiefengelähmt erwartete ich ihre nächsten Aktionen. Sie begann lautstark zu gurren und schaukelte wie ein Wiegebrett vor mir auf und ab. Sie war sich meiner Panik sicher (der Geruch?, der Blick?, die wackelige Aura?), und das machte sie ganz offensichtlich potent. Mit einem neckischen Aufwirbler landete sie auf meinen Schultern und begann meine Haare und mein Ohr zu schnäbeln. Keine rettende Ohnmacht war mir vergönnt.

Ich versuchte meinen letzten Trick: So-zu-tun-als-wär-nichts. Mit großen Schritten strebte ich dem Ausgang zu. Abschalten. Ich versuchte, mich zu beruhigen, und murmelte vor mich hin: »Es geht mir gut.« Als sie meine Strategie bemerkte, flüsterte sie in mein Ohr: »Ich liebe dich.« Das merk ich, meine Gute oder mein Bester, je nachdem.

Die Touristengruppen im Belvedere hatten uns plötzlich im Visier und kamen mit vielen Ohs und Ihs näher. Sie fanden uns entzückend: Franziska von Assisi mit ihrer Taube. Ein Bild von transzendenter Seligkeit. Verzweifelte aller Couleurs, all ihr Bekümmerten und Beladenen, kommt zu mir und gebt mir den Rest! Die mir offenbar zum Hals heraushängende wundertätige Kraft des Opfers zieht das Unglück an und verwandelt es in Potenz.

Die plötzliche Publicity (wir wandelten durch ein Spalier knipsender und schnappschießender Touristen) gab mir vorübergehend Kraft zu einer romantischen Akzeptanz: Wir werden zusammen leben, die Taube und ich, warum nicht? Wir werden Partner und gehen zusammen durch Dick und Dünn und halten uns die Treue, bis daß der Tod dem Ganzen ein Ende macht. Mein in Panik rasendes Herz riß mich aus der utopischen Seifenblase einer geglückten Partnerschaft. Ich werde Verstand annehmen, sie bis zu mir nach Hause tragen und dort den Tierschutzverein zu Hilfe rufen und fragen, was dieses Phänomen auf meiner Schulter zu bedeuten habe. Ich werde sie ganz sacht den öffentlichen Tierpflegeanstalten übergeben, die aus ihr eine normale Taube machen werden. Oder ich werde sie bei mir behalten und immer das Fenster offenlassen, damit sie kommen und gehen kann, wie sie will, und wer weiß, vielleicht erscheint sie eines Tages mit dem ersehnten Ölzweig (was ist ein Ölzweig?) im Schnabel, mit dem Ölzeug und verkündet mir das Ende der Sintflut.

Entschlossen sperrte ich die Wohnungstür auf, schüttelte sie im vorderen Zimmer ab und sperrte die Tür zur Küche zu. Ihr gegen die Tür krachendes Gefieder machte es mir unmöglich, mich in irgendeiner Weise zu beruhigen. Ist das Fenster offen? Das Fenster muß offen sein. Sie muß hinausfliegen können. Also sperrte ich noch einmal auf, und sie warf sich, wie erwartet, erneut auf mich und verkrallte sich in meinen Schulterblättern. Ich hatte gerade eine lebendige Sekunde und sagte verhütend: »Tauben können nicht sprechen«, öffnete das Fenster und überwand meine Berührungsangst und ergriff sie – ich weiß nicht wie – jedenfalls mit beiden Händen und warf sie zum Fenster hinaus. Da sie keinen Halt hatte, flog sie auch tatsächlich davon, und während sie flatternd nach Eigenflug suchte, stürzte ich wieder zurück in die Küche, sperrte ab und errichtete hinter der Tür eine Barrikade: Tisch, Sessel, Bücher zum Beschweren, alles häufte ich tatkräftigst gegen die Tür. Ich hörte keinen Flügelschlag. Vielleicht hat sie von ihrem Abenteuer abgelassen? Erschöpft legte ich mich ins Bett. Die Panik war so groß gewesen, daß ich sofort wegschlief. Ich weiß nicht, wie viel später ich wieder erwachte. Es war noch immer heller Tag. Auswandern? Ich wandere aus. Im Geiste hatte ich ihr das vordere Zimmer schon abgetreten, ohne zu wissen, ob sie überhaupt zurückgekommen war. Sie verhungert. Vielleicht ist sie gleich zurückgekommen und ist wie lange weiß ich schon ohne Wasser. Wieviel Wasser braucht eine Taube am Tag? Was essen Tauben? Ich räumte die Barrikade ab und öffnete die Tür mit eiskalter Caritas. Keine Taube. Stille. Ich kann es nicht fassen. Sie hat freiwillig aufgegeben. Dafür bin ich ihr dankbar, dafür liebe ich sie. Wenn sie jetzt zurückkäme, heute, morgen, übermorgen – vielleicht würde noch alles wieder gut. Irgend etwas macht mich jedoch lauernd. Ich traue dem Frieden nicht.

Und da sehe ich schon einen grauen Federzipfel in der offenen Schreibtischlade. Sie ist da hineingekrochen und hat sich verklemmt. Mein Herz sagt deutlich: »Liegenlassen!« Laß sie da drinnen. Sie kann sich nicht bewegen. Geh jemanden holen, der dir beisteht. Es ist die Zweisamkeit, die tödlich ist. Drei Personen sind schon eine kleine Demokratie, da läßt es sich scherzen und argumentieren. Das Telefon! Der Paß! Ich nehme den Paß aus dem Schreibtisch, ich schleppe das Telefon in die Küche, und der Freiheitszuwachs wirkt. Der Kreislauf läuft wieder flotter. Ich kann sie doch nicht einfach da eingequetscht liegenlassen. Reiß dich zusammen. Rette sie, und anschließend sprichst du ein ernstes Wort mit ihr. Ich nähere mich der Schreibtischlade und sehe, daß sie sich bewegt. Vorsichtig, auf die zutreffendsten Vorwürfe gefaßt, greife ich in die Lade, und wieder – mit beiden Händen – angle ich sie aus der Klemme, ohne daß sie sich noch mehr verklemmt. Sie beißt mir sofort in die Finger, wütend und wild, und zappelnd steigt sie auf wie eine Fontäne und fällt am anderen Ende des Zimmers zu Boden. Vor Haß und Verachtung spuckend kreiselt und rudert sie dort gegen mich. Sie erfängt sich, steht kerzengerade auf beiden Beinen und stiert mich an, mit blutunterlaufenen Augen, bereit, auf mich loszugehen. Sie tut es auch. Ich schlage zurück. Im Zimmer wirbeln die Federn herum und gleiten langsam zu Boden. Ich schreie: »Sollten wir nicht doch miteinander reden.« Sie: »Ach was« und schlägt mir mit ihrem rechten Flügel voll aufs Auge. Ich bekam sie kurz zu fassen und schleuderte sie wie gehabt in Richtung Fenster, entwische und mache die Barrikade wieder dicht.

Ich muß mich sofort waschen. Schnaps. Nur Rum da. Das geht nicht. Ich habe keine Kraft mehr für die Brause und kann nur mehr die Hände unter fließendes Wasser hängen und dabei in den Spiegel schauen. Das soll ich sein? Ich kann ohne Schnaps nicht weinen. Vielleicht hat sie sich etwas gebrochen? Wie schient man einen gebrochenen Taubenflügel? Gipsen? – ich muß lachen. Ich bring sie um! Aber wie? Von drinnen kein Laut mehr. Sie spricht nicht mehr mit mir. Wahrscheinlich denkt sie sich irgend etwas aus. Wie bringt man Tauben um? Ich habe gesehen, wie Hühner geschlachtet werden: Den Körper zwischen den Knien, den Kopf hochziehen, damit der Hals lang wird, und dann schneiden. Das kann ich nicht. Ich habe gesehen, wie kopflose Hühner in der Waschküche bis an die Deckenbalken geflattert sind. Es muß aber sein. Es gibt keine andere Lösung. Es gibt Menschen, fällt mir ein, die essen Tauben. Eine Taube im Rohr wäre besser als ein Dachschaden.

Ich versuche, meine Gedanken zu sammeln. Ich versuche, etwas zu denken. Da vorne, in meinem Zimmer, hinter der von mir verschlossenen Türe sitzt wahrscheinlich eine Taube. Daß da wahrscheinlich eine Taube sitzt, wo sie nicht hingehört, nämlich in eine Wohnung, meine, ist weniger grotesk als die Tatsache, daß ich mich vor ihr fürchte, mehr noch, daß ich vor Scham versinken möchte, daß ich diese vertrackte Situation selbst heraufbeschworen, ja, man kann sagen, mühsam herbeigeführt habe. Durchatmend sitze ich in der Küche und weiß: Es ist so weit.

Niemand, und zwar zu Recht, wird mir glauben, daß es sich hier um einen Zufall handelt. Im Gegenteil.

Warum muß es eine Taube sein? Ein Vogel, zu groß, um klein zu sein, zu klein, um groß zu sein. Ein Vogel, der nicht singen kann. Ein Vogel, ohne sichtbares Nest und ohne sichtbaren Nachwuchs.

Tauben symbolisieren allerhand: den Frieden mit dem Ölzeug, die unbefleckte Empfängnis, in der bildenden Kunst sehr oft die Liebe, zerquetscht, auf den Straßen plattgewalzt, den Charakter des motorisierten Verkehrs.

Ich habe Tauben gesehen, wo sie hingehören, und fand sie als Felsbewohner ebenso abstoßend wie in Wien. Dieselbe Mini-Adler-Attitüde, dieselbe Winkelschlüpferei, dasselbe lauernde Auftauchen aus den ausgewaschenen Löchern im Gestein, dasselbe rattenartige Verschwinden in eben denselben. Je länger ich versuchte, mir die Tauben vor Augen zu halten, desto deutlicher wurde mir, wie diese Forschung für mich ausgehen würde.

Langsam, so fand ich, war es Zeit, etwas zu unternehmen. Ich brach die mich zuerst beruhigende und dann doch kränkende Vertiefung in die Taubensymbolik ab, entschlossen, mich der selbstherbeigeführten Taube zu entledigen. Jedoch der ersehnte Mut stellte sich nicht ein.

Den Kopf in beide Hände gestützt, versuchte ich, mir selbst meine Fähigkeiten aufzuzählen – also was habe ich gelernt? – nach einer kurzen Pause kommt die kopfschüttelnde Antwort – nichts. Wenn dein Charakter die Gestalt eines – was? – hat, schaut jedes Problem wie eine Taube aus. So geht's nicht. Oder doch? Wenn mein Charakter die Gestalt einer körnerstreuenden älteren Dame hätte – ginge es mir darum, daß mir aus der Hand gefressen wird. Das gibt Sinn. Wenn mein Charakter die Gestalt einer Sintflut hätte, könnte mir eine Taube mein Ende ankündigen. Wenn mein Charakter die Gestalt einer himmlischen Jungfrau hätte, könnte die Taube mich unbefleckt empfänglich machen. Ich faßte zusammen: Sie könnte mir aus der Hand fressen, mein Ende bedeuten und mich schwängern. Letztlich doch wieder ohne jedes Konzept öffnete ich gut gelaunt und zu allem bereit die Tür, – ich war sprachlos.

Sie hatte das Zimmer aufgeräumt und saß, eine Rose im Schnabel, am offenen Fenster. Sie strahlte. Zur Begrüßung breitete sie beide Schwingen weit aus. Beschämt lächelte ich aus dem Gefängnis meiner ängstlichen Kleingläubigkeit heraus. Und ging auf sie zu. »Ist die Rose für mich?« Sie nickte. Ich nahm ihr die Rose ab und machte aus Ratlosigkeit mehrere Knickse vor ihr. »Danke«, hauchte ich. »Sind wir wieder gut?« Sie nickte abermals. Ich atmete tief durch. In meinem Innersten sagte eine Stimme: »Ich will nicht mit einer Taube leben.« Ich rollte meine Bauchmuskeln, so gut ich konnte, vor diese Stimme, so daß man sie nicht hören können sollte. Die Taube hatte sie aber gehört. Obwohl sie offensichtlich traurig wurde, hüpfte sie scheinheiter auf meine Schulter, scheinheilig neigte ich meine Wange zur Seite. Ich versenkte meine Nasenflügel in der Rose, sog ihren Geruch an und fixierte den Boden, und dann versuchte ich noch einmal, die Taube anzuschauen. Sie war sehr gewachsen, hatte Brillen. Wir blickten einander an – vielleicht könnte man sagen – wie Bild und Spiegelbild, und ich spürte, wie ein heftiges Zittern mich durchrann.

Über einander

Dorothea Zeemann
Eine Frau verweigert sich
Marlen Haushofer

Heute ist vieles anders als gestern, und es stellt sich die Frage, wie man an Verstorbenen die Erkenntnisse einer überlebenden Zeitgenossin ausprobiert oder anwendet. Immerhin: Ich bin 1909 geboren, lebe immer noch und habe ein Leben lang schlecht und recht geschrieben im Gefühl, es nicht zu können und nicht zu sollen. So sah ich denn seinerzeit, in den 50er Jahren, neidig und befremdet auf das literarische Getriebe im Café Raimund, auf den Kreis der Generationsgenossen. Ich las Sartre und Camus, hatte Gelegenheit, Adorno im Konzept zu lesen und die aktuellen Ausländer im Kreise Doderers kurz zu sehen. Marlen Haushofer wurde von mir als provinziell und hausbacken abgelehnt. Vor allem: als eskapistisch! Denn so war das damals – ich schrieb am ›Rapportbuch‹, über den Einbruch der Nazis in die Psychiatrie, und suchte überall nach der Auseinandersetzung mit Faschismus und Recession. Was Rühm, Achleitner und ihre Freunde damals betrieben, verstand ich nicht ganz, aber, daß es wichtig war, begriff ich sofort. Das waren zugeschliffene Herausforderungen einer totalen Abkehr: Man schreibe, fühle, spreche nicht in der gewohnten Art und Moral, als wäre nichts geschehen! So las ich damals jede gekonnte und beherrschte Prosa mit der Reaktion, das alles eh schon zu wissen. Aber es reizte mich, mir die Kälte zu verdeutlichen, die aus der Normalität der Frauenschicksale strömte, die Marlen Haushofer beschrieb.

Die Protagonistinnen – um sie nicht Heldinnen zu nennen –, um die es geht in Marlen Haushofers Romanen, halten sich raus, sie ziehen sich zurück: aus der Ehe in ›Eine Handvoll Leben‹, selbst aus dem Verhältnis, sie mögen nicht einmal den Liebhaber, dem sie verfallen sind. In der Novelle ›Wir töten Stella‹ vermeidet die Hausfrau und Pflegemutter die Verantwortung und hält sich heraus aus dem Verhältnis ihres Ehemannes mit dem jungen Mädchen. In ›Eine Handvoll Leben‹ schreckt die junge Klosterschülerin vor ihrem Gefühl für die Lehrerin zurück und liebt das Skelett eines Märtyrers in der Kirche:

Während des Segens pflegte sie neben ihm zu knien. Er erweckte in ihr trockene und kühle ehrliche Gedanken und erinnerte sie an die weißen Schneckenhäuser, mit denen sie immer gerne gespielt hatte.

Nun war der Märtyrer sehr verstaubt und grau, und Elisabeth hätte ihn gerne aus seinem Sarggehäuse genommen, ihn säuberlich, Bein für Bein, gewaschen und abgetrocknet und vorsichtig zurückgebettet.

Die Klosterschülerin ließ die anderen kleinen Mädchen nie ganz an sich herankommen, ihre Liebe gehörte den Dingen und den Pflanzen – so wollte sie die Herzen der Pfingstrosen zerbeißen, die Schwertlilien zerdrücken, ließ sich dazu hinreißen, eine weiße Blüte auf das rotgefiederte Herz zu küssen. Haß kam in ihr auf gegen die Freundin, die sie in ihrer Verzückung störte.

Der Gedanke an die Verwesung und den abscheulichen Geruch, der auch Gott den Schöpfer stören müßte, beschäftigt Marlen Haushofers Hausfrauen; die Idyllen von Ordnung und Frieden in Haus und Garten sind nur der Kontrapunkt. Faszinierend sind Mord und Tod aller Art. Der Liebhaber in ›Eine Handvoll Leben‹ erscheint wie ein großes trauriges Tier, das von den Frauen erlöst werden sollte, sie aber zu fressen droht. Was im Bett vorgeht, ist nicht Liebe, sondern eine Verfallenheit, die offenbar von keinem der Partner bejaht wird. Eine Art Hygiene, die angeblich männlich sein soll.

Es ist wahrscheinlich ein Irrtum zu glauben, Marlen Haushofer wäre, ihrer perfekten Schreibkunst gewiß, um den Brei, die Probleme der 50er und 60er Jahre, herumgegangen, hätte sie nicht für wichtig genug gehalten, aber es deutet auch nichts auf verhaltenes Wissen »ewiger Werte« hin. Nichts pro oder contra Sartre oder Brecht, oder auch Jaspers, oder auch Kafka: Eigenständigkeit oder Unberührbarkeit? Darüberstehen über Ideologie und Politik?

Religiös sind die Texte nicht. Man sollte sie aber auch nicht hausbacken nennen, wie es geschah, oder eskapistisch, denn es muß Vorgänge in ihrem Inneren gegeben haben, »Verdrängung« oder »Programmierung«, die sie von der Regung der Liebe, die sie selbst für »vernünftig« hält, distanzierten:

Sie macht dem Liebenden und Geliebten das Leben erträglicher. Nur, wir hätten rechtzeitig erkennen sollen, daß dies unsere einzige Möglichkeit war, unsere einzige Hoffnung auf ein besseres Leben. Für ein unendliches Heer von Toten ist die einzige Möglichkeit des Menschen für immer vertan. Ich kann nicht verstehen, warum wir den falschen Weg einschlagen mußten. Ich weiß nur, daß es zu spät ist.

Mit diesen Sätzen kann man versuchen, Marlen Haushofers Prosa historisch einzuordnen. Vielleicht als die Gedanken einer Frau, die 1939 als junges Mädchen in Ostpreußen für Hitler Arbeitsdienst leisten mußte? Oder steckt in ihrem Buch ein deutscher Existentialismus der Nachkriegszeit (Heidegger), oder eher der strikte Verzicht auf jede intellektuelle Deutung, auf jede, sprich männliche Spekulation? Auf keinen Fall weist die Art der Naturschilderung auf die Neutronenbombe hin, welche Menschen tötet und Häuser schont. Es sind Alibisätze für das Bedürfnis nach dieser Wand, nach dieser Abtrennung, die von der Autorin außer sich gesetzt werden. Dieses Glas ist eine Emanation ihrer selbst. Als ›Die Wand‹ geschrieben wurde, war von der Neutronenbombe noch nicht die Rede. Wenn man ungefähr in derselben Zeit jung war wie die Autorin, spürt man ihre Beeinträchtigung durch den Alptraum der Hitlerzeit.

Katholische Kindheit und »Hitlerjugend« waren die frühen Tapeten zu Marlen Haushofers Seelenleben – da liegen Wurzeln ihrer Grausamkeit. Ihre Hausfraulichkeit, Pflichterfüllung und Naturliebe waren wütend und diese Wut lebte sie in ihrem besten Buch ›Die Wand‹ aus. Sie ging so weit, alle Mitmenschen sterben zu lassen, die gläserne Wand zwischen den anderen, den Toten, und sich selbst aufzustellen und auf die im Rigor Erstarrten, gruselnd und genüßlich hinüberzuschielen.

Ihre minutiöse und stimmungsreiche, gefühlige Naturschilderung läßt sie unter die »subtilen Jäger« (Jünger) reihen, die schwirrenden Insektenheere und Stahlgewitter gleicherweise verinnerlichen. Oder man denkt widerwillig an die Hausgärtchenbesitzer mit ihren »Leichen im Keller« oder auch an die Ästhetik eines Himmler oder Höss, die Naturliebe mit perverser Grausamkeit verbanden. Darüber gibt es ja Bücher. Die Enttäuschung am Menschen schafft Liebe zu Blumen und aus Herzlosigkeit Herz.

Große hintergründige Epik? Dazu ist sich die Autorin ihrer Mängel zu wenig bewußt. Die schlichte Schilderung von Schönheit der Natur wirkt bei ihr wie ein Alibi, so wie ihre Worte über leider unterlassene Liebe. Sie ging nicht so weit wie der bewußte Utopist Adalbert Stifter, der hinter seiner Rechtschaffenheit den Dämon lauern ließ – beide aber sind tief und böse in ihrer so deutschen Bescheidenheit, die keine ist. Beide sind hochmütig und begrenzt.

In Stifters Roman bevölkern viele Menschen die gute Natur und sind ebenfalls gut und auf Bildung aus. Diese Chance läßt Haushofer nicht zu. Kein mönchischer Eremit hat je ein so gottloses Buch geschrieben wie diese Frau. Frauenliteratur? Das Buch einer Frau, weil sie im vertraulich schwesterlichen Verhältnis Katze und Kuh mehr Realitätssinn und Verstand zutraut als den männlichen Tieren, oder weil sie die Prägung zu mütterlicher Verantwortung für die lebendige Umwelt fühlt? In einer Art verbissener Selbstverleugnung berichtet Haushofer die mörderischen Abläufe von Geburt, Wachstum und

Ende, die Stifter in Bildern verklärt. Stifters perfide Idylle ist ein Kunstgriff. Marlen Haushofers Verzicht ist die totale Verweigerung – ihre Sanftmut ist rasend – und hat auch den Selbstmord zum Ziel.

Alle, denen zuliebe ich ein Leben lang gelogen habe, sind tot, schrieb sie nieder und schaut durch das Glas der Wand auf die Leichen. Das macht es trivial, das vereinfacht viele Prozesse, das ist tabula rasa. Engagement war in den 50er, den 60er Jahren die vieldiskutierte Frage unter den Literaten, daneben gab es die Straußenvögel, die sich über das Jahrhundert hinwegschwingen wollten – von Klassik zu Klassik. Wie, wenn man der Überlegung nachgeht, daß Klassik für Ordnung gilt und Protest für die Moderne und beides sich zu allen Zeiten gegenübersteht mit jeweils verlagertem Akzent der Aktualität? Heute steht »die Weiblichkeit« für die Moderne. Konnte Haushofer von dieser augenblicklichen Brisanz bereits ahnen? Doch ihre Aufschreie ersticken in der Bravheit, im tückischen Frieden der Landschaft.

Banal immer wieder die Anfechtungen durch das Grauen: eine Kuh wird geschlachtet und *süßlicher Geruch legte sich betäubend auf ihr Hirn. Sie wollte fliehen, aber das Verlangen, den großen Schlächter zu sehen, war stärker. Sie wollte seine blutige Schürze berühren, ihn riechen und die Wärme spüren, die von ihm ausströmte. – ... das blauschimmernde Messer in seiner Hand, von dem das dunkle Blut tropfte* usw. Immer wieder diese Motive einer naiven Schreiberin, die keine intellektuellen Positionen zu kennen schien, als Stimmungsbilder einbaute, was längst analysiert und überinterpretiert einer anderen literarischen Vermittlung bedürfte. Sie schilderte Mann, Kind, Kloster, Garten, Haus und Landschaft und ließ Geschichte und Bedrohung draußen.

Katholischer Fatalismus und das ohne Erlösung! Er bleibt häßlich leidend am Kreuz hängen, während die Weißgekleideten Hosianna singen und die bösen Frauen mächtig sind: *Gegen die Gewalt der Frauen kam man nicht auf, sie köpften Hühner und Enten, erschlugen die weißen Kaninchen und sotten hilflose Krebse.* Aber ... *keinesfalls wünschte sie in einer Welt der Nützlichkeit und Vernunft zu leben, in der es zwar keine gigantischen Kriege, keinen Hunger, aber auch nichts mehr zu lachen gäbe.*

Marlen Haushofer steigerte sich nicht zur Kassandra und erlebte auch das Hexenalter nicht. Sie entzog sich allem und starb mit Fünfzig.

Trotzdem würde sie in eine Walhalla der Walküren passen. In jedem Buch litt sie einen Heldentod, sie lebte gefährlich. Erleichterungen konnte sie sich nie lange hingeben. Sie schien den Mann verächtlich zu finden – er hat die Menschheit eben so wenig erreicht wie die Frau sie erreicht hat.

Es siegt die Natur – weder als Freund noch als Feind: als die Fata Morgana eines Vorgangs.

Man kann es auch so sehen: Marlen Haushofer hat im Kleinkram, den ihr eine bürgerliche Erziehung und öffentliche Meinung als Aufgabe suggerierte, in den sie vielleicht auch floh – ihre »Zwillingsschwester« schilderte sie als faul –, die beste Kraft in »schrecklicher Treue« (auch ein Titel von ihr) verloren, und damit den Abstand, der nötig ist, um ein Talent ganz auszuschöpfen. Sie wich immer wieder vor sich selbst zurück.

Elfriede Gerstl

Hertha Kräftner, ein Beispiel weiblicher Selbstaufgabe

Drei Aspekte haben sich während meiner neuerlichen Beschäftigung mit Hertha Kräftner für mich ergeben.

Erstens: Zunächst habe ich Hertha Kräftner, deren Gedichte mir schon in den 50ern als ungewöhnlich aufgefallen sind, als Opfer einer Idee von Liebe gesehen, die (von der geliebten Person) emotionale, intellektuelle und sexuelle Übereinstimmung fordert und scheitern muß, weil sie in der Welt der Beziehungsmuster äußerst selten vorkommt.

Später drängte sich mir ein zweiter Aspekt auf: nämlich, daß die lebenslustige – und wie es damals noch »normal« war – zu den Männern aufschauende Hertha Kräftner nicht die Nehmende, sondern die Gebende war, ohne dessen gewahr zu werden; daß sie origineller, produktiver und kompromißloser war als ihre karriereorientierten Liebhaber.

Und drittens erinnere ich mich unabweislich, während ich über die Kräftner nachdenke, an meine eigene, ebenfalls in den 40ern und 50ern ganz anders verbrachte Jugend am Rande dieser beiden Gruppen, der Psychologen- und der Literatenszene, in deren Zentren als interessante schillernde Person und begehrte Frau die Kräftner ihre ersten Erfolge hatte.

Hertha Kräftner wurde 1928 in Wien geboren, der Vater Viktor, ein gebürtiger Mattersburger, war Kaufmann und gehörte der politischen Linken an, in der er sich in der Zwischenkriegszeit engagierte. Anfang 1937 übersiedelte die Familie von Wien nach Mattersburg, wo Hertha Kräftner die restliche Volksschule absolvierte und die Mittelschule besuchte.

»Im April 1945 ereignete sich in der Mattersburger

Wohnung der Kräftners ein Vorfall, der für die Familie tragische Folgen haben sollte. Ein Offizier der Roten Armee, auf Quartiersuche, drang in das Haus Franz-Liszt-Gasse 24, in dem sich neben den Kräftnern noch weitere zehn Personen befanden, ein und bedrängte die anwesenden Frauen, darunter auch die 17jährige Hertha Kräftner. Aus der Pistole des Russen löste sich plötzlich ein Schuß und verletzte die Hebamme Emilie Adam tödlich. Bei einem darauffolgenden Handgemenge bekam Viktor Kräftner (nach Angaben seiner Gattin: durch einen Säbelhieb) eine Gesichts- und Halsverletzung ab, an deren Folgen er im September 1945 starb.« (Zitiert nach Günter Unger)

Dieses schwerwiegende Trauma, das von anderen Biographen verschwiegen oder umschrieben wird, mag für psychoanalytisch Orientierte *allein* schon einen wichtigen Interpretationsansatz für spätere Inzest- und Bestrafungswünsche abgeben, auf die ich aber nicht ausführlicher eingehen werde.

Nachdem sie zwei Klassen übersprungen hatte, legte Hertha Kräftner, die auch später schnell und mühelos studierte, 1946 in Mattersburg die Reifeprüfung mit Auszeichnung ab. Mit 18 schreibt sie ihre ersten Gedichte und Prosatexte, in denen sie sich noch an Rilke und Hofmannsthal, später auch an Kafka orientiert. Nach der Matura übersiedelt sie nach Wien und studiert Germanistik, Anglistik und Psychologie. Ende 1949 beginnt sie eine Arbeit über ›Die Stilprinzipien des Surrealismus, nachgewiesen an Franz Kafka‹. Mit 19 lernt sie einen jungen Bibliothekar kennen, den sie im Tagebuch »Anatol« nennt. Sie schildert ihn als ihren einzigen verläßlichen Gefährten, schreibt von ihrer Angst, ihm weh zu tun, ihren Schuldgefühlen, ihren Kopfschmerzen und Depressionen. Mit zwanzig werden ihre ersten Gedichte in ›Neue Wege‹ abgedruckt. Erste Lesungen und erste Erfolge. Viele Hinweise im Tagebuch auf Todes- und Selbstmordwünsche. Mit 23 nimmt sie sich mit einer

Überdosis Veronal das Leben. Posthum erscheinen Gedichte in Anthologien und im von Otto Breicha und Andreas Okopenko sehr sorgfältig und liebevoll edierten Sammelband ›Das Werk‹, Burgenländische Bibliothek, Edition Rötzer, Eisenstadt 1977. Ich werde nun keine monokausale Erklärung für ihren Selbstmord anbieten. Die Depression, an der sie litt, ist nur ein Wort für eine ungeklärte Disposition, die durch die Lebensumstände ständig Nahrung erhält. Es wäre eine kaum noch äußerbare feministische Binsenweisheit, zu sagen, daß sie das Opfer ihrer Männer war. Eine noch immer zutreffende Einsicht ist, daß sie – jenseits ihrer depressiven Verarbeitung – vom frauenverachtenden Klima der Zeit geprägt war, an dessen Einschnürungen sie gelitten hat und dessen Vorwürfe sie als selbstzerstörerische Waffen gegen sich gerichtet hat. Da waren einmal ihre Förderer und Entdecker, denen sie – wie ich meine – an Begabung haushoch überlegen war. Männliche Besserkönner und -wisser haben weibliche Kreativität und Produktivität ja schon so lange definiert und kontrolliert, es ist ein Gewohnheits-Unrecht – und wenn sie in ihren lichten Momenten von Einsicht oder den dunklen von Depression einmal Zweifel an ihrer Großartigkeit haben, ändert sich nichts. Schuld hat in jedem Fall die Frau und muß bestraft werden, und eine junge, so offensichtlich begabte und attraktive Frau wie die Kräftner aktualisiert die Palette der Strafen und Sadismen. Für diesen kleinen Aufsatz nehme ich den Herren, die sie kannten und die ja noch fast alle sehr wichtig herumstolzieren, ihre Namen (die sie sonst haben), weniger um sie vor vielleicht immer noch peinlichen Enthüllungen zu bewahren, sondern weil es nicht darauf ankommt, weil sie im Fall Kräftner Chargen spielten: der von ihrer Begabung irritierte neidische Kollege, der sie gewiß zu lieben glaubte; der hilflose, durch Kälte strafende Therapeut; die zwei eifersüchtigen Entdecker und Dichtermacher jener Jahre, von denen sie jeder zuerst entdeckt haben wollte, und andere.

Mit der Aufgeklärtheit eines weiblichen Bewußtseins der 90er, das durch das Wirken von zwanzig Jahren Frauenbewegung gestärkt ist, mag sich eine junge Frau heute wundern, daß eine so intelligente und begabte Frau wie die Kräftner in ihrer aufblickenden Fixierung auf männliche Autorität den Sadismus einiger Zeitgenossen bedient hat; wer aber wie ich die 40er und 50er kennengelernt hat, weiß, daß eine Frau sich nur um den Preis der Verweigerung und Isolation vor den Wirkungen dieses selbstverständlichen Machtzusammenhanges schützen konnte. Ich hatte das Unglück, meine Jugend im miefigen, borniert bösen Wien der fünfziger Jahre zu verleben. Bevor ich jemanden kannte, mit dem ich über meine Einsamkeit, Eingezwängtheit und Perspektivelosigkeit reden konnte, habe ich über Einsamkeit, Eingezwängtheit und Perspektivelosigkeit gelesen – sowohl die depressiven Texte konnten mich trösten, wie auch die, die eine Utopie zuließen –, ehe ich selbst Gedichte schrieb, begleiteten mich Gedichte als einzig verläßliche Gefährten. ›Der Knabe‹ von Hertha Kräftner hieß eines:

Der Knabe

An einer trockenen Bananenschale
hing noch ein Stück verdorrte Frucht
und der Geruch von einer fernen, warmen Bucht.

Er roch daran zum ersten Male
und wurde gleich der Diener einer Sucht
und schnitt aus Schulpapier ein Schiff zu seiner
Flucht.

Es muß für junge Frauen von heute schwer nachfühlbar sein und wie die Botschaft aus einer längst vergangenen Zeit anmuten, daß eine Autorin sich eher in die ahnungsvolle, aber gleichwohl gefesselte Erotik eines Knaben, in sein Fernweh und seine Fluchtträume einfühlen mochte, anstatt spezifisch weibliche Sehnsüchte darzustellen. Ich hingegen konnte die 1928 geborene Autorin, die sich mit 23 Jahren das Leben nahm, noch gut genug verstehen. Die Unfähigkeit und Verpöntheit, eigene Gefühle und Wünsche auch nur der einzigen Freundin anzuvertrauen, ist mir noch deutlich in Erinnerung. Auch einige Gedichte von Andreas Okopenko, die ich in diesen trostlosen Jahren kennenlernte, verstanden mich besser als viele Gesprächspartner. Den beschämenden Umständen etwa, denen ein junges Paar damals ausgesetzt war, das miteinander ungestört reden oder sich gar lieben wollte und dabei auf Hausflure und Treppenabsätze angewiesen war, auf Parkbänke und Hausruinen (immer in Sorge, von wachsamen Hausmeistern vertrieben zu werden), ist in der Erzählung ›Das Liebespaar‹ ein Denkmal gesetzt. Denn tatsächlich wohnten zum Beispiel Studenten in den Fünfzigern oft bis zu ihrem Studienende bei den Eltern, manche hatten kein eigenes Zimmer, durften keine Besuche empfangen, waren finanziell abhängig und hatten diese Abhängigkeit mit Wohlverhalten zu bezahlen. Indem die Kräftner anscheinend nur über sich schreibt, hat sie, meine ich, ein wichtiges Zeitdokument hinterlassen, Pflichtlektüre für junge Frauen heute, die sich vom Panorama weiblicher Zurichtung, (Fremd-)Zuschreibung und schließlicher Akzeptanz – wie sie in den Vierzigern und Fünfzigern noch unreflektiert »normal« war – ein Bild machen wollen.

Elfriede Jelinek
Der Krieg mit anderen Mitteln
Über Ingeborg Bachmann

In diesen Zeiten der Wenden und Aufschwünge, da man sich endlich in einer »(wieder) einleuchtenden Welt« (Peter Hamm in einer Rezension von Peter Handkes ›Der Chinese des Schmerzes‹. In: ›Die Zeit‹) einrichten kann und Wörter wie Glück, warme Schönheit, Frieden, Erfüllung ohne Anführungszeichen schreibt, da man grau Gewordenes ohne jedes Spezialwaschmittel wieder als »Farbe, als Glanz, als Partikel der Ewigkeit« erfahren darf, sollte man beginnen, vom Kampf zu reden. Vor den flimmernden Tabernakeln der österreichischen »TV-Papststudios«, aus denen die Furien der Brüderlichkeit und die Dämonen der Nächstenliebe hervorquellen und alle Anderssinnigen mit ihren Panzern überrollen, sollte man beginnen, wieder vom Krieg zu sprechen. »Es gibt nicht Krieg und Frieden, es gibt nur den Krieg«, sagte die Bachmann kurz vor ihrem Tod. Ich halte also den ewigen wie den neuen Harmonisierungsautoren und Beschwichtigungsvorturnern die Rißautorin Ingeborg Bachmann entgegen, aber keineswegs wie eine heilige Monstranz. Ihre vollendeten Gedichte fanden schon früh den Beifall der Kritiker, die sich wohlig gruselnd einrichteten in den Schreien der Dichterin (»Mein Teil, es soll verloren gehen«, »und ich verzweifle noch vor Verzweiflung«, »Frühling wird nicht mehr werden«, »Ich will nichts mehr für mich. Ich will zugrunde gehn«). Denn die Schreie der Lyrik klingen gut nach einem gepflegten Essen. Außerdem kann man den Ton ja leiser drehen. Doch die große Prosa der Bachmann, ›Todesarten‹, unvollendet geblieben, entfachte eine feuilletonistische Hetzjagd, auf der die »Macher« (ein Wort aus der universaldeutschen Sprache, das die Bachmann hätte zusammenzucken lassen) des deutschen Kulturbetriebs einander schon vom Start weg rempelten und boxten, um nur ja als erste ins Ziel zu kommen.

Inzwischen hat man sich in den Biographien der Dichter gemütlich niedergelassen, Eintritt frei, um sich nicht in ihren Werken niederlassen zu müssen, die ein härteres Lager sind. Die eine verbrennende Frau im Synthetiknachthemd (dieser schreckliche Tod der Bachmann), in sicherem Abstand vom warmen Ofen konsumierbar, ist – leider für allzu viele Feministinnen – gleich allen Frauen. Denn das Leid dieser einen Frau ist das Leid aller Frauen. Ist doch auch Die Frau gleich allen anderen Frauen. Der allen Frauen gemeinsame spezielle Unterleib macht aus allen Frauen eben die eine allen anderen gleiche Frau; das gibt Frieden und wärmende Gemeinsamkeit. Die in ihrem Bett brennende Dichterin (und mit ihr all die brennenden Frauen mittelalterlicher Städte, die ihrer weiblichen Bevölkerung mittels Feuers ledig geworden) ist alle Frauen und gleichzeitig keine Frau, weil die Frau nichts ist. Aber nicht jede Frau ist eine Dichterin, und vor weiblicher Einheitsseligkeit ist zu warnen. Hier wird kaum von einer Biographie die Rede sein, eine Biographie ist ein zu weiches Bett für die Werke der Bachmann, und ein solches Bett steht uns nicht zu.

Ingeborg Bachmann ist die erste Frau der Nachkriegsliteratur des deutschsprachigen Raumes, die mit radikal poetischen Mitteln das Weiterwirken des Krieges, der Folter, der Vernichtung in der Gesellschaft, in den Beziehungen zwischen Männern und Frauen beschrieben hat. Die Rolle der Frau als biologisch minderwertiges Sein (und nichts sonst), als »Paria« (Elisabeth Lenk), ist, in ihrer ewigen Unterwerfung, genau die richtige Mischung für die faschistische Ideologie. Die Frau ist reine Natur, dem Blut und dem Boden verwandt, Ruheort für den Mann, der zu den Haltegriffen seiner ewigen Waffen eilt. Die Frau ist der Humus für die Mythenbildung. Sie wird aus der Sphäre der gesellschaftlichen Produktion verdrängt und damit aus der Geschichte, auf »Zeitlosigkeit« (Gerburg Treusch-Dieter) festgelegt, der Welt von Tier und Pflanze zugesellt, verewigt, reines Bild. »Der Faschismus ist das erste in der Beziehung zwischen einem Mann und einer Frau ...« (I. Bachmann). Im Faschismus ist die Frau, wagt sie es, über ihre Rolle als Gebärerin und Pflegerin hinauszutreten, Seuche, Feind im Inneren, »Fäulnis auf Raten« (Céline). Sie wird zur allgemeinen Verderberin, zum Feind von außen. Wie die Juden.

Im Entwurf zur Vorrede für den (unvollendeten) zweiten Teil des Romanzyklus ›Todesarten‹, in ›Der Fall Franza‹ schreibt die Bachmann: »Todesarten, unter die fallen auch die Verbrechen. Das ist ein Buch über ein Verbrechen. Es ist mir ... oft durch den Kopf gegangen, wohin das Virus Verbrechen gegangen ist – es kann doch nicht vor zwanzig Jahren plötzlich aus unserer Welt verschwunden sein, bloß weil hier Mord nicht mehr ausgezeichnet, verlangt, mit Orden bedacht und unterstützt wird. Die Massaker sind zwar vorbei, die Mörder noch unter uns, oft beschworen und manchmal festgestellt ... Ja, ich behaupte und werde nur versuchen, einen ersten Beweis zu erbringen, daß noch heute sehr viele Menschen nicht sterben, sondern ermordet werden ... Das Gemetzel findet innerhalb des Erlaubten und der Sitten statt, innerhalb einer Gesellschaft, deren schwache Nerven vor den Bestialitäten erzittern.«

Gegen die resoluten Ärmelaufkrempler des neuen Positiven ist eine solche Literatur geschrieben. Ihre Vernichteten sind immer Frauen. Diese »Todesarten« werden von Frauen erlitten, Unpersonen, die keine Stimme haben, denen der Faschismus, konsequent, sogar ihre staatsbürgerlichen Rechte absprach, waren sie nicht verheiratet. (Bachmann: »Die Ehe ist eine unmögliche Institution. Sie ist unmöglich für eine Frau, die arbeitet und die denkt und selber etwas will.«) Der Selbsthaß, die Selbstverachtung, die daraus resultieren, hat die Bachmann beschrieben. Denn die Liebe ist die Fortführung des Krieges mit anderen Mitteln. Auf diesem Schlachtfeld erfolgt eine oft blutige, manchmal unblutige Vernichtung des Weiblichen, das nie Subjekt werden darf, immer Objekt bleiben muß, Gegenstand von gesellschaftlich nicht anerkannten Arbeitsverträgen, genannt Ehe. Franza Jordan, Frau eines Kriminellen mit Krawatte (kein Zuhälter! Vielmehr »ein großer Seelenhirte«, Psychiatrieprofessor in Wien), wird von diesem Ehemann wie ein Insekt lebendig auf eine Nadel gespießt und seziert. Ihr Körper, ihre Gefühle, ihre Arbeitskraft werden ihr in einem Akt der gleichsam ganzkörperlichen Lobotomie Zug um Zug entrissen, bis die leere Außenhaut übrigbleibt, sozusagen ein weiblicher Zombie, oder doch nicht einmal ein weiblicher, ein entgeschlechtlichter, unblutig der gesellschaftlichen Kadaververwertung zugeführt. Sein wird, durch diesen perfiden Ausschluß aus der Sphäre der ablaufenden gesellschaftlichen Prozesse, zu Nichtsein. Franza ist »von niedriger Rasse. Oder müßte es nicht Klasse heißen. Man kann nur die wirklich bestehlen, die magisch leben, und für mich hat alles Bedeutung.« Oder: »Wie konnte sie ihm bloß klarmachen, daß sie ausgemerzt werden wollte? Ja, ausgemerzt, das war es.« Oder: »Mein Körper ist ganz beleidigt, an jeder Stelle beleidigt.« Oder: »Ich bin eine Papua.«

In einem soeben erschienenen Fotoband ist das Bild der Bachmann ordentlich gereinigt worden. Kaum einmal ein Mann, keiner dieser »Ungeheuer mit Namen Hans! Mit diesem Namen, den ich nie vergessen kann« (›Undine geht‹) aus ihrem Leben taucht in diesem Buch auf. (Und Undine muß untertauchen!) Der Herausgeber nennt es – sicher mit den ehrenhaftesten Absichten – Diskretion, doch damit ist diese Frau, die ihr ganzes Werk darauf verwendet hat, das Absterben der weiblichen Identität in der Beziehung zum Mann akribisch zu notieren, posthum wieder zur Jungfrau gemacht worden, zum entsexualisierten, enterotisierten Sein. Die Traumwäscherei (»ohne sorge sei ohne sorge«) hat wieder einmal funktioniert, die Schleuder rotiert.

Der Faschismus muß die sexuelle Autonomie der Frau negieren, und dieses Ideal der entsinnlichten Frau bringt die Frau schließlich dazu, ihre Sexualität selbst zu verneinen. Da es die Frau als Subjekt auch in der Liebe nicht geben darf, muß sie ihrer eigenen Auslöschung zustimmen, in einer Art Todestrieb, dessen wahre Auslöser die Bachmann immer benannt hat. Sie hat die Verursacher jener immerwährenden Versagungsakte beschrieben, durch die die Frau gezwungen wird, sich schließlich selbst zu verneinen. Die beiden Männer Ivan und Malina (im gleichnamigen Roman) brauchen einander (zwei Platzhirsche, jeder in seinem Revier) nicht einmal wahrzunehmen, während sie die Frau zwischen sich zerquetschen, und Malina tabuisiert die erotische Liebesbeziehung der Ich-Erzählerin mit Ivan, und in ähnlicher Weise tabuisiert nun auch der Herausgeber des Bandes ›Ingeborg Bachmann – Bilder aus ihrem Leben‹ genau jene unerschöpfliche Triebkraft zum Schreiben der Bachmann: das Wissen um die Unmöglichkeit der Liebe, sogar der glücklichen Sexualität zwischen Männern und Frauen. Männern ist auf diesen Fotos fast immer der Eintritt verboten worden (mit Ausnahme jener »Freunde und Kollegen«), und die Dichterin tickt allein im leeren Raum, eine Uhr, von der man nicht sehen darf, wer sie aufzieht.

Folgerichtig muß das Sein, das nichts ist, das nicht Ich sagen kann und darf, das zum Tode verurteilte weibliche Sein, diese »ewige Quelle von Unordnung« (Elisabeth Lenk) im Roman ›Malina‹, dem einzigen fertiggestellten Teil des Todesarten-Zyklus, in einem Riß in der Mauer verschwinden, sich auflösen. Das Nichts muß tatsächlich zu Nichts werden. Nichts zu Nichts wie Asche zu Asche. Malina (jeder würde das für einen Frauennamen halten, und genau das war die Absicht), der strenge Vater, das gesellschaftliche Über-Ich (und gleichzeitig die männliche Komponente der Ich-Erzählerin), besorgt die nahtlose Einpassung dieser Ich-Erzählerin in die männlich geprägte Ordnungswelt, indem er sie vollständig verdrängt und ihren Platz einnimmt. Malina bleibt in einer wohlgefügten, aufgeräumten Welt übrig, »er lebt, weil er die Beschäftigung mit dem Kriegswesen zu seinem Beruf gemacht hat« (Ria Endres).

Malina arbeitet im österreichischen Heeresmuseum, Staatsbeamter der (Güte-)Klasse A. Dieses gewaltsame Hineinpressen der Frau in die männlich-ordentliche Sozialisation wird von der Bachmann als Verbrechen dargestellt und als solches beim Namen genannt. Der letzte Satz in ›Malina‹ lautet – und kürzer kann man es nicht sagen – »Es war Mord.« Und in ›Der Fall Franza‹ heißt es (die weibliche Hauptfigur, Franza, fährt nach ihrer Ehekatastrophe mit dem Professor Jordan, dem »Fossil«, das die Auslöschung ihrer Person mit großem Fachwissen und gründlicher Methodik durchgeführt hat, zusammen mit ihrem Bruder, dem Geologen, nach Ägypten): »Ihr Denken riß ab, und dann schlug sie, schlug mit ganzer Kraft, ihren Kopf gegen die Wand in Wien und die Steinquader in Gizeh und sagte laut, und da war ihre andere Stimme: Nein. Nein.« Franza stirbt an einem Blutgerinnsel im Gehirn, doch da ist sie schon längst nicht mehr am Leben.

Diese entsetzlichen Trennungen. Die Männer können das, was sie nicht lieben können, nicht am Leben lassen, und das, was sie lieben, auch nur kurz. Ingeborg Bachmann weiß, daß Männer das, was sie Liebe nennen, bestenfalls als etwas von außen Kommendes, vielleicht sogar Angenehmes empfinden, möglicherweise als ihre Art Versöhnung mit der Welt, als kurzzeitig gelungene Normalisierung nach Zeiten von Vereinzelung, Vereinsamung, die der Mann als Mitglied der normenbildenden Kaste ertragen kann, die Frau aber nicht. In der Kunst ist die Liebe wenigstens mitteilbar. Aber zwischen Ich und dem Geliebten gibt es keine Kommunikation. Wo sie ist, kann er nie sein, und umgekehrt. »Für sie ist es etwas Ungeheures, wenn das Telephon läutet, für ihn ist das einfach ein Telephonanruf« (aus einem Interview). Und: »Wenn das Geständnis abgelegt war, war ich verurteilt zu lieben; wenn ich eines Tages freikam aus der Liebe, mußte ich zurück ins Wasser gehen, in dieses Element, in dem niemand sich ein Nest baut, sich ein Dach aufzieht über Balken, sich bedeckt mit einer Plane. Nirgendwo sein, nirgendwo bleiben« (aus: ›Undine geht‹). Die Frau liebt so außerordentlich, daß dieser Liebe nichts entsprechen kann. Was für den Mann Episode ist, ist für sie der »Transformator, der die Welt verändert, die Welt schön macht« (aus einem Interview).

Bei Kafka leiden die Männer vielleicht mehr als die Frauen oder haben weniger Widerstandskraft. Aber die Frauen leiden immer ohne Schuld, und zwar nicht so, daß sie etwa »nicht dafür können«, sondern im eigentlichsten Sinn, der allerdings wieder in das »nicht dafür können« mündet (aus: ›Briefe an Milena‹). Bei der Bachmann leiden die Männer manchmal, aber die Frauen können nicht anders als leiden. Nach diesen Trennungsvernichtungen gibt es keine jungen Männer mehr, die, begabt mit dem Einmaligkeitsblick des geübten Sensibilisten, Gesteinsformationen untersuchen und Leute, nach deren rascher, graziler, wie nebenbei erfolgender Ermordung (Loser, der Held in Peter Handkes neuem Text ›Der Chinese des Schmerzes‹), in felsige Abgründe schubsen könnten. Nach diesen Rissen, die sich in den Leben der Bachmannschen Frauen ausbreiten (jener »Riß im Zentrum« der Virginia Woolf), nachdem ihnen ihr Geschlecht »herausgerissen« wurde (›Der Fall Franza‹), nachdem man ihr Leben »ausgeschlachtet« hat (der Jungdichter Toni Marek in ›Requiem für Fanny Goldmann‹: »Er hatte sie ausgeweidet, hatte aus ihr Blutwurst und Braten und alles gemacht, er hatte sie geschlachtet, sie war geschlachtet auf 386 Seiten in einem Buch« ... Ähnliches soll auch der Person Ingeborg Bachmann schon passiert sein), gibt es nur mehr das Nichts, das Schwarze Loch.

Die Frau ist das Andere, der Mann ist die Norm. Er hat

seinen Standort, und er funktioniert, Ideologien produzierend. Die Frau hat keinen Ort. Mit dem Blick des sprachlosen Ausländers, des Bewohners eines fremden Planeten, des Kindes, das noch nicht eingegliedert (»ge-gliedert«) ist, blickt die Frau von außen in die Wirklichkeit hinein, zu der sie nicht gehört. Auf diese Weise ist sie aber dazu verurteilt, die Wahrheit zu sprechen und nicht den schönen Schein. »Die Wahrheit ist dem Menschen zumutbar«, sagt Ingeborg Bachmann. Der Ausgangsort der Dichterin ist Kärnten, jenes österreichische Bundesland, das wie ein Katapult auch schon andere Dichter und Denker von sich geschleudert hat. Es muß auch von Ortlosigkeit die Rede sein. Nicht von Heimatlosigkeit, denn das Wort Heimat ist schon besetzt, es wird am liebsten von jenen (wie auf einer riesigen Weinkost) genießerisch im Mund herumgewälzt, die – gewiß rein »daitsche« Kärntner – den alles Bestehende verewigenden unsichtbaren Gamsbarthut wie einen Heiligenschein um den Kopf schweben haben, während sie anläßlich des alljährlichen Bachmannwettbewerbs der neuen Preisträgerin die sogenannte Sinnfrage stellen. Kärnten, das Bundesland, das seinen slowenischen Bürgern immer noch die ihnen zustehenden Rechte verweigert. Laut Aussage von Altbundeskanzler Kreisky hat er in Kärnten die größte Nazi-Demonstration nach dem Krieg erlebt. Ingeborg Bachmann hat den Einmarsch von Hitlers Truppen als die größte Katastrophe, als das »Entsetzliche« schlechthin in Klagenfurt erlebt, als einen »zu frühen Schmerz«, wie sie ihn »in dieser Stärke später überhaupt nicht mehr hatte«. Sie hat diese größte nicht nur Menschen-, sondern Kulturvernichtungsmaschinerie und ihr brutales »Brüllen, Singen, Marschieren« als Aufkommen erster Todesangst erfahren. Was die Dichterin aus dieser zerstörten Kultur, aus der daraus resultierenden »Unkultur« zu retten versucht hat, ist ihre Zunge. Eine der wenigen geretteten österreichischen Zungen, die auf den verbohrten Provinzialismus von »Musikantenstadln« mit schöner Weltläufigkeit geantwortet haben, darin etwa einer Djuna Barnes (auch eine mit altösterreichischen Wurzeln) ähnlich. Als Bewohnerin eines Grenzlandes, mit der benachbarten italienischen und der slowenischen Sprache (aus der sie zum Teil selbst herkam), schrieb sie als eine der wenigen schon in den fünfziger Jahren eine Art kosmopolitischer Literatur. Karl Kraus hat als das Beste am österreichischen Erbe dessen slawische und jüdische Komponenten geradezu verzweifelt (und schon resignierend) beschworen, und zwar gegen das Deutsche. »Dichter wie Grillparzer und Hofmannsthal, Rilke und Robert Musil hätten nie Deutsche sein können. Die Österreicher haben an so vielen Kulturen partizipiert und ein andres Weltgefühl entwickelt als die Deutschen. Ihre sublime Serenität erklärt sich daraus...« (I. Bachmann in einem Interview). Auf den Grabsteinen der Bachmannschen Toten steht nicht Ruhe sanft, sondern JEZUSU KRISTUSU JE ZIVIJENJE IN VSTAJENJE. Die Kosmopolitin schreibt, schon auf verlorenem Posten in diesen fünfziger Jahren des selbstbewußt Unter-den-Tisch-Kehrens und fettigen Wiederauferstehens an den Wirtshaustischen der Kleinstädte, schreibt verzweifelt um einen Ort, von dem sie weiß, daß sie ihn nicht finden wird, ebensowenig wie die Figur ihres Trotta (der Sohn jetzt) in der Erzählung ›Drei Wege zum See‹, ein »Exterritorialer«, ein Überbleibsel, eine Art abgehacktes Glied, das sie von Joseph Roth hinüberführt in den Weltuntergang von 38 und später dann in den eigenen, nach dem Krieg. Die Bachmann schreibt gegen jene Kosmopolitaner, die schon wieder in ihren neuen Autos nach »Fenedig« fahren – mittlerweile wissen die, wie man ganz andere ausländische Ortsnamen ausspricht (aber in ihrem schönen Bundesland dulden sie keine »ausländischen« Ortstafeln!). Die Bauunternehmer und Honoratioren der österreichischen Provinz, »die nur noch auf das Läuten der elektrischen Kegelbahnen hören«, mit Mäulern, die »wie Sparbüchsenschlitze sind«

(Peter Handke in ›Über die Dörfer‹), können ihren Schriftstellern keine Bleibe bieten. Und so schreiben sie in ihren besten Werken und schreibt Ingeborg Bachmann eine Literatur des unaufhörlichen Haltsuchens und Nicht Halt Findens. Die Bachmann hat gewußt, daß sie hier nicht bleiben konnte. Hier nicht, aber auch nirgendwo sonst, obwohl sie in ihrem römischen Exil wohl ganz glücklich gewesen ist. Nicht in ihrer eigenen Sprache, deren Zerstörung schon längst beschlossen war, beginnend bei denen, die »mal« sagten statt »einmal«, was sie wahrscheinlich »im Taunus« gelernt haben, dem »Inbegriff des Hunnenlandes« (›Requiem für Fanny Goldmann‹); ein Neudeutsch, das als Universalschlüssel alle Türen öffnet, auf die es heutzutage ankommt, nur die eine eben nicht, aber wer will denn dort noch hinein, in diese Kapuzinergruft. Nicht in der Liebe, in der immer wieder die Frau gemordet wird wie das Gefühl vom Verstand, und die Liebesgeschichten werden Bücher »über die Hölle«. Nicht in der beliebten kleinen vorgefertigten Naßzelle namens »Familie«, denn der Vater ist der allerschlimmste Mörder, der die Tochter auf hunderterlei Arten vergewaltigt und umbringt (wie in den entsetzlichen Traumkapiteln in ›Malina‹), und die Mutter ist seine schweigende, ja abwesende Komplizin, die weibliche Macht ist gebrochen. Nicht in ihrem Land, in dem längst jene das Sagen haben, die in ihren Köpfen nicht darüber hinauskommen, wo im Denken das Irrationale über den klaren Ausdruck Triumphe feiert und die herrschende Klasse sich seit der Nachkriegszeit zu »führenden Kreisen« in Salonsteirern und Salondirndln verharmlost hat. Nicht einmal ihrer unversehrten Integrität als Person kann die Ich-Erzählerin in der »Autobiographie« ›Malina‹ gewiß sein. Im Verlauf der Erzählung wird Malina, der männliche Partner, zum Kannibalen, der die Identität der Frau schrittweise auffrißt, sich immer mehr in den Vordergrund spielt, bis die Frau in der Wand verschwunden ist und der Mann ihren Platz eingenommen hat. »Die gewiß künstliche Konstruktion, alles getrennt zu halten, funktioniert nicht mehr. Malina drängt immer weiter in den weiblichen Raum vor« (Ria Endres). Dieser Todeskampf hinterläßt nicht einmal Spuren. Und da ist auch noch die manchmal rührende Suche der Lehrerstochter Ingeborg Bachmann nach einem Ort in der Gesellschaft, an dem sie sich niederlassen könnte. Die sogenannte gute Wiener Gesellschaft hat in ihr eine Protokollantin gefunden, ist noch einmal, nach Schnitzler, Hofmannsthal, Musil in die Literatur eingetreten, und natürlich ist auch diese »Gesellschaft der allergrößte Mordschauplatz« (aus: ›Malina‹). Je besser man die Spielregeln beherrscht, – und die Damen wissen hier genau, um wieviel Uhr man auf keinen Fall zum Gerstner gehen kann und an welchen Tagen auf keinen Fall ins Theater in der Josefstadt – je mehr sie also wissen, desto weniger gehören sie dazu. Denn der winzige Anstoß eines Gefühls genügt schon, diese Frauen aus ihrer Umlaufbahn zu drängen, in die sie nie wieder hineinfinden.

Sicher haben manche der Bachmann befohlen, »glücklich« zu sein, wie Ivan, der unveränderliche, Extrawurst essende Geliebte in ›Malina‹ es seiner Freundin vorschreibt, die sich buchstäblich zerreißen kann und ihm doch nie näherrückt, »und wie Ivan sind die meisten Menschen« (aus einem Interview).

Ingeborg Bachmann hat diesem Befehl nicht gehorchen können. Auf ihrem Grabstein in Klagenfurt-Annabichl stehen ihr Name und ihre Daten, aber es steht dort nicht: »Unbekannte von unbekanntem Täter ermordet.« Schließlich war ja auch weder sie noch waren die Täter unbekannt.

Marie-Thérèse Kerschbaumer
Porträt einer Dichterin: Elfriede Jelinek

Daß sie ihrer Zeit, also uns, immer ein Stück voraus ist, daß sie sich heraushält, Zusammenkünfte vermeidet, Partei ergreift, sich zur Solidarität, die mit »Basisarbeit« verbunden ist, zwingen muß, öffentliche Diskussionen fürchtet, Lesungen fast immer ablehnt, daß sie, zur Verblüffung ihrer Umgebung, Standfestigkeit und Ausdauer besitzt: musikalische Eigenschaften? (musikalische Eigenschaften). Daß ihr Einstieg in die Literatur aus vielen Gründen überraschend war, Anfang der siebziger Jahre ging die Rede von den »Senkrechtstartern« in der österreichischen Literatur: Werner Kofler, Jahrgang 1947, Peter Matejka, Jahrgang 1950, Gert F. Jonke, Jahrgang 1946, Elfriede Jelinek, Jahrgang 1946: geboren in Mürzzuschlag, Steiermark, lebend in München und Wien. Daß die scheinbare Leichtigkeit ihres Frühbeginns sich im künstlerischen wie parteilichen Gewicht ihres Werks immer schöner entfaltet hat, daß, was sie bisher schrieb, immer im Kontrastverhältnis von Ähnlichkeit und Unähnlichkeit in Beziehung zu setzen ist: zu ihrer (privaten) Person, zur österreichischen, deutschsprachigen, zur Weltliteratur, zur Literaturtradition, zur österreichischen Gesellschaft, zur Geschichte, zur Gegenwartsepoche der (Klassen-)Konfrontationen: Ein Quasi-Gemeinplatz strukturalistischer Literaturbetrachtung wird seit 1968 an der literarischen Person Elfriede Jelinek *poetisch* manifest. Ihre Forderung an die Literaten: Überwindung einer im Bereich der Sprache festgefahrenen Kritik, Befassung mit der gesellschaftlichen Realität. Diese in den ›manuskripten‹ des *Grazer Forum Stadtpark*, in Wiederaufnahme der Realismusdebatte, mit dem Komponisten Wilhelm Zobl, Jahrgang 1950, und mit Michael Scharang, Jahrgang 1941, aufgestellte Forderung wird schon in den ersten Büchern

Elfriede Jelineks, ›wir sind lockvögel baby!‹ (1970) und ›Michael. Ein Jugendbuch für die Infantilgesellschaft‹ (1972) eingelöst, und mit dem gesamten Register neuester Schreibtechniken stellt sich die Jelinek seither von Werk zu Werk dieser ihrer Forderung.

Daß sie uns mit ihren frühen Texten schon formale Wege wies. Daß sie mit dem Roman ›Die Liebhaberinnen‹ (1975) die Frauenfrage in spezifischer und zugleich allgemein nachvollziehbarer Weise gestaltet hat. Daß sie diese Frage in dem Theaterstück ›Was geschah, nachdem Nora ihren Mann verlassen hatte oder Stützen der Gesellschaft‹ (1979) literarhistorisch und gesellschaftskritisch neu aufrollt, eine Methode, die sie in den Stücken ›Clara S.‹ (1981) und ›Krankheit oder moderne Frauen‹ (1984) konsequent fortführt, indem sie jeweils von einer Detailfrage ausgeht: Diskriminierung der Frau am Arbeitsplatz (›Nora‹), Unterdrückung der Frau als Künstlerin (›Clara S.‹), weibliche »Abartigkeit« wie Krankheit oder Verbrechen und das abartige Verhalten der Gesellschaft dazu und zur Abartigkeit menschenverachtenden Rüstungswahnsinns (›Krankheit‹). Daß ihr 1968 geschriebenes Erstlingswerk ›Bukolit. Hörroman‹ mit den von Robert Zeppl-Sperl, Jahrgang 1944, eigens dafür geschaffenen Bildern erst 1979 erschien. Daß sie drei Jahre an der Übersetzung von Thomas Pynchons ›Gravity's Rainbow‹ (›Die Enden der Parabel‹) gearbeitet hat. Daß die narrative Struktur des Romans ›Die Ausgesperrten‹ (1980) sich wie die der vorangegangenen Prosawerke der Stilmittel der Trivial- und Fotoromane, der Comics, der Fortsetzungsromane und Familienserien bedient, daß ›Die Ausgesperrten‹ aber durch ihren dokumentarischen Charakter und die Ideologiekritik (etwa des Existentialismus der fünfziger Jahre) eine Steigerung der gesellschaftsbezogenen Dimension erfährt. Daß das Erscheinen des Theaterstücks ›Burgtheater‹ (1982) vorerst unbemerkt blieb. Daß die inhaltliche Radikalität der ›Liebhaberinnen‹, der ›Ausgesperrten‹, in gewissem Maße auch der ›Lockvögel‹, in dem Roman ›Die Klavierspielerin‹ (1983) in eine formale Radikalität umschlägt: Die bislang geübte Methode zitathafter Anwendung trivialer Muster und reduzierter bis restringierter Text- und Handlungsstrukturen, allerdings in der Absicht, sie als Instrumente der Herrschenden zur Produktion deformierter Wahrnehmungs- und Bewußtseinsformen zu demaskieren, aber auch die bislang unterdrückte Sehnsucht nach dem spielerischen Element, auf dessen formale Möglichkeiten die Jelinek durchaus bewußt verzichtet hat, wie ›Bukolit‹ beweist – all dies, das Mögliche und das Praktizierte, wird in dem großen Text vom gesellschaftlich produzierten Masochismus, ›Die Klavierspielerin‹, abgelöst durch geradezu naturwissenschaftliche Beschreibung von Handlungsabläufen und den schichtspezifischen, klassenbedingten Emotionen und Auslösungsfaktoren dahinter. Hier zeigt sich erneut und deutlicher als zuvor in den ›Liebhaberinnen‹ die literarische Satire als ein Stilmittel gesellschaftlichen Engagements, als syntaktisch-stilistische Materialwerdung von Parteilichkeit, ja von Mitleid: Sei es mit der aus der Anonymität gehobenen Akkordarbeiterin auf dem Lande (›Liebhaberinnen‹), sei es mit der spezialisierten Fachprofessorin mit gescheiterter Pianistenkarriere in der Großstadt (›Klavierspielerin‹). Mitgefühl mit den Opfern des Faschismus ist denn auch die Triebfeder der Entstehung der satirisch-grotesken »Posse mit Gesang«, des Stückes ›Burgtheater‹: die erst im Gedenkjahr der Befreiung 1985, dem Jahr der Bonner Uraufführung, für Aufregung und eine beispiellose Hetzkampagne im österreichischen Blätter-Wäldchen sorgte. Gerade weil Stillosigkeit und simulierte Dummheit einzelner Lohnschreiber in Österreich so gefährlich wirksam die Geschäfte ihrer Bezahler betreiben, weil sie die Wut auf ihre Inhalte die Formen der Jelinek als unverständlich denunzieren läßt, seien hier einige der von der Trägerin des Heinrich-Böll-Preises, Elfriede Jelinek, angewendeten Schreibtechniken aufgezählt, um »den ›kleinen Kreis der

Kenner‹ zu einem *großen* Kreis der Kenner zu machen« (Brecht, ›Betrachtung der Kunst und Kunst der Betrachtung‹).

In der Regieanweisung zu ›Burgtheater‹ spricht die Autorin von der in dem Stück zu beachtenden Kunstsprache. Diese weist zunächst zwei ineinander geschobene Grundcodes auf: gesprochenes Wienerisch und hochtrabendes Pseudo-Burgtheaterisch. Dazu die Verfremdung des Textbilds, nach Art der Wiener Gruppe, in eigenwilliger phonetischer Schreibweise. Hinzu kommen von der Autorin willkürlich eingesetzte phonetische Archaismen und Eigentümlichkeiten von grotesker Überhöhung. Dieses aufreizende, zunächst befremdende Verfahren ist allerdings in der deutsch-österreichischen Operetten-, Theater- und Filmszene gesprochener Alltag: phonetische Manierismen, echte und vorgetäuschte Akzente (Heesters, Röck usw.), echte und simulierte Regionalismen, die echte und simulierte Unfähigkeit, diese Regionalismen zu simulieren (sogenannter Mariandl-Dialekt), keinem Betrachter der in ›Burgtheater‹ abgehandelten Filme sind diese Kunstsprachen fremd. Soweit das Phonetische. Zu Jelineks syntaktischen Techniken zählt Kommutation – der Austausch bedeutungsverändernder Lautelemente (Phoneme), Typus: /Hand:Hund/, /Rose:Pose/ usw. –, Jelinek dehnt die Kommutation auf Silben und bei zusammengesetzten Wörtern auf Wörter aus, ein Verfahren, das bewußt-unbewußt nach dem Muster der »psychischen Präsenzzeit« (Friedrich Kainz) vorgeht: Ein im Textkontinuum später aufzuscheinender (für später vorprogrammierter) Laut oder ein Wort drängen frühzeitig, da psychisch bereits »präsent«, an die Oberfläche der gestaltenden Lippen oder tauchen im Schriftbild an »falscher« Stelle auf. Kommutationen dieser Art mit eingeschobenen Relativsätzen, gehäuften Einwortsätzen, dazu Liedanfänge, Filmtitel, bekannte und neuformulierte Kalauer mit der syntaktischen Funktion von Interjektionen, das Gesamtrepertoire kleinbürgerlichen Gedankenguts, durchsetzt mit verblüffenden Wortneuschöpfungen: Dieses ist der Stoff der selbstbezichtigenden Monologe Käthes, der zungenredenden Heldin von ›Burgtheater‹: ein literaturhistorischer Akt von Dekomposition und Rekomposition von Sprache mittels Sprache, ein in der österreichischen Literatur seit mehr als zwei Jahrzehnten anvisiertes Ziel, das die Autorin gerade durch die inhaltliche Frage, mühelos scheinbar, erreicht. Kulturmüll als solchen entlarvend, Ordnung im Chaos audio-visueller Wahrnehmung schaffend: Unvergleichlich die Wirkung dieser im Wortsinn textierenden, *ein Gewebe* fabrizierenden Methode: In ihrem Sprachgitter ist die Barbarei der schweigenden Mehrheit eingefangen.

Daß der Roman ›Oh Wildnis, oh Schutz vor ihr‹ (1985) zugleich Lehrgedicht und Strafrede über die kapitalistische Jagdgesellschaft ist, daß dieses aus drei Teilen besteht, die den letzten Tag des Holzfällers Erich beschreiben, eine Nebenfigur aus den ›Liebhaberinnen‹. Daß der Holzknecht Opfer eines Jagdunfalls wird auf der österreichischen Pacht eines bundesrepublikanischen Multimillionärs. Daß die drei Teile These, Antithese und Synthese repräsentieren, daß sie nach allen Regeln der Rhetorik im erhabenen, mittleren und bescheidenen Stil abgefaßt sind, in barocker, scheinbar wuchernder Fülle, paradoxe Tropen und Hyperbeln, die klassischen Verfremdungsmittel lehrhafter und satirischer Dichtung, in Hülle aufweisen. Daß sie nach musikalischen Prinzipien ausgeführt sind, Worte, Wortketten, Redewendungen, Gruppen- und Medienjargons improvisieren, harmonisieren und rhythmisieren, in Abschilderung der modernen Konsumwelt, in welcher der Mensch gleich Null ist, Müll in einer chaotischen Natur ohne Naturregeln, in der »schreckliche Schwerkraftgesetze ... Bäume auf Leute werfen« (Jelinek, ›Oh Wildnis‹). Daß rhetorische Figuren wie Anapher, Paranomasia und Annominatio Stilmittel der Eingangspassage des lyrischen ersten Teils bilden, der in kühnster syntaktischer Verkürzung Parallelismen gleich diesem enthält: »Nichts ist da, um gesperrt zu werden, nichts um eingesperrt, außer den Bewohnern.« (Ebd.) Daß Elfriede Jelineks spezifisches Verhältnis zur Sprache von ihrer musikalischen Ausbildung (Orgel, Komposition, beides abgeschlossen) bestimmt wird. Daß im Kloster Rebellen erzogen werden, sie wurde in entscheidenden Jahren im Kloster erzogen. Daß die politische Aussage, wie die experimentell-avantgardistische Form ihrer Werke an die heroischen Zeiten des deutschen Expressionismus erinnern. In der Tat hat die Jelinek spätestens mit der ›Wildnis‹ den Expressionismus für die österreichische Literaturgeschichte erobert. Daß sie einer Klasse, der sie von der Mutter her noch halb angehört – Entscheidungsträger in der österreichischen Gesellschaft –, den Weg der wahren Demokratie hinter den von ihr gebrandmarkten Zuständen zeigen möchte. Sie wird mit Nestroy verglichen, mit Karl Kraus, manchmal wird Elias Canetti genannt. Wir sagen: Und auch blickt uns aus ihren Texten das junge Gesicht Georg Büchners an.

Elisabeth Reichart
Die innere Landkarte
An Ilse Aichinger

Dunkelheit zieht vom Kap der Guten Hoffnung nach dem Norden, läuft in den Häfen Europas ein. Ellen schläft über der Landkarte ein und wälzt sich unruhig zwischen Europa und Amerika hin und her, Amerika, das sie nur im Schlaf erreichen wird. Mit dem Schwinden der Hoffnung auf ein Visum, auf Erlösung durch andere, entsteht in Ellen eine innere Landkarte, in der die große Hoffnung durch die größere abgelöst wird und sie sich auf die Seite derjenigen stellt, für die niemand bürgt.

Diese innere Landkarte Ellens entspricht der von Ilse Aichinger – sie verändert sich im Laufe der Jahre, Inhalte werden unwichtiger, das Schweigen dichter, die Sprachskepsis immer stärker – sie, die nur auf Grund ihrer Geburt zu einer Gezeichneten wurde, sie, die erlebte, wie Teile ihrer Familie ebenfalls nur auf Grund ihrer Geburt zu Gezeichneten und schließlich vernichtet wurden, sie, die beobachtete, wie alles möglich war, indem ein Name, schließlich eine Nummer die individuellen Namen auslöschte, stellt ihr Leben lang und zunehmend eindringlicher die Frage, was diese Benennungen sollen, zieht die Kreise immer enger und hinterfragt jedes Wort. Zugleich bleibt ihre innere Landkarte das Abbild einer Welt, in der die Außenseiter, die Ausgestoßenen einen bestimmenden Platz einnehmen, am radikalsten formuliert vielleicht in dem Gedicht ›Findelkind‹: »Dem Schnee untergeschoben,/Den Engeln nicht genannt ...« wird es von einem tollen Fuchs gebissen UND gewärmt, der ihm »rasch die ersten Zärtlichkeiten« erweist, bis es sich selbst zum Sterben davonbewegt. Und da niemand sonst bereit ist, dem ausgesetzten Kind zu helfen, nicht einmal die Engel, ruft die Dichterin den Fuchs zurück: »beiß es, verkratz es,/

wärm es, wenn deine Räubertatzen noch warm sind,/denn außer dir kommt keiner,/sei gewiß.«

Nach all den sinnlichen Zeilen dieses unverrückbare, harte: sei gewiß! – die ganze Gnadenlosigkeit unserer Welt kann Ilse Aichinger mit zwei Worten ausdrücken.

»Derjenige, der schreibt, ist derjenige, der Ratschläge gibt, die nicht zur Vernichtung, sondern zur Erweckung führen«, heißt es in dem kurzen Text ›Ins Wort‹. Für mich war Ilse Aichingers Roman ›Die größere Hoffnung‹ genau dies. Es war das erste Mal, daß ich, ohne zu suchen, das Buch fand, das ich brauchte. Von heute aus gesehen kommt es mir unwirklich vor, daß ich trotz Gymnasium und zwei Jahren Germanistikstudium nur ihren Namen, aber keine Zeile von ihr kannte. Und doch war es so. Und es war gut so. Unvoreingenommen konnte ich diesen Roman ganz aufnehmen, konnte er die Erschütterung bewirken, von der ich nicht gewußt hatte, wie nötig sie mir war. Er riß den Vorhang auf und machte aus den abstrakten Opfern handelnde, denkende, spielende, hoffende Menschen. Die ›Größere Hoffnung‹ gab ihnen eine Sprache von abgrundtiefer Schönheit, der der Schrecken in der Kehle sitzt und die den Schrecken zugleich auf einem anderen Planeten zurückläßt.

Ich las den Roman zuerst in einem Zug, schlief, griff noch vom Bett aus wieder nach ihm und fing von vorne an, verfing mich in diesen oft lyrischen, ans Hymnische grenzenden Sätzen, im Schicksal dieser verfolgten Kinder und spürte eine große Dankbarkeit, daß es eine Dichtung gab, die sich dieser Zeit annahm, die Worte fand, durch die ich sie mir vorstellen konnte (vorstellen, nicht verstehen, ich bin mir sicher, ich verstehe heute noch nicht alles), und die sich jeden billigen Trost verbat. Dieser Dichtung konnte ich vertrauen.

Und auch jetzt beim Wiederlesen empfand ich oft ein starkes, grimmiges Glück, manchmal bei einzelnen Sätzen, die über die Kraft verfügen, eine ganze Zeit einzufangen: »Nachtausgabe!, schrie der Zeitungsjunge über die Kreuzung. Er schrie aus vollem Hals, frierend und zu Tode begeistert«; dann wieder über den Aufbau, die dramatische Steigerung, die sich zuspitzende Gegenüberstellung von verschiedenen Welten in den einzelnen Kapiteln, wie zum Beispiel in ›Die Angst vor der Angst‹: Ellen, die nur zwei falsche Großeltern hat, und die daher im Gegensatz zu ihren Freunden mit den vier falschen Großeltern keinen Stern tragen muß, hat sich entschlossen, ihn ebenfalls anzunehmen. »Wie ein großes, dunkles Wappen war der Spiegel. Mitten darin stand der Stern. Ellen lachte glücklich. Sie hob sich auf die Fußspitzen und verschränkte die Arme hinter dem Kopf. Dieser wunderbare Stern. Dieser Stern in der Mitte.« Anfangs geht es für Ellen darum, sich das Tragen des Sterns nicht verbieten zu lassen, weder von ihrer Großmutter noch von der geheimen Polizei, denn »leuchten mußte man, wenn es so dunkel war, und wie sollte man leuchten, wenn nicht durch den Stern?« Doch dieses Hochgefühl dauert nur bis zu dem Moment, da sie für ihren Freund Georg eine Geburtstagstorte, für die sie wochenlang gespart hatte, kaufen will. Statt bedient zu werden, wird sie als vermeintliche Jüdin hinausgeworfen. Ellen begreift: »Man hatte also zu wählen. Man hatte zu wählen zwischen dem Stern und allen übrigen Dingen.« Doch für diejenigen, die den Stern tragen müssen, gibt es keine Wahl: Ihre Freunde feiern unterdessen Georgs Geburtstag. Ilse Aichinger beschreibt eine ausweglos traurige Feier, bei der die Kinder auf Ellen und die Torte warten, sich des ganz anderen Lebens, des Lebens ohne Stern erinnernd, etwas ungläubig schon, kaum ist es ihnen noch vorstellbar. Georg trägt, um die Feierlichkeit zu erhöhen, einen Anzug seines Vaters. »... von Georgs Schultern fielen gelassen die Schultern seines Vaters ab. Wäre der Stern nicht gewesen, der große Stern an dem schönen Rock. Er verdarb Georg alle Freude.« Nicht nur Georg. Und nicht nur die Freude. Verzweifelt überlegen die Kinder, ob sie nicht alle aus dem Fenster springen sollen, da sie nichts zu verlieren hätten, nichts als den Stern. Da führt Ellen sie zu Anna, deren Transport ins KZ unmittelbar bevorsteht. Und ihr, Anna, gelingt es, den Kindern wieder Mut zu machen, ihnen durch ihre eigene Ruhe angesichts des Todes den Glanz einer größeren Hoffnung zu vermitteln. Die Geschichte der Angst wird durchsichtig, und plötzlich sind es die anderen, um die es finster wird, die einen Stern suchen, weil sie den eigenen verloren haben.

Ein dunkles Glück steigt aus solchen Sätzen, die vom Abstrakten ins Konkrete und wieder zurück ins Abstrakte führen, die so wirklichkeitsnah sind, daß sie sich um die Grenzen der Wirklichkeit nicht zu kümmern brauchen.

In ihren Aufzeichnungen aus den Jahren 1950–1985 notiert Ilse Aichinger zu Beginn:

»Schreiben kann man wie Beten eigentlich nur, anstatt sich umzubringen. Dann ist es das Leben selbst.«

»Wir müssen uns fürchten, von uns ist die Freude verlangt.«

1951: »Wie soll ich denn die Trauer nicht halten wollen, wenn ich mich in nichts anderem mehr finden kann als in ihr?«

1947 hatte sie ihren Roman abgeschlossen, danach schrieb sie an Erzählungen, schrieb in der Zeit, in der Freude verlangt wurde und die Seuche der kollektiven Amnesie unentdeckt grassierte, von den Erfahrungen des nahen Todes aus, erzählt sie »vom Ende her und auf das Ende hin«, damit uns die Welt wieder aufgeht, wie einem, der sich plötzlich gefesselt findet, der bemerkt, daß alle Möglichkeiten »in dem Spielraum der Fesselung« liegen, der im Kampf mit einem jungen Wolf erkennt, »daß er die tödliche Überlegenheit der freien Glieder verloren hatte, die Menschen unterliegen läßt«, und der sich, nachdem ihm die Zirkusdirektorin die Fesseln aus Angst um sein Leben durchgeschnitten hatte, fragt, ob er doch nicht genügend auf der Hut gewesen war »vor seinen Befreiern, vor diesem Mitleid, das ihn einwiegen wollte«. Oder wie Miß Universum, die ins Wasser ging, weil sie sich häßlich dünkt: »Ich war für einen nicht schön genug!«, die aus dem Wasser eine Algenranke mitnahm, die sie nicht mehr loslassen will, da sie mit ihr »ein wenig von der Verlassenheit der Ophelia und ein wenig von der Schönheit besaß, die sich Preisrichtern nicht unterwirft«. Ein kühlerer Ton ist hörbar in diesen Erzählungen der Nachkriegszeit, die für die meisten Menschen um Ilse Aichinger die Aufbauzeit war, in der es, wie sie lakonisch in dem Text ›Das Erzählen in dieser Zeit‹ bemerkt, wohl sehr befremdend klingen würde, »wollte man das Erzählen an sich als ein Reden unter dem Galgen bezeichnen«.

1978 wird Ilse Aichinger in dem Gedicht ›Neuer Bund‹ die Schweine zu ihren Königen erklären: »Die Sonne will vor mir/in meinen Frieden,/springt, drängt, bewegt sich läppisch,/wartet mich nicht ab./Und darum geh ich fort/aus diesem Frieden,/aus diesem lieben Frieden/in den Schatten/zu meinen lieben Schweinen,/die allein grimmig und gelassen genug/und nach den Geboten/in unserem stumpfen Wasser/zu ersticken wissen,/die keine Sonne einholt/und verdirbt,/die obenauf erst nach dem Ende bleiben./Meine Könige.«

Fünf Jahre später hieß es in ›Die Zumutung des Atems‹: »Oder sollte ich – noch viel weiter – und viel naheliegender, mich fügen in die Rolle derer, die keine Schweine essen durften, nicht aus Ehrfurcht, sondern aus Grauen vor ihnen, und selbst unter unserem kühlen Himmel nicht, denen aber das Mästen und Schlachten anderer Tiere niemals verboten worden war? ... Wo fand ich die toten Schweine wieder, die ich geliebt und denen ich Namen gegeben hatte, als ich ein Kind war?«

Ihre Poetologie hatte sich nach und nach radikalisiert. Beschreibt sie in dem 1967 entstandenen Text ›Meine Sprache und ich‹ noch die permanente Konfrontation zwischen Ich und Sprache, die sich bis zur Feindseligkeit steigert und doch die Versöhnung angesichts von Grenzübergängen und des Mißtrauens von außen beinhaltet, so ist von diesem inneren Kampf in ›Schlechte Wörter‹ (1973) keine Rede mehr. Das Ich verhält sich seiner Sprache gegenüber souverän, läßt keine Zweifel und Gegenargumente zu, nimmt sie fest in die Hand, gemeinsam kündigen sie die Übereinkünfte: »Ich gebrauche jetzt die besseren Wörter nicht mehr«... »Gebote jagen mir Angst ein. Deshalb bin ich auch zum Zweitbesseren übergegangen. Das Beste ist geboten. Ich lasse mir nicht mehr Angst machen, ich habe genug davon.« Doch sogar in diesem Text vergißt die Autorin nicht auf diejenigen, die im Gegensatz zu ihr keine Chance haben, sich zu wehren, denen von Anfang an Bezeichnungen (wie ihr Name) zugemutet werden, die nicht zutreffen. Sie wendet sich dagegen, »eine bessere Bezeichnung für die reine Wahrheit als die reine Wahrheit es ist« zu suchen, angesichts einer Welt, die schlechter ist als ihr Name und deren Name deshalb ebenfalls schlecht ist. Und schlecht sind auch – vorschnelle – Zusammenhänge: »Niemand kann von mir verlangen, daß ich Zusammenhänge herstelle, solange sie vermeidbar sind. Ich bin nicht wahllos wie das Leben, für das mir auch die bessere Bezeichnung eben entflohen ist.«

Diese Programmatik wird in den folgenden Texten konsequent angewandt. Sei es, daß ansonsten nebensächliche Dinge wie ein Fleck oder ein Balkon zum Hauptthema werden oder Dover, dieser Punkt am Rand: »Wult wäre besser als Welt. Weniger brauchbar, weniger geschickt... Nur Dover ist nicht zu verbessern. Dover heißt so wie es ist.« Es wird zu dem Ort, an dem Anni das Sabbern lernte, besser als die anderen, das sie während ihres Aufenthalts in dem Irrenhaus einer ganz anderen Stadt nicht wieder verlernt, indes sie aber auch bis zu ihrem neunzigsten Jahr nichts dazulernt, da sie Dover zu früh verlassen hat. Dover dient dem Augenblick, es wird zu dem Ort, der an allen anderen Orten für uns bitten wird, denn Dover verweigert die Hekatomben, stellt die übliche Hierarchie auf den Kopf. Dover »wird nicht auslassen, was sich mit ihm nicht messen kann...«

Es geht nicht mehr, wie etwa in ›Der Querbalken‹ (1963) darum, was ein Querbalken ist. Benennungen und Namen werden nicht mehr hinterfragt, sondern demontiert. Sie stehen ganz selbstverständlich für Vieles, wie zum Beispiel »Hemlin«. Ein Name, der einen Menschen, einen Ort, eine Frau auf einer Skizze von Veronese, einen Briefkopf, eine Art unvernünftiger Freude, ein Monument bezeichnet und zuletzt nur noch sich selbst. Um die Ironie auf die Spitze zu treiben, heißt es in dem anschließenden Text ›Surrender‹: »Ich verlasse mich jetzt auf die Namen, von heute ab, Hügelnamen, alle Arten.«

Ironie von Anfang an. Bereits in ›Die größere Hoffnung‹, in dem kurz skizzierten Kapitel ›Die Angst vor der Angst‹, stehen die Sätze: »Die geheime Polizei hatte verboten, den Stern zu verhüllen. Die Dämmerung machte sich straffällig, wie der Mond sich straffällig machte, so oft er sein spöttisches Licht über die verdunkelte Stadt warf.« Ironie, die aus Verzweiflung entsteht, immer wieder auch in den Szenen und Dialogen, in ›Möwen‹ etwa: Drei Mädchen, Freundinnen, hören eine Platte und überlegen, um welche Vogelstimme es sich handelt. Enten oder Möwen, und wenn Möwen, welche. Ein harmloses Gespräch über eine Schallplatte, die eines der Mädchen vor einem Jahr am Karfreitag von seinen Eltern geschenkt bekam. Doch in der nächsten Szene gibt es nur noch den Vater und Emily, die an ihrem hundertsten Geburtstag endlich die ersehnte Platte mit den Möwenstimmen erhält, auf die sie so sehr gehofft hat, schon früher, als ihre Freundinnen noch lebten, die zur See fuhren und dann starben, während sie nicht mitfuhr – im Vertrauen auf sein jährliches Geschenk, das ihr irgendwann die Möwenstimmen ins Haus bringen würde.

»VATER: Du warst geduldig, Emily, und deine Geduld wird belohnt!

EMILY: Ich war nicht immer geduldig, Vater. Zwischen siebzig und achtzig –

VATER: Das ging vorbei, Emily.

EMILY: Besonders in dem Jahr, als ich dreiundsiebzig wurde.

VATER: Damals brachte ich dir die Platte mit den Katzen.«

Aufforderungen an sich selbst notiert Ilse Aichinger immer wieder: »Genug Angst haben« oder »Das Suchen suchen«. Und ebenso wiederholend bemerkt sie über andere Dichter: dies sei einer, »der unter das Gesetz geraten ist, der seine Wörter aus dem Schweigen holt, dem einzigen Ort, aus dem sie zu holen sind«.

Meine Liebe zu Ilse Aichinger gilt dieser Suchenden, die sich der Angst stellt und in die Finsternis hineingeht, die viel tiefer ist, als sie scheint; und die mit immer neuem, eigenem Licht daraus hervorkommt, vom stellenweise hymnischen Erzählgestus des Romans bis zu philosophischen, sprachkritischen Sätzen, vom Abgerissenen, scheinbar ganz Banalen bis zur Selbstauflösung des eben Erzählten – und das alles in höchster Komprimierung. In dem Band ›Kleist, Moos, Fasane‹ umkreist der letzte Text ein einziges Wort: Schnee. Und auch hier drückt sie wieder ihr Mißtrauen aus gegen alles, was man mit Recht sagen kann. Denn: »Wenn man etwas nicht sagen kann, setzt man geschwind voraus, daß man es mit Recht sagen kann. Und da man von allem, was gesagt wird, das meiste nicht sagen kann, nimmt diese Redensart zu.«

Ilse Aichinger bleibt der Sprache gegenüber wachsam, mißtrauisch. Sie entläßt sich nicht in die Bequemlichkeit, sondern setzt von Werk zu Werk erneut ein Maß an Unbedingtheit, vor dem mir schwindelt und das mich reicher macht.

Schreiben. Lesen

Friederike Mayröcker
Durchschaubild Welt,
Versuch einer Selbstbeschreibung

die kleine Ansprache, die ich jetzt vor Ihnen halten darf, erbittet, trotz oder wegen ihrem eher ungewöhnlichen Ton Ihre Aufmerksamkeit – eigentlich sind es bloß hastige Andeutungen, Annäherungen an etwas, das ich selber kaum auszunehmen imstande bin – :

weil doch mein Leben sich so mächtig in diesen jüngsten fünfzehn Jahren *zugespitzt* hat nämlich auf diese Bleistiftspitze des Schreibens hin, kann ich wenig von meinen Anfängen berichten außer daß ich, vom Vater geboren, in der Muttersprache gediehen, immer schon Schreckling gewesen bin, daß mir alles zum Schreckenswort, zum Schreckensgedanken geworden ist, und, weil der Schrecken so riesenhaft war, folgte kaum je eine Tat, und, wenn sie folgte, war sie tatsächlich nichts als eine Geste des Schreckens. Ich vollbrachte immer alles zum eigenen Schrecken, ängstigte mich noch im nachhinein. Doch die Natur hilft, wie die Kunst, Lineamente, Federstriche zu zaubern; Wahrheitssehnsucht und artistische Ver-Rücktheit meine Schreibantriebe von Anfang an. Also bin ich immer schon den Eingebungen meines Auges gefolgt und habe alles sogleich an die Wand meines Zimmers mit Bleistift gekritzelt, wie beim Vokabellernen das lernbeflissene Kind, wofür es mit sanfter Rüge bedacht wurde. Ich war weniger ein Schrei- als ein Schreib-Balg – der Beginn meines Schreibens plötzlich und stürmisch – schon in der Schule schrieb ich Aufsätze für mein Leben gern, wurde deswegen gelobt und zum Beispiel erhoben, worüber ich meist Scham empfand, aber ich wußte schon damals nicht woher ich es hatte, wollte es auch nicht wissen, ererbt wohl kaum. Ohne sonderliche Bemühung um *die oft unsichtbaren*

Faden wodurch freiwillige Gedanken in einem Dichterkopfe zusammenhangen (Wieland).

Auch stand es immer nur mäßig gut um meinen Verstand, von Intelligenz gar nicht zu reden, das Gedächtnis schon im zarten Alter zerstückt und ruinenhaft, Wissen und Wohlverhalten hielten sich nie die Waage.

(Während die Straßenbahn in die Station einfährt, fällt mir plötzlich, nach vierundfünfzig Jahren, der Anfang der ersten Lektion in meinem Französischbuch aus der Volksschule ein, die ich als siebenjähriges Kind auswendig lernte. Während ich aussteige, spreche ich aus dem Gedächtnis nach : MADELEINE EST UNE PETITE FILLE, ELLE EST À LA FENÊTRE, ELLE REGARDE LA RUE... hier endet der memorierte Film –)

1924, mein Geburtsjahr. Kafka stirbt, das Erste Manifest des Surrealismus wird veröffentlicht. Ich, unwissendes Subjekt, in eine wetterleuchtende Zeit gestellt, mit Liebe umhegt. Da standen die Großeltern von Mutterseite noch da, da standen sie Wache, bald verliert sich das Bild, auch die Geborgenheit, alles divergierte ja mehr und mehr, allgemein und persönlich, 1934 steht die Familie vor ihren eigenen Trümmern. Ich komme aus den Ruinen.

Meine Kometenschaft ich meine Verwandtenschaft regelte immer mein Geistesleben meine Erinnerungen – gestochen scharf eingepflanzt von Kindesbeinen an – was wurde mir alles eingepflanzt!, vor allem Redlichkeit, und die Lüge zu meiden!, auf das Schreibritual bin ich von selber verfallen (inwieweit dieses mit Redlichkeit und Lüge verflochten sei, und ob Schreiben gleich Fälschen sei, wage ich nicht zu beurteilen). Ich war ein gottgeweihtes Kind, die gegensprossigen Oblaten zergingen mir wie nichts auf der Zunge, ich stand ja inmitten von Monets ›Seerosen in Giverny‹ in meinen Kindertagen, habe Perlen darin klingeln gehört und wie sie von Stufe zu Stufe tropfen, da weinte ich viel.

Ich suchte die Unschuld in der Landschaft zurückzugewinnen, im Moosgrund die Menschenschatten, die mir während meines langen Lebens begegnet sind, deren Spuren ich aber größtenteils verloren habe, durch irgend Fehlgriff und -wort, oft mit größter Behutsamkeit bemühte ich mich, das Amusement der anderen nicht zu zerstören, flüchtete in die Dunkelheit. Ich habe an der Unsterblichkeit zeitweise gezweifelt, bin immer noch unsicher.

Ich habe Nachsicht gelernt, ich habe Nachsicht geübt, bis zur Selbstverleugnung. Mit zunehmendem Alter eine *unverächtliche* Haltung allen Menschen, aller Kreatur, auch den Dingen gegenüber erworben, was mir auch schon zum Vorwurf gemacht worden ist der Kritiklosigkeit, weil es als indifferente Haltung der Welt gegenüber ausgelegt werden kann, aber ich erkenne zuweilen die Palette, ich entdecke das Wechselspiel der Farben, ich entdecke so viele Facetten, nämlich die Vielfalt der Dimensionen.

In den Kriegsjahren fuhr schon der DICHTHAMMER auf mich nieder, dieses früheste Panorama, die Kriegsjahre welche mich gleichermaßen beschädigt wie verschont hatten, habe ich wie hinter einer gläsernen Wand verbracht, ich schrieb im verborgenen. Die solcherart mißlichen Lebensumstände : das war meiner Schreibarbeit günstig, oder wie Goethe sagt : »sollen die Menschen nicht denken und dichten, müßt ihr ihnen ein lustig Leben errichten«.

Aber ich wollte nie mit Schreiben meinen Unterhalt verdienen darum verdingte ich mich – weniger einer Familientradition folgend als in die Fußstapfen des Vaterberufs tretend – zwei und eine halbes Jahrzehnt als Lehrperson, gegen mein eigentliches Trachten. Ja, wenn ich es jetzt bedenke, so arbeitete ich, indem ich in diesen ungeliebten Beruf gedrängt worden war, gegen mich selbst, gegen ein Wunschbild : das war einzwängend, das war verdunkelnd, das führte zu innerer Spaltung, zu Widersprüchlichkeiten, das machte mich abtrünnig, das preßte die Poesie in den wenigen freien Stunden aus mir heraus, ich war ein gleichgültiger widerwilliger Schulhalter, der möglichst schlau immer den kürzesten Weg einschlug und meist auch während der Unterrichtszeit herumkritzelte, was meine Lernknaben und -mädchen teils kommentarlos hinnahmen, teils höhnisch quittierten. So blieb ich allzu lange ein bloßer Schreibergeselle, Schreibergehilfe, Zögling der Poesie, und meine frischesten Jahre gingen darauf.

Schreibhaft wie leibhaft, als ich endlich den Abschied nehmen konnte, wollte ich mich nur noch der Literatur widmen, mit Leib und Seele nur das, nur noch schreiben! : mit einem Tintenfaß am Gürtel, wie Heinrich von Beringen es beschreibt, meine Schreibtasche stets bei mir tragend, würde ich nun jeden Tag umherlaufen, auch Notizbuch und Stift, und während beides der zitternden Hand entgleitet, zu Boden fällt, auf der Straße, und die Umstehenden zum Staunen, zum mitleidigen Lächeln veranlaßt, würde ich über die Frage nachsinnen, ist die Schreibkunst eine Vernunftkunst, ist die Schreibkunst eine Empfindungskunst, ist die Schreibkunst eine Erfindungskunst, oder alles zusammen nicht.

Vielleicht war es mir schon früh an die Stirn geschrieben : ein Feuermal, das im Laufe der Jahre Jahrzehnte ausbleichte, ein Afrikakontinent, ein dunkler Fleck an der Stirn, mit dunklem Fransenhaar verhängt, und um der Irrbahn nicht zu entraten.

Eine alte Schreibkommode mit einem Aufsatz also *Sekretär*, wie das gute Stück genannt wurde, alles vieldeutig in meiner Kindheit, ein Bösendorfer Konzertflügel, an dessen Taille geschmiegt ich meine ersten Schreibversuche unternahm, anstatt darauf, wie meine gütigen Eltern es gerne gesehen hätten, Diabellietüden zu spielen, dieses Mobiliar, dieses würdige Inventar hat mich bis heute begleitet, verfolgt. Jedenfalls was den Flügel betrifft. Die prahlenden Notenhefte, die jetzt mit Schriftkürzeln gefüllt sind, die ich, sobald einige Tage verstrichen sind, kaum mehr entziffern kann, oder am Schreibgerät kauernd, vor meiner Schreibmaschine, meine Schreibhand in der Mehrzahl, mit zehn Fingern sogar.

Ohne die Stadt, in der ich geboren wurde, sind die wechselnden Zustandsbilder meines Wesens nicht erkennbar. Und doch habe ich mich dieser geschichtsüberladenen Stadt nicht wirklich genähert, ich meine ihrer ihr anhaftenden Historie. Ich habe mich tatsächlich der Geschichte dieser Stadt zeitlebens verweigert, vermutlich weil ich historische und persönliche Zusammenhänge bestreite, vermutlich weil ich nach anderen tiefgreifenderen Verknüpfungen Ausschau halten will, von denen ich nur im Augenblick noch nicht weiß.

Wien ist eine Schreibstadt. Hier kann man verrückt werden. Hier kann man verrückt sein. Wien ist für viele Dichter zur Schreibstadt geworden, viele verrückte Dichter kommen aus Wien. Verrücktheit, verrückte Sicht ist eine der Voraussetzungen für Schreiben.

Und obwohl ich von dieser Stadt geprägt worden bin, gibt es darüber noch die Ortlosigkeit, den utopischen Wohnsitz : die Deutschsprachigkeit : meine deutschsprachige Poesie. In keiner anderen Sprache – auch wenn ich sie wie das Englische leidlich beherrsche – könnte ich mich entfalten, könnte ich schreibend mich verwirklichen.

So ist mein Schreibgebrauch von speziellerer Art als mein Sprechgebrauch. Überhaupt wünsche ich mir für meine mir noch verbleibende Lebenszeit, sie mit schreiben, lesen, schauen und schweigen verbringen zu können : der Omnipotenz des Ekels, der Leere, der Verzweiflung, der Angst zu entgehen. Also nicht so sehr schreiben als brüten. Zu lesen zu fleiß. Damit ich endlich imstande bin, die Titel jener Bücher im Gedächtnis zu behalten, mit welchen ich mich gerade beschäftige, um nicht zu wiederholten Malen in die unangenehme Situation zu geraten, auf dic Frage, was ich gerade lese, keine Antwort zu wissen. Nämlich das Brüten ist eine Kunst frei von

Gewicht – daß ich nicht von meinem Gesicht verliere wenn ich mich über die spiegelnde Eisfläche beuge!, wenn es fällt wenn es hinfällt wenn es niederfällt vor dem heiligen Geist an welchen ich immer schon glaube, ja wie die Augen, die jetzt vor dem Hirtenfeuer gaukeln in meinem Zimmer.

Wie ein Garten geflochten mit Blumen ihr Angesicht : so warte ich, so stelle ich mir immer die Eingebung vor, aber sie kommt selten, erscheint mir so selten. Ich falle sogleich aufs Knie, Amaryllis an ihrem Scheitel, die Sonne fällt. Meine Sonne fällt : meine Eingebung fällt vor mich hin und fällt in mich ein, und ich sitze als Greis in schwalbenähnlicher Gestalt auf der Bettkante frierend in Fieberglut – – ob Vers oder Prosa darauf kommt es nicht an. Es kommt nur darauf an, wie sie angezogen sind, ich meine die Worte : die mir meine Eingebung eingibt, welche Art Knochenwerk sich da herausbilden will, darauf kommt es an, in Böen wechselt mein Sinn. Meine Erleibung ist meine Erleidung bis ich nicht mehr weiter kann : der Berg ist sehr steil, auch das kleine Stoßgebet hilft nicht weiter, Herzwiderstand kalbt.

Vielleicht ist Dichten wirklich ein Übermut, wie Goethe zu bedenken gibt. Also ein unausgesetztes Rezipieren, ein unausgesetztes Registrieren der schaubaren, hörbaren Welt.

Immer wieder stellt sich mir die Frage, warum es heute als fragwürdig, ja anachronistisch gilt, von Eingebung, von Ingenium zu sprechen, man spricht lieber davon, daß es jedermann gegeben ist, *einen Text herzustellen*. Ich melde meine Bedenken an.

Eine weitere Frage : warum fühle ich mich geneigt, das Gedicht, den Prosatext, den Bühnendialog, die mich zum Schmunzeln bringen, die in mir das zwerchfellerschütternde Lachen erzeugen, nicht eingliedern zu wollen in *meine schöne Literatur*, in die von mir bevorzugte Literaturart, warum drängt es mich, solche Texte außerhalb des magischen Kreises zu sehen, sie auszuweisen, abzustellen, beiseitezurücken. Eine Entsprechung scheint mir bei Roland Barthes zu finden : er schreibt in seinem Buch ›Die helle Kammer‹ : »Humor mag ich weder in der Musik noch in der Photographie.«

Ich habe keine Zeit zu verlieren, ich geize mit jeder Stunde, alles möchte ich gleichzeitig tun, ein Buch schreiben an einem einzigen Tag. Ein Quell der Erfahrungen, Grenzüberschreitungen ist mir das Schreiben geworden. Ein Lehrmeister ist mir das Schreiben, das Schreiben ernährt mich im Geiste, durch mein Schreiben erfahre ich über mich selbst, über die Natur und die Welt und die Menschen. Und die Wildheit wird immer umfänglicher, immer kalkulierter.

Was die Intuition an Wahnwitz und Ungestüm wagt, wird vom Verstand gleichzeitig oder im nachhinein bedachtvoll, präzise und streng in wahrheitstreue Form gebracht, fixiert und versiegelt. So wird Ekstase zu einer Disziplin. Trotzdem hat es seine Richtigkeit, wenn ich sage : *ich reagiere fast nur vom Gefühl her.* – (Wie doppelwertig hört sich eine solche Äußerung an : wird sie von einem schreibenden Mann, wird sie von einer schreibenden Frau, wie eben, vorgebracht : wie verändern sich auf der Stelle Qualität und Glaubwürdigkeit der Behauptung!)

Die neue Literatur, die experimentelle Poesie, der Dadaismus, der Surrealismus damals : sie waren und sind es noch : Angriffe auf die Grundhaltungen, auf die Vorstellungen des sogenannten guten Geschmacks unserer zivilisierten Gesellschaft. Sie enthüllen eine neue rätselhafte Sprachwelt, was Verwirrung stiftet, Staunen erregt, den Stachel vorantreibt.

Beckett und Brecht, Roland Barthes und Breton, Max Ernst und Jean Paul, Hölderlin, Arno Schmidt, Michaux, Claude Simon und Duras – schon umkreisen, umschweben sie mich in meinem Zimmer, meine Genien, meine Blutsbrüder. Und ich spüre, wie sie mir winken, ihre Geheimnisse zuflüstern, mir, diesem Schwächling, diesem Schweiger, diesem Wetterdichter mit Wandertasche und Distelkopf, diesem Vogelbekümmerer, diesem Fremdling der Welt, mir, dieser fragwürdigen Marginalexistenz. –

Von jungen Vögeln heißt es in einem alten Sprachgebrauch : SIE DICHTEN, wenn sie anfangen zu singen, wenn sie ihre Stimme mit leisem Gesang versuchen.

Ilse Aichinger
Die Schwestern Jouet

Ich gehe nur mehr mit den beiden Schwestern Jouet um. Sie ermahnen mich, wenn ich übertreibe. Wenn ich zum Beispiel *Gehöft* statt *Hof* sage, sind sie gleich da. Schon wieder, sagt Rosalie. Sie ruft Anna und Josepha, wir beginnen von vorn. *Dschunke* sagt Rosalie, *Dschunke* sage ich, *China* ruft Anna, *China* rufe ich. *Füchse* sagt Josepha, sie ist die stillste. *Josua* sage ich. Wir müssen von neuem beginnen. *Jonas* sagt Josepha, *Jonas* sage ich. *Jonas* sagt Anna, *Jonas* sage ich. *Jonas* sagt Rosalie. Laßt mich jetzt, sage ich. Und wieder. Sind es drei Schwestern? Ja, es sind drei. Ich gehe nur mehr mit den drei Schwestern Jouet um. *Gesindel* sage ich, um sie zu erzürnen. *Gesindel* sagt Anna. *Räuberische Horden. Räuberische Horden* wiederholt Josepha. *Fleiß in der Schule, Fleiß im Großen, Fleiß im Einzelnen* sage ich schnell. *Fleiß in der Schule, Fleiß im Großen, Fleiß im Einzelnen* sagt Rosalie. *Aber nicht allein* sage ich. Sie schweigen. *Zelt, Zelt* rufe ich. Nichts. Ich neige mich wieder über meine Schriften. *Zelt?* Nein, nicht *Zelt*, davon verstehen sie nichts. *Fremde Gebiete* rufe ich über ihre Köpfe hinweg. *Fremde Gebiete* wiederholt Rosalie zögernd, *fremde Gebiete* sagt Anna. *Fremde Gebiete* sagt Josepha. Zu leise, man hört sie fast nicht. Ich muß mich anderen Gegenständen zuwenden, Jahrmarktsgegenständen vielleicht? Zu ärmlich. Oder Jagdgegenständen. Lederhockern, englischen Büchsen. Oder Stickereibedarf? Ich kann mich nicht entscheiden. Meine Feder tropft, die Schwestern Jouet haben den Blick auf mich gerichtet. Ich weiß es jetzt, Schulsachen müssen es sein, Hefte, Einbände, die Geschichte Westafrikas in Pappdeckeln. Aber ich habe keine Worte dafür, keinen Laut. Sie schauen mich an, diese Schwestern, und ich bringe nichts ein. Dabei geht es in dieser Landschaft um

Einbringungen, das muß man wissen. Und man muß es zuvor wissen, vor den Buchstaben, vor allem andern. Einbringungen sind hier gang und gäbe. Dann kommt erst die Flora, dann die Fauna und was sich sonst ergibt, Schlangeninseln, Grenzziehungen, das meiste ist zu verhandeln, unter Budendächern gut unterzubringen. Einen Kranichschwarm sah ich, in der Formierung, im Flug festgehalten, mit Federn gestopft, an Holzständer genagelt. In der richtigen Anordnung, das war nicht leicht. Ein schöner Schwarm. Das würde auch Rosalie sagen. Wenn sie Lust hätte, es zu sagen. Rosalie ist blond. Sie hat dünnes Haar und trägt es gescheitelt wie ihre Großmutter im Mutterland. Was sage ich da? Davon wollen wir nicht sprechen, das werde ich einhalten, es fällt mir nicht zu schwer. Anna und Josepha erinnern sich nicht mehr daran, sie sind dunkel und schauen geradeaus. Wenn sie zu mir sprechen, stellen sie sich vor mich; das hat Rosalie nicht nötig. Sie streift meine Schultern, sie spricht vom Dach, von den beschmutzten Denkmälern, hinter den Maisfässern hervor. Das Mutterland, zum Lachen, das lassen wir jetzt. Wenn Rosalie in die Wüste geht, merken die Grenzwächter unter ihren Burnussen auf, aber sie wagen nichts zu sagen. Rosalie geht oft in die Wüste. Ich könnte mir einbilden, um Sand für meine Schriften. Sie schleppt ihn in einem chinesischen Kindereimer hierher. Der Sand ist ihr Vorwand, ihre Begründung für mich. Für sie selbst werden ihre Wüstenspaziergänge andere Gründe haben, ihre eigenen Gründe. Sie sammelt Nußschalen, sagt Josepha und sieht mich starr an, immer von vorn. Sie hält die Wüste in Ordnung. Sie gibt Zeichenstunden, ruft Anna, sie nahm mich zweimal mit. Sie lehrte mich den Schwan und die Ente. Die Art, sagt Josepha. Natürlich die Art, erwidert Anna zerstreut. Mit Hakenschuhen, schwarzer Lack aus der Heimat. Heimat, Heimat? My country. Es krachte, als wir heimkamen. Ich meine, hierherkamen, jedesmal die beiden Male, es knirschte in den Strümpfen, ja, das tat es. Das nehmen wir gerne auf uns, sagt Josepha, nicht wahr Rosalie? *Auf uns* sage ich. *Auf uns*, das liegt mir, das nehme ich. *Auf uns*. Was meinen Sie denn? sagt Rosalie. So ist sie. Eine Wüstenlehrerin im Zeichnen. Und dann Schwimmvögel. Mit den gesammelten Nußschalen als Schwimmflossen. *Flossenschule* rufe ich, *Flossenschule* rufe ich jetzt und klatsche in die Hände. Ich weiß, daß ich keine Ahnung von Kinderhorten habe, ich sollte sie aber haben, ich sollte mich als Traum fühlen und auf Sauberkeit halten, das entspräche dem ganzen. *Den Sand aus den Schuhen* müßte ich rufen, und nach einer angemessenen Minute *reiche deinem Lehrer das Salz herüber, Josepha*. Oder *Anna*. Oder *auch Anna*. Aber ich tue es nicht, ich nehme meine Schwestern Jouet wie sie sind, am Wüstenrand zu Bettlerinnen geneigt, oft ohne Anmut. Als Laube, als trockenen Sturmwind, als Herzblatt. Oder Blätter. Als Compagnie. Dreifach gestaffelt. Wir fahren nie fischen miteinander. Kein Gehege. Nichts als meine Übertreibungen, die uns beieinander halten. Ich darf deshalb nicht auf sie verzichten, ich muß meinen Tisch halten und meine Berichte weiterschreiben, über das Land an das Mutterland, über das Mutterland an das Land. *Naufrage* heißt es dazwischen. Das sind die Fäden. *Die Backsteine sinken hier ein*, heißt es in einem meiner Berichte, darauf kam ich allein. *Das Stroh fliegt dort davon* heißt es im nächsten, das glaube ich einfach. Ich sah es fliegen, bei geschlossenen Augen. Es gab auch Reisende, die mir davon erzählten. *Sie glauben gar nicht, wie das Stroh dort fliegt*, erzählten sie und fuhren wieder fort. *Besonders an der Westküste*. Meine Feder kratzt, es ist meine erste Feder. Übertreibe nicht, sagt Rosalie. Übertreibe nicht, sagt auch Anna. Es ist deine zweite. Wie? Ach ja. Deine zweite, sagt Josepha begütigend und knistert mit ihrem grauen Kleid, deine zweite Feder. Natürlich. Kurz darauf sehe ich sie an meinem Tischbein kauern und Scharpie zupfen. Als wir den Kannibalen entgingen, hast du die erste zerbrochen. Ich weiß, ich weiß. Dein zweiter Friede.

Mein zweiter Friede, wer sagt das? Josepha hat es gesagt. Josepha? Es ist mein dritter Friede, Josepha. *Armer Jonas*, sagt Josepha sanftmütig. Das ist überraschend. Seit ich an Land gespült wurde, hat es niemand gesagt. Niemand stellt den als arm hin, der mit seinen Eßwerkzeugen auskommen muß. Oder mit den Schultern, mit dem Geruchsinn. Armer Samson, du hast nur eine Nase, müßte es heißen, aber das heißt es nicht. Ich hatte außerdem ein Besteck bei mir. Im Brotsack, es war vollzählig. Josepha putzt es zuweilen, sie läßt sich im Tempelvorbau nieder und reibt daran. In ihrer Dschunkenandeutung. Dabei ging ein Kompottlöffel verloren, vielleicht meinte sie das. Im übrigen glänzt er stärker als in den Kindertagen an den Flüssen, stärker als je zuvor. Und Kompott esse ich selten, das Wasser ist hier Brackwasser, viele Arten von Früchten gehen darin mit ihrem Zucker zugrunde. Man kann auch mit Rindern auskommen, mit Löwenaugen und einer Andeutung von Dill darüber. Rosalie lacht. Sie hat den Dill gesammelt. Mit ihrer Schwester Anna, es war keiner. Wir aßen alle davon. *Bedienen Sie sich, Herr,* sagten die drei, *nehmen Sie, nehmen Sie nur.* Der Tisch war blendend gedeckt. Ganz weiß, eine halbtropische Vergißmeinnichtsorte an jede Gabel gesteckt, zur Erhaltung ebendieser Sorte, damit kommen wir aus. Um jedes Besteck eine seidene Schnur aus dem Mutterland, davon sollte ich schweigen. Spinnereien gibt es hier nicht, die weißen Väter halten damit zurück. *Regen* sagt Anna und macht sich am Dach zu schaffen. *Regen* sagt Rosalie, *Regen* sagt Josepha. Einstimmig und schon stürzt er vom Himmel. Das könnte euch passen, ja, das wäre euch recht so. Angespannt lauschen, angespannt schlafen, den Schmuck einregnen lassen, meine lieben Schwestern, so möchtet ihr es, aber ich nicht. Wieso heißt ihr Jouet? Gibt es Bezirke dort, wo ihr her seid, himmlische Gäste in der alten Art? Sind die Fische jodhaltig dort? Was bewog euren Vater zu jeder von euch? Und wodurch wiederum wurde er zu sich bewogen? Ich bin allein ohne euch. Ich habe nur euch im Sinn. Weshalb seid ihr so grau, so rosig, orange, blau und den Rest? So ergeben, als wüßtet ihr keinen Rat? Oder meinst du, daß ich wieder übertreibe, Rosalie? Meinst du es, Anna, meinst du es, Josepha? Übertreibe ich? Bin ich eilfertig, leichten Sinnes? Nennt man das so? *Regen* sollte ich sagen und es prasseln lassen. Deckstauden, Missionsschulen, Leuchtfeuer im Schlick, alles wird gleichmäßig untergraben. *Regen* sollte ich euch nachsagen und die Nässe gierig einatmen wie eure Verwandten väterlicherseits, sobald sie die längsgestrichenen Speisesäle ahnten, lange vor euch. Sobald ihnen die selbsttätigen Wasserleitungen in den Vorhöfen ausgingen und das war bald. *Gegenwärtig, erfinderisch, undurchschaubar* hat einer mit dem Namen *Boote* gesagt, er weiß es, ein Cousin eures Großonkels, er ist euch nicht nachgeraten. Laßt ihn, er lungert gerne an Feuern. Diese alten Zusätze, was soll man mit ihnen? Man stampft sie ein, und sie altern gleich von neuem. Feuer, Feuern, weißhängig, bodennarbig, ja. Rechtmäßig, da wären wir wieder. Mit beiden Füßen auf den Böden der Flüsse, die Generalsnamen tragen, auf den Nährböden für die Hakenwürmer, alles schon eingezeichnet, ich weiß, ich höre jetzt auch auf. Ich neige mich zu meinen Schwestern, die grau und weiß sind. Wer hat keine Beine und kann doch gehen, kann die Fallen für die Wüstenfüchse ausreißen, wer ist das? Das seid ihr, meine Lieben. Die Jouets waren angenehm, wird es von euch heißen, sie waren alle drei sehr angenehm, so heißt es, ist euch das recht? Sie hatten Kirchenplantagen, wo keiner es erwartete, bei Schaffhausen zum Beispiel, sie tranken den Ertrinkenden das Wasser fort. Man konnte gut sechshändig mit ihnen spielen. Was hieß es noch? Sie waren ergeben, hieß es. Jetzt wißt ihr's. Die geretteten Wüstenfüchse graben euch ans Licht. Ergeben, was sagt ihr dazu? Umstanden einen, der gut ihr Vater hätte sein können. Ergeben. Ich sage nichts dazu, ich warte auf das, was ihr sagt, ich warte auf nichts anderes mehr. Was ihr sagt, sage ich. Was sagt ihr? *Schulgebäude*? Sehr gut. *Schulgebäude* sagt Rosalie, *Schulgebäude* Anna, *Schulgebäude* sagt Josepha. *Josephshaus* sagt Rosalie. Mit *Fenstern*. Was wird noch kommen? Tisch und Buntrock, Kehl- oder Lippenlaute, Geheimnis, Robbenfang? Ich warte, ich warte. Auf Affenbrot und Erdnuß, Wattebausch, Backwerk und Helden des Vaterlandes. Himmelfahrt und das dazugehörige Kommando. Meine süßen Tauben, meine Holzlichter. Wie sollte ich Amen sagen, ehe ihr es sagt?

Ilse Aichinger
Ins Wort

Als ich zur See fuhr, bekam ich viele Ratschläge. Einer von ihnen hieß, die stetigste Art zu fischen, sei die Sintflut und ihr Ende. Dann läge alles da. Und je schneller man diesen Vorgang wiederhole, desto reicher sei der Fischzug. Wenn ich etwas lese, denke ich auch sonst oft, hier ist Sprache oder hier ist keine. Daraufhin befragt, was das heißen solle, wurde mir klar, daß es hieß, das hat Schweigen in sich und das nicht.

Derjenige, der schreibt, ist derjenige, der Ratschläge gibt, die nicht zur Vernichtung, sondern zur Erweckung führen. Alle Mitteilungen sind heute gefährdet. Aber derjenige, der schreibt, ob beredt oder unberedt, setzt das Schweigen dagegen. Das bedeutet für mich immer wieder: Das Ergebnis des genauesten, stillsten Hinhörens, das Ergebnis des Schreibens, das Schreiben selbst.

Marie-Thérèse Kerschbaumer
Für mich hat Lesen etwas mit Fließen zu tun

Für mich hat Lesen etwas mit Fließen zu tun, es ist, wie wenn man in einem kalten Gebirgsbach brennend vor Kälte und Leben von Bachstein zu Bachstein sich stoßend im Strom schwimmt, treibend getrieben im Wagnis der Kühle, nahe dem Strudel und nahe dem Ufer.

Kämpfen, hartnäckig, unbeirrt, um die Fähigkeit des Lesens, um die Zeit zum Lesen. Das Anrecht auf Wissen, das angestammte Recht darauf.

Lesen als »Schicksal«, verbunden mit der Gemeinschaft, in die man hineingeboren oder durch spätere Ereignisse hineingeworfen wird. Lesen und Sprechen, Lesung, die Messe lesen, der Wunsch, eine Messe zu lesen, der Wunsch, die Bibel zu lesen. Weise sein, wie König Salomon. Zufall, mit wem man lebt, *was einem so in die Hände fällt*, der Wunsch, dieses Kapitel, diese Seite, diese Zeile, der Wunsch, diesen Schund ohne Schelte zu Ende zu lesen, ehe man unterbrochen wird, ehe man gefaßt wird, ehe man die Bücher zurückgeben, ehe man schlafen gehen, aufstehen, zur Arbeit gehen muß.

Lesen und Bilder, Lettern, Folianten, Erinnerungen, Schrecken, *was einem so in die Hände fällt*, schmerzliche, unvergeßliche Schrecken, Lagerappell, überlagert die mündliche Erzählung des Mannes, mit den klammen Fingern, ein Müller, sein Bericht von den Menschen, die nackt in den Schnee getrieben wurden und mit Wasser übergossen, bis sie zu Klumpen gefroren, und kurz darauf ein Gedicht, das vom Lagerappell. Geheimnisse, in die man eindringen wird, koste es, was es wolle. Lesen als Zwang, die falschen Bücher, die nutzlosesten, schwerfällig machenden, ohnmächtig machenden Schriften zu lesen, Zeitverlust, verliere nie die Zeit mit Büchern und

Menschen, deren Stufe du schon überschritten hast, wie kann ich urteilen, richte nicht, damit du nicht gerichtet werdest, aber nur du wirst immer gerichtet, nur du. Lesen als Flucht, aus der Not der Gedanken, der Widersprüche, der Zwänge, in die Not, die Widersprüche, die Zwänge anderer, wunderbare Helden und Heldinnen, die ihre Leiden ertragen, die ihre Leiden überwinden, in Wundern und Werken, in den roten Rosen der heiligen Elisabeth.

Lesen und Niedertracht, falscher Gedanken, falscher Ängste, falscher Schlüsse, ausgelöst durch unwahre, lügnerische, unpassende Schriften, Schriften, die ablenken, hemmen, erniedrigen, die niederhalten, abhalten, unterdrücken.

Lesen und warten, Vorbereitung, Sammeln, Klausur, die Mühsal der Unkonzentriertheit, noch einmal lesen müssen, Nachholbedarf, Raffsucht, Angst, bezogen auf Zeit, bezogen auf Bücher, die richtigen Schriften lesen, Kraft, Muße, Geld, Interesse, lesen, lesen, lesen.

Bücher als Gefangenschaft, geistige Gefangenschaft, Ärgernis, Verlust, Sehnsucht, Stolz, Zorn, Trauer, Bücher, Bücher, Bücher. Bücher sind Menschen, Sprache, Reisen, nach innen, nach außen, Bücher sind Haß, Gegnerschaft, Abscheu, Verfolgung, Bücher sind Wiederkehr, Rachsucht, Abrechnung, Sieg, Bücher sind Begegnungen mit Gestalten, mit Autoren, mit den eigenen geheimsten Wünschen.

Lesen ist das Ringen mit dem Engel, Lesen ist Größenwahn, Lesen ist das Steingrab zu Hebron, ist der Turmbau zu Babel. Lesen ist Bedrohung, ist die Frucht vom Baum der Erkenntnis, und diesen Apfel will ich essen, amen. Lesen ist Befreiung aus der Knechtschaft der Unwissenheit, ist die Möglichkeit, dies eine Leben zu besitzen, ganz, ist die Fähigkeit, die jedem Menschen eigen ist: Sprache, dieses offene Zeichensystem, darüber verfügen, es entwickeln und darüber reflektieren zu können, die Möglichkeit der Abstraktion in dem Regelsystem und die

Möglichkeit der Abstraktion der Abstraktion, Erfindung der Schrift.

Der Übergang von der festgefügten mündlichen Überlieferung in die zunächst festgefügte schriftliche Überlieferung, die Eroberung des Wissens, seine Hortung durch wenige, der Kampf um das Wissen für viele.

Lesen ist das Buch mit sieben Siegeln, Musik lesen, für die einen wie das Lesen einer Zeitung, für andere wie das Entschlüsseln der Knotenschnur. Lesen mathematischer Formeln, physikalischer Formeln, Lesen von EDV-Systemen, das Lesen purer Information, von Zahlen, Aufforderungen, Befehlen. Die Möglichkeit, den schrecklichsten aller Befehle nicht als Zeichen zu lesen, nur als todbringendes Signal. Und keine Hand erscheint uns, und nicht erbleicht mehr der Täter, der unwürdige König...

Verlust der Fähigkeit zu lesen, der große Schrecken der Verlagsindustrie, ausgelöst durch diese selbst, Ressourcenverschwendung, gigantische Produktion, Abfall, Abfall, Makulatur.

Vom Überdruß des Lektors, lektorieren zu müssen, vom Überdruß des Buchhändlers (was bitte?) sortieren zu müssen, vom Überdruß verschleiern, dran sein, dran bleiben, überdecken zu müssen. Vom Versinken der Regenwälder. Vom Ersticken der Menschen im Blut.

Von der emsigen, quicken, cleveren, vorne dran seienden, ewig jung sein wollenden, greisenhaften, vor Todesangst geschüttelten, anal fixierten, Verwesung und Pesthauch verbreitenden, Oberflächen glättenden Bewußtseinsindustrie: Frau Welt, drehn Sie sich um!

Von der Lüge. Von der Lüge der Saturiertheit, niemand ist saturiert. Alles ist Schlund, alles Trichter, hinab zu Dir ins Eis, da ist unendlich Schlingen.

Aber der Aufstieg! An den Zotten des Ungeheuers hinab aber hinauf! Vom neuen Analphabetentum der jugendlichen Arbeitslosenheere, der Droge Video, vom Höllenlärm der Stille der neuen Taubheit in den Städten hinab. Aber zugleich hinauf zu Alphabetisierung (es bleibt noch viel zu tun!). Simbabwe, Moçambique, Nicaragua Sandinista, Indien, Usbekistan (ja, Usbekistan, in den zwanziger Jahren, als die Frauen lesen lernten und den Schleier ablegten), zu allen benachbarten und nicht benachbarten Ländern dieser Region, wo die Frauen jetzt den Schleier ablegen und lesen lernen. Aufblitzen des Erkennens: das Merkmal! »Das Schaf kommt wieder ... es blöckt [sic] und nun erkennet sie's wieder! (Du bist das Blöckende [sic]!)« *Der Ursprung der Sprache*, vor zweihundertvierzehn Jahren so metaphernreich von Johann Gottfried Herder (ein Weberkind!) entwickelt, enthält er, im Kern, nicht den Ursprung des weiteren Merkmals, des Schriftzeichens, und, im weiteren Sinn, dessen Ersetzung durch andere Zeichensysteme? Was aber, wenn damit auch ihre Abschaffung enthalten wäre? Mikroprozessoren, gigantische Maschinenhallen, menschenleer? Darüber streicht – watteähnlich – Konsum! Konsum! der Unterhaltungs-Aufbereitungs-Film: Vor diesem Gott sind alle gleich, ob Frank Sinatra, Libanon, das Schiff *Martina* contra einen Schlepper, was bleibt, sind Leichen ohne Trauer als Bildverschnitt.

Das Bild. Du sollst kein Bild dir machen, das besorgen andere. Das flimmert nur so, das stört beim Lesen. Ja. Schon wieder das Gejammer. Verlust des Lesens als Verlust der Phantasie, Verlust des eignen Ich, das sich in den Erinnerungen anderer (Identitäten) spiegelt. Keine Geschichte, nur Tagesreste, dumpfes Dämmern, kein Wissen, Impuls, Reflex, ist das die Zukunft? Und doch: »... auch der zeitlebens Stumme, war er Mensch, besann er sich: so lag Sprache in seiner Seele.« (Herder)

Muß es Lesen sein? Jahrtausende waren wir ohne Schrift. Später besaßen Schrift nur wenige. Dann mehr. Jedoch nur eine begrenzte Anzahl der Glücklichen. Die großen Lesenden beiderlei Geschlechts, waren sie die Mehrheit?

Was wird sein? Was werden wir verlieren, was gewinnen? Verlust des anschaulichen Denkens? Hier Information, dort keine? Hier reine Daten, dort Geschichtslosigkeit? Oder führt das Vakuum »Unterhaltung« die nächste Generation zurück zum Buch, zurück zu inneren Bildern, zu schöpferischem Lesen? Wird es Lese-Feste geben? Leseklöster? Abgeschlossen, ohne Außenlärm, durch die geheime Drehtür im Bücherregal in das Refugium gelangt ... Wer kann es sagen? Wir wissen nur: Diese bedruckten Seiten, die schwarzen Zeichen bringen uns das Meer, das Land herein, »... ein leises Klingen und Rauschen ... das Hallen von Schritten und Stimmen«, die Hand der Erdgöttin Ge »ragte aus der Steinkante, und hinauf zum profilierten Vorsprung streckten sich langgliedrige knotige Finger, als wären sie noch unter der Erde und wollten das Gelenk der offnen daumenlosen weiblichen Hand erreichen, sie bewegten sich unterhalb des Simses entlang, suchten nach den verwischten Spuren eingeritzter Buchstaben, und Coppis Gesicht, mit kurzsichtigen Augen hinter Brille mit dünnem Stahlrand, näherte sich den Schriftzeichen, die Heilmann, mit Hilfe eines mitgebrachten Buchs, entzifferte«.

Lesen, in dem Gigantenfries von Pergamon, an dieser Stelle, da der Text durch kunstvoll angelegte Syntax gleich einer visuellen »weichen Blende« dreifach Lesen uns vor die Augen bringt, den Lesenden dieses Jahrhundertbuchs von Peter Weiss. Werden wir überleben?

Wir müssen uns einlassen, mehr ist hier nicht zu sagen.

Ingeborg Bachmann
Das Gedicht an den Leser
Entwurf

Was hat uns voneinander entfernt? Seh ich mich in dem Spiegel und frage, so seh ich mich verkehrt, eine einsame Schrift und begreife mich selbst nicht mehr. In dieser großen Kälte sollten wir uns kalt voneinander abgewandt haben, trotz der unstillbaren Liebe zueinander? Ich warf dir wohl rauchende Worte hin, verbrannte, mit bösem Geschmack, schneidende Sätze oder stumpfe, ohne Glanz. Als wollt ich dein Elend vergrößern und dich mit meinem Verstand ausweisen aus meinen Landen. Du kamst ja so vertraulich, manchmal plump, nach einem schönfärbenden Wort verlangend; auch getröstet wolltest du sein, und ich wußte keinen Trost für dich. Auch Tiefsinn ist nicht mein Amt.

Aber eine unstillbare Liebe zu dir hat mich nie verlassen, und ich suche jetzt unter Trümmern und in den Lüften, im Eiswind und in der Sonne die Worte für dich, die mich wieder in deine Arme werfen sollen. Denn ich vergehe nach dir.

Ich bin kein Gespinst, nicht vom Stoff, der deine Nacktheit bedecken könnte, aber von dem Schmelz aller Stoffe gemacht, und ich will in deinen Sinnen und in deinem Geist aufspringen wie die Goldadern in der Erde, und durchleuchten und durchschimmern will ich dich, wenn der schwarze Brand, deine Sterblichkeit, in dir ausbricht.

Ich weiß nicht, was du willst von mir. Zu dem Gesang, mit dem du ausziehen könntest, um eine Schlacht zu gewinnen, taug ich nicht. Vor Altären ziehe ich mich zurück. Ich bin der Vermittler nicht. Alle deine Geschäfte lassen mich kalt. Aber du nicht. Nur du nicht.

Du bist mein Ein und mein Alles. Was möcht ich nicht

alles sein vor dir! Nachgehen möcht ich dir, wenn du tot bist, mich umdrehen nach dir, auch wenn mir Versteinerung droht, erklingen möcht ich, das verbleibende Getier [?] zu Tränen rühren und den Stein zum Blühen bringen, den Duft aus jedem Geäst [?] ziehen.

Nachwort

Kunst, heißt es, kennt keine Quoten. Sie prämiert weder Geschlechter noch Gegenden. Wenn – in der Literatur – nur der Text eine Rolle spielt, müßte es egal sein, ob sein Autor männlich oder weiblich ist, oder aus welcher Ecke eines Sprachraums er kommt. Hat es dann Sinn, Texte von Schriftstellerinnen in eine Anthologie zu stecken – heißt das nicht, sie auf die Frauenseite abzuschieben, ihnen die Kulturnische einzuräumen, die sie schützt und zugleich ausgrenzt? Werden und wurden Autorinnen außerhalb solcher Reservate nicht ernster genommen? Und wäre es nicht an der Zeit, die endlose Debatte über das Österreichische an der österreichischen Literatur zu schließen? – Solche Fragen hat die Literaturkritik in der Tat gestellt; einer der prominentesten deutschen Kritiker hat schon öfter bezweifelt, ob so etwas wie eine österreichische Literatur überhaupt existiere – und daß man schreibende Frauen unterschätzt hat, *weil* sie Frauen waren, hält er für »absolute Erfindung«.[1]

Kunst kennt aber wirklich keine Quoten. Ein Text wiegt nicht deshalb schwer, weil eine Frau ihn verfaßt hat, und dabei kann keine Rolle spielen, daß die literarische Tradition jahrhundertelang auf männlich geeicht war. Zur Frauenbewegung haben österreichische Schriftstellerinnen daher mitunter Distanz gehalten. Anders als viele bundesdeutsche Frauen vom Fach bezeichneten sie sich selten ausdrücklich als Feministinnen (was engagierte angelsächsische Literaturwissenschaftlerinnen auch schon mal leise bedauerten[2]). Denn einerseits haben Autorinnen wie Elfriede Jelinek oder Marie-Thérèse Kerschbaumer beharrlich darauf bestanden, das Verhältnis von Männern und Frauen *nicht* aus dem Rahmen der

Klassengegensätze zu lösen. Sie blieben dabei, daß soziale Privilegien nicht *nur* geschlechtsspezifisch verteilt sind. Und gerade in der Auseinandersetzung mit den Opfern politischer Herrschaftsverhältnisse ließen sie sich nicht auf ein weibliches Biotop beschränken: »Nicht die Frauen haben das Recht zur Klage gepachtet. Die Gewohnheit der Macht in den Händen der Männer verschiebt die Perspektive ins ›Biologische‹«, sagte Marie-Thérèse Kerschbaumer. »Nein, Trauer ist wahrscheinlich nicht ans Geschlecht gebunden, sondern eine Sache der Haltung, des Gewissens, des Wissens«.[3] Andererseits haben sich österreichische Schriftstellerinnen auf kein ästhetisches Programm eingelassen, auch nicht auf eine Definition »weiblicher Schreibweisen«. Das »ganz Andere« des weiblichen Schreibens, das in der französischen feministischen Theorie auftauchte, haben sie nicht erörtert, sondern gemacht. Anläßlich der Düsseldorfer Tagung ›Frauen schreiben: Eine andere Literatur?‹ (1978) sprach Friederike Mayröcker von ihrer »*Unbekümmertheit des Bewußtseins des eignen Geschlechts*«[4] – eine Gelassenheit, die schon Virginia Woolf ihren Kolleginnen empfohlen hatte: »*It is fatal for anyone who writes to think of their sex*«.[5]

Aber Virginia Woolf war es auch, die ein für allemal formuliert hat, daß in der kulturellen Tradition für die Kreativität von Frauen schlicht kein Platz war. Es hat Generationen von Frauen bereits immense Energie gekostet, sich auch nur die primitivsten Voraussetzungen für das Schreiben zu verschaffen. So ging es noch den Autorinnen der fünfziger und sechziger Jahre – und sie haben das wütend oder sarkastisch kommentiert. Marlen Haushofer, Mutter zweier Söhne und Sprechstundenhilfe ihres Mannes, nannte es lapidar einen »schmerzlichen Punkt«, daß sie lange Zeit nur schreiben konnte, *bevor* ihr Alltag als Hausfrau – früh um halb sieben – begann.[6] Und selbst wenn eine Frau ihre eigene literarische Praxis durchgesetzt hatte, hat sie wohl immer noch eines gewaltig gestört: Ihr Material, ihr Werkzeug und ihr Gegenstand, die Sprache, überlieferte nicht nur die alten Klischees von »Weiblichkeit«. Jedermann konnte sich davon überzeugen, daß Sprache in Sachen Geschlecht parteilich war. Ein Sprachgebrauch, der Frauen ausschloß, hatte sie einseitig abgenützt. Alle Spuren ungleicher Machtverteilung waren ihr geblieben. Dafür allerdings hatten Schriftstellerinnen in Österreich ein gutes Ohr. Denn ihr Land hatte seine Bewohnerinnen zu Wissenschaft und Politik nur widerstrebend zugelassen – studieren durften Frauen ab 1897, wählen ab 1918 –, aber seine literarische und philosophische Tradition hatte das Gehör auf die Tücken der Sprache eingestellt und war in ihrer Kritik geübt.

»Für mich selber habe ich lange Zeit die Schwierigkeit darin gesehen, daß ich deutsch schreibe, zu Deutschland nur durch diese Sprache in Beziehung gesetzt bin, angewiesen aber auf einen Erfahrungsfundus, Empfindungsfundus aus einer anderen Gegend. Ich bin aus Österreich, aus einem kleinen Land, das, um es überspitzt zu sagen, bereits aus der Geschichte ausgetreten ist und eine übermächtige, monströse Vergangenheit hat« – Ingeborg Bachmanns Sätze zur »Heimat« sind mittlerweile berühmt.[7] Nach dem Zusammenbruch des Naziregimes befand sich die Zweite Republik im historischen Windschatten und feierte die »übermächtige« Vergangenheit in Form von Habsburger-Nostalgie. Von den »monströsen« Jahren zwischen 1938 und 1945, als Österreich die »Ostmark« Hitlerdeutschlands war, wollte sie dafür lieber nichts mehr wissen. Aber für Schriftsteller ist diese Geschichte etwas, das in die Sprache gesickert ist: Das Deutsch der Monarchie war geprägt vom Kontakt und vom Konflikt mit den Sprachen der südöstlichen Kronländer und der Minoritäten. Friedlich wanderten Vokabeln aus dem Slawischen, Ungarischen, Italienischen und Jiddischen in den Wortschatz ein. Um die Jahrhundertwende nahm die Wiener Mundart sogar den Tonfall der vielen zugereisten Handwerker aus Böhmen an. Aber zugleich verschärften sich die nationalen Auseinandersetzungen um die Vorherrschaft der deutschen Amtssprache. 1897 wurde eine Regierung gestürzt, die versucht hatte, in Böhmen und Mähren eine zweisprachige Amtsführung zuzulassen. – Und ähnlich paranoid war der Umgang mit den jüdischen Autoren. In ihren Werken hatte sich eine uralte religiöse Achtung vor dem »Wort« als besondere sprachliche Sensibilität fortgeschrieben und war dem Deutschen zugute gekommen – in einem immer grimmigeren antisemitischen Klima. Während die Literatur und die Publizistik von ihren Beiträgen profitierte, kam, auch im Jahr 1897, im Wiener Rathaus der judenfeindliche Karl Lueger als Bürgermeister an die Macht.

Vor diesem Hintergrund entstanden die Arbeiten, die der Sprachphilosophie des 20. Jahrhunderts die Weichen stellen sollten. Rigorose Skepsis und äußerste Hingabe verhalten sich dialektisch: Fritz Mauthner, ein jüdischer Schriftsteller aus Ostböhmen, hatte in seinen ›Beiträgen zu einer Kritik der Sprache‹ (1901/2) zwar prinzipiell bezweifelt, ob die Sprache auch nur zur einfachsten Verständigung taugt; in der ungenauen und wechselnden Bedeutung ihrer Wörter sei sie vielmehr ein einziges großes Mißverständnis zwischen ihren Sprechern. Aber daß sie trotzdem als gemeinsames Bewußtsein und als kollektives Gedächtnis funktioniert, wurde Mauthner nicht müde zu versichern. Karl Kraus – *auch* ein jüdischer Schriftsteller aus Ostböhmen – hat lebenslang gegen die feuilletonistische Mißhandlung des Deutschen, gegen das Phrasengeschmier der Zeitungen gekämpft; aber zu Skepsis und Kritik an der Sprache verpflichtete ihn gerade ein kompromißloser, leidenschaftlicher Glaube an ihre reinen Ursprünge. Im berühmtesten Dokument einer Sprachkrise, Hugo von Hofmannsthals ›Ein Brief‹ (1902), treten dem Schreibenden Worte und Dinge unüberbrückbar auseinander, rettungslos zerfallen die Begriffe – aber im Stil des Briefes war die Verzweiflung an der Sprache schon in die präziseste, sensibelste Formulierung umgeschlagen.

Als dann nach dem Ende des Ersten Weltkrieges 1918 die Monarchie zerfiel und die deutschsprachigen Gebiete als kleines »Deutsch-Österreich« übrigblieben, war die wirtschaftliche Existenz dieser Ersten Republik ebenso bedroht wie ihre kulturelle Identität. Eine deutsch-nationale Orientierung erschien als Ausweg – und führte mit der bitteren Konsequenz der Geschichte zur Auslöschung Österreichs. Bereits 1933 zerstörte der austrofaschistische »Ständestaat« die Strukturen der Demokratie. Im Februar 1934 wurden die Wohnungen streikender Arbeiter beschossen, die Sozialdemokratische Partei aufgelöst – das Fanal der kommenden Verfolgung war gesetzt. Und mit dem »Anschluß« an Nazideutschland 1938 war der Moment gekommen, in dem sich die Sprache tödlich kompromittierte. Der menschenverachtende Jargon des Dritten Reiches, das Wörterbuch des Unmenschen setzte sich durch. – Nach dem Ende des nationalsozialistischen Terrors konnte sich die Zweite Republik zufrieden auf ihren angeblichen Status als Hitler-Opfer berufen. Während sich die Kulturpolitik der fünfziger Jahre dem Andenken an Österreich-Ungarn und an die ständestaatliche »Heimat« widmete, hatte sie für Vertriebene und Ermordete eine erstaunliche Gedächtnisschwäche. Seither haben es Schriftsteller übernommen, in und mit der Sprache an die Geschichte zu erinnern.

Die Vorgeschichte des »Neuen Österreich« trainierte Sprache und Gedächtnis: eine notwendige Übung für Autorinnen, denen der Kulturbetrieb der Zweiten Republik ohnehin genug Hürden aufstellte. Nach wie vor galten schreibende Frauen als Ausnahmeerscheinungen. Auf die Aufbruchstimmung der Nachkriegszeit folgte im Jahrzehnt des Staatsvertrags (1955) ein offensiver Konservativismus. Traditionelle Frauenrollen wurden im Zeichen des Wirtschaftswunders neu propagiert – die Hausfrau war als Konsumentin der schönen sauberen Produkte unabkömmlich – und auch von den Schriftstellerinnen eingefordert. Im Kalten Krieg kämpften die Herren an der Kulturfront, und Autorinnen hatten im Hinterland auf die Vermittlung von wohlwollenden Mentoren zu warten. Wehe, sie entzogen sich dieser fürsorglichen Vaterschaft: Als sich Ingeborg Bachmann 1958 gegen die atomare Bewaffnung der Bundesrepublik aussprach, strafte sie Hans Weigel, der recht autokratische Förderer junger österreichischer Literatur, mit einer harschen Polemik. Kein Wunder, daß nicht nur zwischen der Entstehung und dem Erscheinen eines Werks lange Wartefristen lagen, sondern auch vor einem entsprechenden Echo der Kritik – zumal, wenn ein Buch die lethargische Vergeßlichkeit der österreichischen Nachkriegsgesellschaft störte. Ilse Aichingers ›Die größere Hoffnung‹ (1948) beispielsweise handelt von den (poetischen) Fluchtversuchen eines verfolgten jüdischen Mädchens; lange Zeit erreichte dieser Roman sein Publikum abseits der literarischen Debatten. Es gilt für Ilse Aichinger, für Ingeborg Bachmann, für Marlen Haushofer: Die Wirkungsgeschichte österreichischer Schriftstellerinnen ist eine einzige große Verzögerung.

Noch mehr betrifft das Autorinnen der Zwischenkriegszeit wie Hermynia zur Mühlen (1883–1951) oder Gina Kaus (1893–1985), die 1938 hatten fliehen müssen. Das Nazi-Bücherverbot setzte sich in der Ignoranz der fünfziger Jahre gewissermaßen fort: Es bestand auch jetzt kein Interesse, die Werke in den Kanon – und die Verfasserinnen nach Hause zurückzuholen.[8] Heimgekehrte Emigrantinnen hingegen bekamen zu spüren, daß ihre politischen Optionen keineswegs gefragt waren. Im Exil hatte die Fremdsprache Publizistinnen wie Hilde Spiel und Elisabeth Freundlich gezwungen, beim Essay oder bei der Reportage zu bleiben – und für ihre damals entstandenen Romane fanden sie oft erst Jahrzehnte später einen Verlag: ›Die Früchte des Wohlstands‹ von Hilde Spiel, in England entstanden, kamen 1981 heraus; ›Der Seelenvogel‹, den Elisabeth Freundlich noch in Amerika geschrieben hatte, konnte erst 1986 veröffentlicht werden.

Daß die beiden genannten Titel Familiensagas sind, die in der Wiener Gründerzeit spielen, ist kein Zufall: Aus der Sicht der Emigration, in der Situation eines nur allzu realen Sprachverlusts, konnten die Friedensjahre Österreich-Ungarns als die spätliberale Periode erscheinen, in der sprachliche und kulturelle Vielfalt noch möglich war. Was wie ein verlängerter »Habsburgischer Mythos« aussieht, hatte zumindest *auch* zum Ziel, sich rückblickend eine tolerante Koexistenz von Sprachgruppen auszudenken; diese utopische Möglichkeit wurde in den untergegangenen Vielvölkerstaat verlegt. Noch viel später »zitierte« die Literatur altösterreichische Gewährsleute. Nicht nur Ingeborg Bachmann hat ihre Prosa mit Figuren aus den Stücken Hofmannsthals und den Romanen Joseph Roths bevölkert. Marlen Haushofer sagte von sich, was sie an den Werken ihrer Zeitgenossen interessiere, sei »das Österreichische«, »der große Zusammenhang mit früher«.[9] Aber zugleich wuchs das Mißtrauen gegen eine Österreich-Ideologie, der das Land als gut verkäuflicher und von braunen Flecken gesäuberter Tourismus-Artikel am Herzen lag. Dem »anderen« Österreich fühlte man sich verpflichtet, und dem österreichischen »Empfindungsfundus« schuldete man die Empfindlichkeit für die Sprache. Mit dem Widerspruch gegen die offizielle Diktion der Vertuschung, gegen die Schönrednerei über die Gräber hinweg hat die Literatur ernst gemacht. Gerade die Kritik an der österreichischen Gegenwart berief sich auf die Autoren, die schon um die Jahrhundertwende den Zustand der Gesellschaft am öffentlichen Sprachgebrauch abgelesen hatten. Kronzeugen waren die Chronisten sprachlichen Zerfalls und sprachlicher Korruption: Kraus und Hofmannsthal. Noch Elfriede Jelinek rechnete ihre Arbeit der »Tradition der ostösterreichisch-jüdischen Satiriker«, der »Karl-Kraus-Tradition«[10] zu, und noch in Liesl Ujvarys ›Tiere im Text‹ (1991) kommt Hofmannsthals ›Brief‹ ein Echo zurück: »*Es ist mir völlig die Fähigkeit abhanden gekommen, über etwas Zusammenhängendes zu denken oder zu sprechen.*«[11]

Daß sich im Lauf der fünfziger Jahre eine Gegenöffentlichkeit zur stagnierenden Hochkultur entwickelte, verdankt sich auch einem kritischen Sprachsensorium, das sich noch dazu am Dialekt – und an Dada – geschult hatte. Und das schockierte Publikum verstand die »Konkrete Poesie« insofern ganz richtig, als es das Sprechexperiment nicht als selbstverliebtes l'art pour l'art, sondern als bedrohlich subversives Manöver begriff. Der Protest war so massiv, daß Vertreter der »Wiener Gruppe« wie Oswald Wiener und Gerhard Rühm Wien schließlich den Rücken kehrten. Wo mit Sprache experimentiert wurde, ging es immer auch um den Widerstand gegen verordnete sprachliche Mechanismen. Wie das später mit Realitätsferne oder politischer Apathie verwechselt werden konnte, ist unerfindlich. Und wo gegen die kulturpolitischen Verdrängungsstrategien der Zweiten Republik polemisiert wurde, war sprachliche Korruption allemal mitgemeint.

Die Alternative zu den offiziellen literarischen Institutionen hatte sich mit der Eröffnung des »Forum Stadtpark« in Graz 1960 endgültig konstituiert. Friederike Mayröcker, Elfriede Jelinek, Barbara Frischmuth publizierten in Alfred Kolleritschs Zeitschrift ›manuskripte‹. Damit waren Foren für Autorinnen gewonnen, deren poetische – und politische – Radikalität die Kritik allerdings noch lange verschreckte. In den sechziger Jahren polarisierte sich der Literaturbetrieb zwischen »Etablierten« und »Avantgardisten«. Dadurch gerieten wiederum Texte ins Hintertreffen, denen die innovatorischen Qualitäten nicht auf den ersten Blick anzusehen waren. Noch fiel die

Genauigkeit, mit der Marlen Haushofers Roman ›Die Wand‹ (1963) die Isolation von Frauen in der Wirtschaftswunderzeit abbildete, nicht weiter auf. Gegen Ende des Jahrzehnts, als Studenten und Frauengruppen zuerst in der Bundesrepublik in Bewegung gerieten, konnten dann die *sexual politics* mit den Mitteln der Sprachkritik erfaßt werden. Barbara Frischmuths Roman ›Die Klosterschule‹ (1968) stellte die Dressur zum weiblichen Gehorsam als Sprachdiktat dar; in Elfriede Jelineks ›wir sind lockvögel baby!‹ (1970) gingen die »trivialmüten« der Medienindustrie, die Weibchenklischees von TV-Serien und Heftchenromanen, zu Bruch. In der Wirklichkeit hingegen – mit der sie nichts zu tun hatten – erwiesen sie sich noch lange als haltbar.

Gegen Mitte der sechziger Jahre war die wirtschaftliche Hochkonjunktur abgeflaut; die seit Kriegsende bestehende Große Koalition zwischen Sozialisten (SPÖ) und Volkspartei (ÖVP) hielt bis 1966. Daraufhin setzten heftige Debatten zur gesellschaftspolitischen Rolle der »Literaturproduzenten« ein; Resultate zeigten sich etwa gleichzeitig mit dem Beginn der SPÖ-Alleinregierung (1971): Die Interessengemeinschaft österreichischer Autoren wurde 1971, die Grazer Autorenversammlung 1973 gegründet. Konnten die Interessen der österreichischen Schriftsteller jetzt kollektiv vertreten werden, artikulierten sich die der österreichischen Schriftstellerinnen weiter im Schreiben. Noch wurde Ingeborg Bachmanns ›Malina‹ (1971), einem Roman über die völlige Unvereinbarkeit männlicher und weiblicher Rede, weinerliches Selbstmitleid unterstellt. Es bedurfte tatsächlich eines Jahrzehnts der Arbeit von Autorinnen, die »weibliche Lebenszusammenhänge« literaturfähig machten, und einer feministischen Orientierung von Literaturkritik und -wissenschaft, bevor der Text neu gelesen werden konnte. Polemisch oder satirisch oder märchenhaft-phantastisch verabschiedete sich die Prosa von den herrschenden Geschlechter-Verhältnissen. Sie gab zu Protokoll, wie der Handel mit Liebe und Abhängigkeit die Frau automatisch ans untere Ende der sozialen Leiter befördert. Sie registrierte die Entwertung ihrer Arbeit, ihres Körpers, ihres Denkens, bis zur Selbstaufgabe, bis zu Krankheit und Verrücktheit. Und sie probte den Aufstand, durch vorsichtige Entwürfe neuer »Modelle«. Aber was die »Neue Frauenliteratur« in der Bundesrepublik anfangs hoffte: daß sich auch gleich eine ganz andere Frauensprache erfinden ließe, haben österreichische Autorinnen nie geglaubt. Davor war ihre Sprachskepsis, die nicht aus den Augen verlor, wie die Sprache selbst diskriminiert. Statt dessen haben sie mit den ›Schlechten Wörtern‹ (Ilse Aichinger, 1976) die alten Bedeutungen poetisch und listig ins Leere laufen lassen.

Ende der siebziger Jahre wurde dann Ingeborg Bachmann, Anfang der achtziger Marlen Haushofer wiederentdeckt. Vor allem die Bachmann-»Renaissance« sorgte für einen Theorieschub in der Literaturwissenschaft. Aber noch 1981 mußte der Begriff »Frauenliteratur« gegen den Kitschverdacht in Schutz genommen werden, mit dem man schon unerwünschte Remigrantinnenliteratur vom Tisch gewischt hatte.[12] Und erst danach erschienen in Neu- oder sogar Erstdrucken jene Werke, die seit Naziverbot und Exil durch den literarischen Raster gefallen waren. Andere Autorinnen haben eine eigene Buchausgabe gar nicht mehr erlebt: Auf tragische biographische Umstände geht zurück, daß die Arbeiten von Schriftstellerinnen wie Veza Canetti, Hertha Kräftner, Maxie Wander oder Meta Merz zum Großteil überhaupt erst aus dem Nachlaß herausgegeben werden konnten, mit der beschriebenen notorischen Verspätung. Waren diese Veröffentlichungen gegen die Vergeßlichkeit des Literaturbetriebs gerichtet, so lieferte die jüngste Geschichte Österreichs Fallbeispiele von politischem Gedächtnisschwund. »Weiblicher Widerstand« hatte sich schon zuvor gegen die Spätfolgen des Faschismus, gegen die

Erinnerungs- und Sprechverbote der Zweiten Republik gerichtet; 1986 bewies die »Waldheim-Affaire«, daß diese Tabus noch in Kraft waren. Und zynischerweise konnte man sie später »rechtsherum« brechen: Seit 1987 regiert wieder eine Große Koalition, und seither hat die Freiheitliche Partei (FPÖ) unter Jörg Haider die österreichische Vergangenheit gar nicht so übel gefunden. Aufmerksam und erbittert hat die Literatur darauf reagiert. Und der Vorwurf, »weibliches Schreiben« sei in den achtziger Jahren in die Familie, ins Private und in die tränenselige Innerlichkeit abgewandert, erübrigt sich auch: Gerade die Mutter-Tochter-Erzählungen dieser Jahre haben mit wehleidigem Wiederholungszwang gar nichts im Sinn. Von Elfriede Jelineks furioser ›Klavierspielerin‹ (1983) über Elisabeth Reicharts ›Februarschatten‹ (1984) bis zu Waltraud Anna Mitgutschs ›Züchtigung‹ (1985) ist die Mutter Agentur, aber ebenso Produkt und Resultat historischer und sozialer Gewalt.

Inzwischen stellt der Literaturmarkt den Feminismus gern in die Auslage, während das »Frustrationsradl«, wie Elfriede Gerstl das nennt, bei Autorinnen immer noch schneller läuft.[13] Eine jüngere Generation von Autorinnen hat in ihren Texten Bilder- und Wortketten quer zum »bedeutungsvollen« Erzählen montiert und damit gewiß poststrukturalistische Lektüren eingeladen. Aber zwischen einer Theorie, die es nicht kümmert, wer spricht (Michel Foucault), und der Praxis weiblichen Schreibens besteht noch immer ein Widerspruch: Frauen müssen nach wie vor auf ihrer Autorschaft bestehen, zu lange ist sie ihnen vorenthalten worden. In akademischen »Geschlechterdiskursen« pflegt der banale und mühevolle Alltag einer Schriftstellerin nicht mehr vorzukommen. Das mag Autorinnen gegen postmodern-pluralistisches Einerlei mißtrauisch machen. In diesem Sinne hat Marie-Thérèse Kerschbaumer »Frauenliteratur« ganz pragmatisch definiert: als Fähigkeit weiblicher Schriftsteller, gerade *wegen* der miserablen Voraussetzungen ihrer Arbeit eine spezifische sprachliche Sensibilität zu entwickeln. Umgekehrt seien Leserinnen unter Umständen das kongenialere Publikum.[14] Damit ist über eine besondere »Schreibweise« nichts gesagt; nur die ungleichen Bedingungen des Schreibens und Lesens sind ungerührt benannt.

Dabei geht es gar nicht so sehr um traurige Frauengeschichten, die Leserinnen zur betrübten Identifikation auffordern. Wichtig ist die Sprache. Sprache ist ein Instrument, das seine eigenen Beschädigungen vorzeigt; sie ist belangbar. Wenn sie sich als Machtsprache hergibt, trägt sie die Spuren davon. Sprachkritik und poetisches Experiment bringen diese Entstellungen zum Vorschein. Daran, und an einer anderen Sprache, »die noch nie regiert hat, die aber unsere Ahnung regiert und die wir nachahmen«,[15] haben österreichische Schriftstellerinnen beharrlich gearbeitet.

Zu den Texten

Widerstand. Erinnerung

»Sprache ist Gedächtnis«, sagte Fritz Mauthner. Bis heute hat die Zweite Republik ihren Nachholbedarf an Erinnerung nicht gedeckt. Hier sind Beispiele für den Widerstand gegen das Vergessen, zumeist aus der unbestechlichen Perspektive von unten. Unter dem Pseudonym Veronika Knecht hat *Veza Canetti* (1897–1963) in der Monatsschrift ›Neue Deutsche Blätter‹ noch 1934 als Zeugin berichtet, was im Februar in Wien geschehen war, als Bundesheer, Polizei und paramilitärische Verbände die letzte Gegenwehr der Arbeiter brachen. In ihrer Erzählung bewahrt die Courage einer Hausmeisterin eine

Gruppe flüchtender Jungen vor der Verhaftung. Vier Jahre später war Veza Canetti selbst zur Emigration nach England gezwungen. – Ein kleines Mädchen liegt krank im Bett, als im März 1938 die Hitlertruppen in Wien einmarschieren: Die Erinnerungen von *Ruth Klüger* (geb. 1931) setzen auch ihrem Vater, den die Nazis in Auschwitz ermordet haben, ein Denkmal. Wenn die Autorin hier als »österreichische Erzählerin« gilt, dann gerade nicht, um zu vertuschen, daß sich ihre Heimat in Feindesland verwandelt hatte, daß sie selbst als Kind ins Konzentrationslager verschleppt wurde und daß sie seit 1947 in den Vereinigten Staaten lebt. – Eine Gymnasiastin geht zur Englischstunde, am Tag, als der Zweite Weltkrieg ausbricht: Für *Ilse Aichinger* (geb. 1921) war die geplante Flucht nach England nicht mehr möglich. Sie überlebte mit ihrer jüdischen Mutter, immer gefährdet, in wechselnden Wohnungen. Ihren Roman ›Die größere Hoffnung‹ bezeichnete sie als Versuch, einen Bericht von der Verfolgungszeit zu geben; aber das Buch wurde kein »Spiegel«, keine »realistische« Wiedergabe des Ungeheuerlichen, und hat wohl auch deshalb zeitgenössischen Erwartungen nicht entsprochen. Es wurde ein »Grund«, weil es Ilse Aichinger »darum geht, was sich dort ereignet, wo auch die Sprache ihren Ursprung hat«.[16] Die Diskretion, mit der ›Der 1. September 1939‹ Namen, Orte und Dinge nennt, hält die äußerste sprachliche Disziplin gegenüber dem Terror. – *Marie-Thérèse Kerschbaumer* (geb. 1936), selbst als Dreijährige durch den Kriegsausbruch von ihrer Mutter getrennt, hat in dem Band ›Der weibliche Name des Widerstands‹ (1980) die Erinnerung an österreichische Frauen gerettet, die versucht haben, sich gegen das Naziregime zur Wehr zu setzen und diesen Versuch mit dem Leben bezahlten. Der letzte der sieben Berichte ist der Abschiedsbrief der Arbeiterin Antonie Mück vor der Hinrichtung. Ihr »Opfer«, der Entschluß zum Widerstand, geht zugleich als Auftrag und Appell an die Nachkommenden. – Wieviel Kraft diese zweite Generation aber brauchte, um die Geschichte ihrer Eltern zu ertragen, schilderte *Elisabeth Freundlich* (geb. 1906) in einer längeren Erzählung von den Kindern österreichischer Widerstandskämpfer in Frankreich, aus der der Ausschnitt ›Paris 1945‹ stammt. Daß diese Geschichte, ›Der Stein der Weisen‹, 1947 in New York geschrieben wurde und erst 1986 erscheinen konnte, ist für den Umgang mit Exilliteratur nochmals symptomatisch. – Die geübte Verdrängung von Mittätern und Mitläufern hatte früh begonnen: *Hilde Spiel* (1911–1990), die schon 1936 dem Ständestaat den Rücken gekehrt hatte und nach Großbritannien ausgewandert war, erlebte bei ihrer ersten ›Rückkehr nach Wien‹ 1946 schon eilige Versuche, die Geschichte umzufälschen – und »in Wahrheit zurückgekehrt« ist sie vielleicht auch 1963 nicht, als sie sich endgültig wieder in Wien niederließ.

Immer handeln diese Texte auch von Sprache, von der Sprache der Täter – *»Aufmachen!« – »Judenverbot« – »zum Tode und ehrlos auf Lebenszeit«* –, und vom Sprechen der Opfer und Zeugen. Von der Muttersprache, die in der Emigration *»in der Kehle gefror«*, und von der unterdrückten Gegenrede, die eine Änderung bringen sollte, wie die im Untergrund verfaßten und verbreiteten Aufrufe der Widerstandsgruppen. Elisabeth Freundlich erzählt, wie sie in Teesäckchen versteckt, als Briefmarkenheftchen getarnt wurden. In der Erinnerung müssen sie nochmals gefunden werden. Ingeborg Bachmanns drängendes »Such nicht zu vergessen! Erinnre dich!«[17] steht für all diese Texte, die den bequemen Übergang zur Tagesordnung nicht zulassen wollten.

Sprachlos

Widerstand gegen verordnete Sprachlosigkeit motivierte nicht nur die Suche nach der Vergangenheit. Frauen sind Spezialistinnen für die Folgen von Sprechverboten. Sie sollten schweigen und konsumieren: Vom perfekten weiblichen Schönheitsideal leben Industrien. Weiblichkeit wird ein Produkt, das zu vermarkten ist – Frauenrollen sind Reklameklischees. Mit unübertrefflicher Konsequenz hat *Elfriede Jelinek* (geb. 1946) solche Abziehbilder dargestellt, sie hat sie satirisch verzerrt, auseinandergenommen, mit ihnen experimentiert. ›Paula‹ ist eine der Antiheldinnen aus den ›Liebhaberinnen‹ (1975); dort waren die Glücksversprechen, die Paula wörtlich nimmt, zynisch demontiert worden. Aber Figuren sind, wie Elfriede Jelinek sagte, »Personen, wie sie sich als Sprachschablonen oder Sprachmuster materialisieren. Das, was ich kritisiere, ist immer die Sprache«.[18] Wenn Paula daher selbst sprechen darf, dann sprechen nur die Platitüden des sogenannten Volksmunds und der Mode- und Kosmetikzeitschriften. – In dem großen Romanwerk ›Dessen Sprache du nicht verstehst‹ (1985) entwickelte *Marianne Fritz* (geb. 1948) eine ›anti-grammatische‹, bizarre Kunstsprache. Erzählt wird die Geschichte von Namenlosen; »Nullpunkt« dieser Geschichte ist das Irrenhaus in »Donaublau«. Auch die Erzählung von 1978, der das abgedruckte Kapitel entnommen ist, spielt in »Donaublau«: Hier knebelt die ›Schwerkraft der Verhältnisse‹ vor allem die Mutter. Bertas »Schrei« verstummt am Ende in der Anstalt; der Wahnsinn ist ihre einzige Möglichkeit, sich der Alltagstortur zu entziehen. – Im »Reich der Männer« sind Frauen von vornherein Ausländerinnen. *Evelyn Schlag* (geb. 1952) hat in der Erzählung ›Beim Hüter des Schattens‹ (1984) Verständigungsschwierigkeiten in einer Fremdsprache dargestellt, die auch als Parabeln für das große Mißverständnis zwischen den Geschlechtern gelesen werden dürfen. Eine junge Österreicherin ist im Begriff, mit der Sprachbarriere auch die Fremdheitsgrenze zwischen sich und ihrem kanadischen Freund Pflueger zu überspringen. Der Ausflug ins dritte – französische – Territorium, die Episode mit ›Robert‹, endet desaströs und als versuchte Vergewaltigung; aber »sprachlos« steht diese namenlose Frau auch bald vor Pflueger: »Vielleicht würde sie überhaupt nichts mehr mit ihm reden können?« – Bei *Waltraud Anna Mitgutsch* (geb. 1948) ist Krankheit immer Sprachnot, Ausgrenzung bedeutet Kommunikationslosigkeit. Ihr Roman ›In fremden Städten‹ (1992) wechselt die Perspektive: Für Lillian, Amerikanerin in Österreich, bleibt das Deutsche eine kalte Fremdsprache, »Versatzstücke, unhandlich und unbiegsam wie Bauschutt«, während ihr die Muttersprache langsam verlorengeht und ihr Selbstgefühl zerfällt. Mit ihren Kindern die Kindheits- und Heimatsprache (wieder) zu lernen, läßt das blanke Unverständnis der Umgebung nicht zu. – Wenn Ausländerkinder in Österreich ein Lexikon deutscher Wörter verfassen, wird Sprachlosigkeit und das Leben in einem anderen Land plötzlich zur Poesie. »Ohne es zu wollen und ohne es zu wissen«, schrieb Ernst Jandl im Vorwort zu ›BLUME ist Kind von Wiese‹ (1993), »sind die genannten Kinder, durch Umstände bedingt, in dieser Phase ihres Lebens zu einer Art von Sprachkünstlern geworden.« *Helga Glantschnig* (geb. 1958) hat dieses »Dummheitbuch« aufgezeichnet, in dem die Fremdheit und Ausdruckskraft der Sprache für einen kurzen Moment zusammenfallen – ohne das »gebrochene« Deutsch zu romantisieren.

Tagebücher. Traumbücher

Was sich in der Sprache, wie immer gebrochen, vergewissern will, ist allemal ein »Ich«. Im Tagebuch ist dieses Ich jedenfalls eines, das schreibt; die Eintragungen sind vielfach bereits selbst poetische Entwürfe. Und zugleich wird das Diktat der Rollen und Erwartungen an das »Ich« verworfen und unterlaufen. Im Fall von *Hertha Kräftner* (1928–1951), die sich im Alter von dreiundzwanzig Jahren das Leben nahm, ist diese Geste des Widerstands aussichtslos. Der ›Roman in Ich-Form‹ (1950/51) bleibt tatsächlich Notiz. Die Zwänge und Ausgesetztheiten einer Hochbegabten, die zu Beginn der Fünfzigerjahre schreiben wollte, werden existentialistisch stilisiert. So ergeben ihre Aufzeichnungen ein beklemmendes *»Panorama weiblicher Zurichtung, (Fremd-)Zuschreibung und schließlicher Akzeptanz«* (Elfriede Gerstl). – Fünfzehn Jahre später spricht aus den Tagebüchern und Briefen von *Maxie Wander* (1933–1977) die Aufrichtigkeit, mit der sie hoffte, in einer sozialistischen Gesellschaft weniger entfremdet leben und schreiben zu können. 1958 war sie von Wien in die DDR übersiedelt. Trotzdem teilte auch sie die Erfahrung des »Exils«; 1972 fühlte sie sich bei einem Besuch in Wien »ganz zu Hause«, aber sie fügte gleich hinzu: »Nein, nicht ganz. So viele Jahre in einem anderen Land, die trägt man mit sich herum, und so ist man mit dem halben Herzen da und mit der anderen Hälfte dort. Und wo ist man eigentlich wirklich.«[19] Maxie Wander schrieb Tagebuch auch als Leserin, und zwar als eine, die die Literatur als Maßstab an die beschränkte Wirklichkeit hält. – Nochmals fünfzehn Jahre später setzen sich die ›Notizen 1980–81‹ der damals sechzehnjährigen *Meta Merz* (1965–1989) von einer Wirklichkeit ab, die nur mehr eine *»ewige kiste«* ist, eine *»zähe welt verstrickt mit dem rostigen abend«*. Statt dessen entwickeln sie Phantasiebilder von traumhafter Prägnanz. Und der »wahre Satz«, den Meta Merz sucht, ist nicht irrational, sondern »die knappste Realität und sonst nichts«.[20] Gegen eine computergesteuerte, schaumstoffgepolsterte, ausgetrocknete Sprache setzen sich momentweise die heiteren Tropen, die Löwen und die »Kokossonne«, durch.

Ein Kaleidoskop von Sprachbildern hat man das Werk von *Friederike Mayröcker* (geb. 1924) genannt. Es sei durch die Hofmannsthalsche Sprachskepsis hindurchgegangen und angekommen bei einer neuen »Sprachliebe, Sprachеuphorie, Sprachmagie«.[21] *»Syntax als Sphinx«*, heißt es in ›verminderte Träume‹ (1977): Die Assoziationsketten folgen der Rätselfrage und der Traumlogik. Als Verdichtung und Verschiebung könnte man diese Traum- und Spracharbeit schon beschreiben, aber nicht im Sinn psychoanalytischer »Symbolsprache«; Mayröckers Zeichen (und Zeichnungen) haben sich liebevoll und spöttisch auch diesem Bedeutungsdiktat entzogen.[22] –

»*... die Sphinx ist rätselhaft wie zuvor*«: Der Roman ›Tiere im Text‹ (1991) von Liesl Ujvary (geb. 1939) antwortet auf Hofmannsthal, auf Mayröcker, und vielleicht auch auf Ilse Aichingers Aufzeichnung von 1956: »Tiere: als Träume gesehen, im Stadium des Träumens gelassen.«[23] Im ›Geheimen Verkehr‹ geraten die Traumbilder auch in einen unheimlichen Tumult, einen bedrohlichen Fluß, in dem das »Ich« fast untergeht. Sprache – und Erinnerung – ist dann die letzte Möglichkeit, »*Ordnung machen zu können in diesen Bereichen, die wir mit ›ich‹ zu bezeichnen gewohnt sind*«.

(Selbst-)Portraits

»Unser Sehen sieht die Welt nicht neu, leider, wir sehen die Welt so, wie sie durch ununterbrochene Anschauung für uns geprägt worden ist«, hat die Photo-Autorin Ujvary geschrieben.[24] Von der Frau als Objekt von Literatur und bildender Kunst gibt es zahllose Entwürfe, die auch den eigenen Blick verstellen. Sieht eine Frau in den Spiegel, erscheint dort die Mutter, eine Fremde oder der Tod, jedenfalls nicht »sie selbst«. »Ich« ist ein Bild, das sich zuerst schon andere gemacht haben. Das mit den Augen der anderen gesehene Porträt wird zur Doppelgängerin, der nicht zu entkommen ist. *Ingeborg Bachmann* (1926–1973), selbst ein Opfer biographischer Mythen, hat sich im frühen Entwurf ›Portrait von Anna Maria‹ (1955/57?) nicht auf die Suche nach einer »wirklichen« Person gemacht, sondern die fixen Vorstellungen, die andere haben, mit ihren Widersprüchen nacheinander ablaufen lassen. Zu den weiblichen ›Todesarten‹, die

Bachmann später beschrieb, das Verschwinden, die Krankheit, die Verrücktheit, gehört auch der Erstickungstod durch Bilder. – Bei *Marlen Haushofer* (1920–1970) pflegen die Hauptfiguren sehr lange und sehr beflissen den an sie gerichteten Erwartungen zu entsprechen, wie Annette in der ›Tapetentür‹ (1957), die nervös herauszufinden versucht, wie sich ihr Mann seine Frau vorstellt. Zerstört werden kann dieser längst verinnerlichte Zwang nur um den Preis einer totalen Isolation, zum Beispiel hinter der ›Wand‹ (1968). Was im ›Porträt‹ von 1968 einmal ein alter Mann mit den Augen der anderen im Spiegel sieht, ist nur die Konsequenz lebenslanger Einsamkeit. – Viele Möglichkeiten der märchenhaften Verwandlung, der weiblichen Metamorphose hat *Barbara Frischmuth* (geb. 1941) in ihren Büchern durchgespielt. Die Erzählung ›Das Bild, das man sich macht‹ stammt aus dem gleichnamigen Zyklus im Band ›Rückkehr zum vorläufigen Ausgangspunkt‹ (1973): Ein Ich stößt auf die vergangenen Versionen seiner selbst – eine Begegnung mit der Kindheit, in deren Hintergrund, im Rahmen des Zyklus, die Sterbenskrankheit der Erwachsenen steht. Auch diese Vervielfältigungen des Ich sind so deutlich und greifbar wie manche Träume; im Traum, so hatte es Barbara Frischmuth in ihren Münchner Poetik-Vorlesungen formuliert, wird das Ich »zur Topologie der Seele, wo Bewußtes und Unbewußtes miteinander im Diskurs stehen«.[25] – Mit dem Stilleben einer Ehefrau wollte sich die Erzählerin im Erstlingsroman von *Brigitte Schwaiger* (geb. 1949), ›Wie kommt das Salz ins Meer‹ (1977), nicht abfinden. 1980 veröffentlichte Brigitte Schwaiger ein langes Gespräch mit dem Wiener Maler Arnulf Rainer, dessen »Übermalungen« – des eigenen Körpers oder eines Selbstporträts – Schule gemacht haben. Während gemeinsam gemalt wird, kommen nicht nur Selbstbilder zur Sprache. Der Text selbst demonstriert Anpassung oder Widerstand gegen Bilder von außen. – Die pointierte Kurzprosa von *Katharina Riese* (geb. 1946) hat Frauenbilder aller Art satirisch aufs Korn genommen. ›Selbstportrait mit Taube‹ (1985) macht aus einem Emblem der Treue, des Friedens und der Weiblichkeit ein frohgemutes Spiel mit Bild und Spiegelbild.

Über einander

Autorinnen porträtieren Autorinnen: Weil der Essay angeblich assoziativ und unsystematisch verfährt, galt er früher als eine »weibliche« Gattung. Mittlerweile ist er rehabilitiert; auch die ausgewählten Texte führen vor, daß er dieselbe Intuition und dieselbe Schreibdisziplin und dasselbe Ausmaß an poetologischer Überlegung enthält wie nur ein »literarisches« Hauptwerk. Sie geben nicht nur Auskunft über Lektüren, sondern thematisieren jeweils auch das eigene Schreiben. Ein Aufsatz wie der von *Dorothea Zeemann* (1909–1993) über Marlen Haushofer mag dabei Widerspruch herausfordern. Zumindest kann er zeigen, welche ideologiekritischen Vorschlaghämmer herunterfahren mußten, bis ein Zugang zu Büchern gefunden war, die in den siebziger Jahren noch als perspektivelos und egozentrisch galten. *Elfriede Gerstl* (geb. 1932), die schon mehrfach mit grimmigem Witz den österreichischen Kulturbetrieb glossiert hat, erläutert statt dessen bitter und genau die Produktionsbedingungen, denen Hertha Kräftner in den fünfziger Jahren zum Opfer gefallen ist. Ebenso präzise zeichnet *Elfriede Jelinek* das Schußfeld auf, in das Ingeborg Bachmann geriet, als sie »Krieg« nannte, was friedlich getarnt hätte bleiben sollen. Jelineks Texte selbst analysierte *Marie-Thérèse Kerschbaumer*, und zwar nicht nur aus der Sicht der versierten Linguistin; ihre Maßstäbe sind an der eigenen Prosa erprobt, nicht als Techniken, sondern als Haltung. Und *Elisabeth Reichart* (geb. 1953) hat in ihren Erzählungen immer wieder aufgedeckt, wie der NS-Terror, wie die Gewalt gegen Frauen in Rede und Schweigen eingegangen sind; ihre Hommage an Ilse Aichinger teilt natürlich auch mit, woran sie selbst sich orientiert: an der Wachsamkeit und dem Mißtrauen gegenüber der Sprache. Der Respekt vor der Arbeit der anderen, der weiß, wovon er spricht, macht diese Beiträge zu Dialogen über die gemeinsame Sache.

Im *Schreiben* und *Lesen* könnte etwas gefunden werden, »was noch nicht gesagt ist« (Ingeborg Bachmann): Darauf läuft Literatur am Ende hinaus. Am Ende dieses Buches stehen Texte, die dazu das letzte Wort haben.

Lesen heißt natürlich auch sammeln oder zusammensuchen. Nur muß eine Anthologie alles das schuldig bleiben, was sie *nicht* enthält. Mehr als eine einzige Lektüre von unzähligen möglichen kann sie nicht sein. Aber auch nur in dieser einen Lesart hängen die Texte plötzlich zusammen, geben Antwort, pflichten sich bei oder widersprechen einander. Sie bleiben »im Wort«. Die Sammlung hier verdankt sich dieser Leseerfahrung.

Konstanze Fliedl

Anmerkungen

1 Marcel Reich-Ranicki: Der doppelte Boden. Ein Gespräch mit Peter von Matt. Zürich 1992, S. 133, 94.
2 Vgl. Tobe Joyce Levin: Political Ideology and Aesthetics in Neo-feminist German Fiction: Verena Stefan, Elfriede Jelinek, Margot Schroeder. Cornel 1979; Jacqueline Vansant: Feminism and Austrian Women Writers in the Second Republic. Austin 1986.
3 Hans Haider: Die Fähigkeit zu trauern. Marie-Thérèse Kerschbaumer im Gespräch. In: Die Presse/LITERARICUM v. 5. /6. 7. 1980.
4 Friederike Mayröcker: Magische Blätter. Frankfurt 1983, S. 25.
5 Virginia Woolf: A Room of One's Own [1929]. London 1977, S. 99.
6 Marlen Haushofer oder die sanfte Gewalt. Ein Gespräch mit Elisabeth Pablé [1968]. In: ›Oder war da manchmal noch etwas anderes?‹ Texte zu Marlen Haushofer. Frankfurt 1986, S. 128.
7 [Interview mit Josef-Hermann Sauter v. 15. 9. 1965. In:] Ingeborg Bachmann: Wir müssen wahre Sätze finden. Gespräche und Interviews. Hrsg. v. Christine Koschel u. Inge von Weidenbaum. München 1983, S. 63 f.
8 Vgl. Sigrid Schmid u. Hanna Schnedl: Totgeschwiegen. Texte zur Situation der Frau von 1880 bis zur Zwischenkriegszeit. Wien 1982.
9 ORF-Gespräch mit Marlen Haushofer, 1968 (Dokumentationsstelle für neuere österreichische Literatur).
10 Elfriede Jelinek: Die Frau im Sumpf. In: Ingrit Seibert u. Sepp Dreissinger: Die Schwierigen. Portraits zur österreichischen Gegenwartskunst. Wien 1986, S. 124; Münchner Literaturarbeitskreis: Gespräch mit Elfriede Jelinek. In: mamas pfirsiche – frauen und literatur 9/10 (herbst 1978), S. 172.
11 Bei Hofmannsthal hieß es noch: »über irgendetwas zusammenhängend zu denken oder zu sprechen«.
12 Vgl. Sigrid Schmid-Bortenschlager: Beiträge österreichischer Schriftstellerinnen zur Literatur seit 1945. In: Moderna Språk 75 (1981), S. 149–162.

13 Elfriede Gerstl: Gekonnt verkannt oder: Wie kommt der verkannte Literat zu seiner Verkenntnis [1987]. In: E. G.: Unter einem Hut. Essays und Gedichte. Wien 1993, S. 71.

14 Marie-Thérèse Kerschbaumer: Realismus oder Realismus? [1981] In: M.-T. K.: Für mich hat Lesen etwas mit Fließen zu tun... Gedanken zum Lesen und Schreiben von Literatur. Wien 1989, S. 137 f.

15 Ingeborg Bachmann: Werke. Hrsg. v. Christine Koschel, Inge von Weidenbaum u. Clemens Münster. 4 Bde. München 1978, Bd 4, S. 270.

16 Hanna Johansen: ... aber das ist wohl nicht möglich. Beim Lesen von Ilse Aichinger. In: Ilse Aichinger. Materialien zu Leben und Werk. Hrsg. v. Samuel Moser. Frankfurt 1990, S. 104–116, S. 107.

17 Ingeborg Bachmann, Werke, Bd 1, S. 267.

18 Riki Winter: Gespräch mit Elfriede Jelinek. In: Elfriede Jelinek. Hrsg. v. Kurt Bartsch u. Günther A. Höfler. Graz 1991, S. 9–19, S. 13.

19 Maxie Wander: Leben wär' eine prima Alternative. Tagebuchaufzeichnungen und Briefe. Hrsg. v. Fred Wander. Darmstadt 1980, S. 131.

20 Margit Schreiner: Meta Merz. In: Österreichische Dichterinnen. Hrsg. v. Elisabeth Reichart. Salzburg 1993, S. 145–166, S. 153.

21 Lisa Kahn: Lasset freundlich Bild um Bild herein. Das ›euphorische Auge‹ Friederike Mayröckers. In: Friederike Mayröcker. Text + Kritik 84 (1984), S. 79–87, S. 83.

22 Vgl. Elisabeth Schlebrügge: Zur Schreibarbeit Friederike Mayröckers. In: Das Schreiben der Frauen in Österreich seit 1950. Hrsg. v. d. Walter-Buchebner-Gesellschaft. Wien 1991, S. 78–85.

23 Ilse Aichinger: Kleist, Moos, Fasane. Frankfurt 1987, S. 59.

24 Liesl Ujvary: Von der Kraft der Photographie. Warum sich eine Schriftstellerin einem anderen Medium zuwendet. In: Die Presse/LITERARICUM v. 30. /31. 8. 1980.

25 Barbara Frischmuth: Traum der Literatur – Literatur des Traums. Salzburg 1991, S. 32.

Ilse Aichinger, geboren am 1. November 1921 in Wien. Wurde nach der Matura aufgrund der Rassegesetze nicht zum Studium zugelassen. Im Krieg dienstverpflichtet; 1945–1947 Medizinstudium. 1950 Arbeit im Lektorat des S. Fischer Verlags und an der Ulmer Hochschule für Gestaltung. Preis der Gruppe 47 für die Erzählung ›Spiegelgeschichte‹ (1952). Erzählte dieser Text die Lebensgeschichte einer Toten rückläufig, vom Ende aus, verzichtete Ilse Aichinger von nun an zunehmend auf zusammenhängende Handlungsabläufe: Gegenstand ihrer Prosa wurde die Sprache selbst (›Meine Sprache und ich‹, 1968). – Lebte in Oberbayern, ab 1963 in Großgmain bei Salzburg, 1984–1988 in Frankfurt; seither in Wien. Lyrik, Hörspiele. – Werke in Auswahl: ›Die größere Hoffnung‹, Roman (1948); ›Rede unter dem Galgen‹, Erzählungen (1952); ›Zu keiner Stunde‹, Szenen und Dialoge (1957); ›Eliza Eliza‹, Erzählungen (1965); ›Auckland‹, Hörspiele (1969); ›Nachricht vom Tag‹, Erzählungen (1970); ›Der letzte Tag‹, Hörspiel (mit Günter Eich, 1973); ›Verschenkter Rat‹, Gedichte (1978); ›Kleist, Moos, Fasane‹, Prosa (1987). – 1991 erschienen die ›Werke‹ in Taschenbuchausgabe (8 Bde).

Aus: I. A., Kleist, Moos, Fasane. Frankfurt 1987, S. 19–23. © 1987 S. Fischer Verlag GmbH, Frankfurt am Main.

Aus: I. A., Nachricht vom Tag. Erzählungen. Frankfurt 1970 (=Fischer-Tb 1140), S. 183–186. © 1954, 1963, 1965 S. Fischer Verlag GmbH, Frankfurt am Main.

Aus: I. A., Kleist, Moos, Fasane, S. 104.

Ingeborg Bachmann, geboren am 25. Juni 1926 in Klagenfurt. Ab 1945 Studium der Philosophie, Psychologie, Germanistik und Kunstgeschichte in Innsbruck, Graz und Wien; promovierte 1950 mit einer Arbeit über Martin Heidegger. Arbeit beim Rundfunk, Übersetzungen. Preis der Gruppe 47 für Gedichte (in: ›Die gestundete Zeit‹, 1953). Lebte 1953–1957 in Italien, schrieb Lyrik, Libretti und Hörspiele; ab 1955 Zusammenarbeit mit Hans Werner Henze. 1957–1963 in München, Zürich und Rom, 1959/60 Gastdozentur für Poetik in Frankfurt (›Probleme zeitgenössischer Dichtung‹). Während die Lyrik der fünfziger Jahre sofort auf ein starkes Echo stieß, waren die Reaktionen auf die Erzählungen ›Das dreißigste Jahr‹ (1961) sehr geteilt. 1963–1966 in Berlin, Beginn der Arbeit am Zyklus ›Todesarten‹, zu dem außer dem Roman ›Malina‹ (1971) noch die posthum erschienenen Erzählungen ›Der Fall Franza‹ und ›Requiem für Fanny Goldmann‹ gehören. 1964 Reisen nach Prag, in den Sudan und nach Ägypten. 1966 Rückkehr nach Rom. 1973 Reise nach Polen. Starb am 17. Oktober 1973 an den Folgen eines Brandunfalls. – Weitere Werke: ›Anrufung des Großen Bären‹, Gedichte (1956); ›Simultan‹, Erzählungen (1972). – 1978 erschien die Ausgabe der ›Werke‹ (4 Bde).

›Portrait von Anna Maria‹ (zw. 1955 und 1957) 131
Aus: I. B., Werke. Hrsg. v. Christine Koschel, Inge von Weidenbaum u. Clemens Münster. 4 Bde. München 1978, Bd 2, S. 48–58. © 1978 R. Piper & Co. Verlag, München.

›Das Gedicht an den Leser‹ (zw. 1957 und 1961) 224
Aus: I. B., Werke, Bd 4, S. 307 f.

Veza Canetti, geboren am 21. November 1897 in Wien als Venetiana Taubner-Calderon; ihre Familie hatte ungarische und bosnisch-spaniolische Vorfahren. Unter den Pseudonymen Veza Magd, Martha Murner und Veronika Knecht erschienen zwischen 1932 und 1934 verschiedene Erzählungen in der Wiener Arbeiter-Zeitung. Ihr Roman ›Die gelbe Straße‹ (1990), eine satirische Figurengroteske, handelt von den Bewohnern der Ferdinandstraße im ehemals jüdischen Wiener Bezirk Leopoldstadt. Mußte 1938 nach England emigrieren; Übersetzungstätigkeit; weitere literarische Arbeiten blieben unpubliziert. Starb am 1. Mai 1963 in London. – Weitere Werke: ›Der Oger. Ein Stück‹ (1991); ›Geduld bringt Rosen‹, Erzählungen (1992).

›Drei Helden und eine Frau‹ (1934) 9
Aus: V. C., Geduld bringt Rosen. Erzählungen. München 1992, S. 73–81. © 1992 Carl Hanser Verlag, München/Wien.

Elisabeth Freundlich, geboren am 21. Juli 1906 in Wien, Studium der Germanistik, Romanistik, Kunst- und Theatergeschichte in Wien. 1938 Emigration über Zürich nach Paris. Gründete dort die

Emigrantenorganisation »Liga für das geistige Österreich«. 1940 Flucht nach New York; arbeitete als Lektorin u. a. in Princeton. Redakteurin der ›Austro-American Tribune‹. 1950 Rückkehr nach Wien. Übersetzungen, Theater- und Literaturkritik. Seit 1978 freie Schriftstellerin. Zahlreiche Publikationen über Exilliteratur. Aus Berichten über Nazi-Prozesse entstand die Dokumentation ›Die Ermordung einer Stadt namens Stanislau‹ zur NS-Vernichtungspolitik in Polen (1986). – Weitere Werke: ›Invasion Day‹, Erzählung (1948); ›Der eherne Reiter. Ein historischer Roman‹ (1960); ›Sie wußten, was sie wollten. Lebensbilder bedeutender Frauen‹ (1981); ›Der Seelenvogel‹, Roman (1986); ›Finstere Zeiten. Vier Erzählungen‹ (1986); ›Die fahrenden Jahre‹, Erinnerungen (1992).

›Paris, Frühling 1945‹ 35

Auszug aus ›Der Stein der Weisen‹. In: E. F., Finstere Zeiten. Vier Erzählungen. Mit einem Nachwort v. Werner Fuld. Mannheim 1986, S. 5–14. © 1986 persona verlag, Mannheim.

Barbara Frischmuth, geboren am 5. Juli 1941 in Altaussee, Steiermark. Ab 1958 Studium des Türkischen und Ungarischen in Graz, Studienaufenthalte in Erzurum (1961) und Debrecen (1963). 1964–1967 Studium der Orientalistik in Wien. Lebt seither als freie Schriftstellerin und Übersetzerin in Wien und Altaussee. Dramen, Hörspiele, Kinderbücher, Lyrik. Häufige Lesereisen und Vorträge, 1987 poet in residence an der Washington University. – In ihren Münchner Poetik-Vorlesungen nannte Barbara Frischmuth Autorinnen unterschiedlichster Kulturkreise: »Aber es geht mir weniger um Namen als um *Präsenz*. Um die selbstverständliche Präsenz des weiblichen Traums, insoweit er sich als Literatur begreift. Um die Selbstverständlichkeit, sich nicht ent-frauen, ent-muttern zu müssen, um als literaturfähig zu gelten. Es geht um herrschafts- und gewaltfreie Räume, nicht um ›kinderfreie‹, und um literaturvolle und nicht um ›dunkle‹ Kontinente.« – Werke in Auswahl: ›Die Klosterschule‹ (1968); ›Rückkehr zum vorläufigen Ausgangspunkt‹, Erzählungen (1973); ›Das Verschwinden des Schattens in der Sonne‹, Roman (1973); ›Haschen nach Wind‹, Erzählungen (1974); ›Die Mystifikationen der Sophie Silber‹, Roman (1976); ›Amy oder Die Metamorphose‹, Roman (1978); ›Kai oder die Liebe zu den Modellen‹, Roman (1979); ›Bindungen‹, Erzählung (1980); ›Die Ferienfamilie‹, Roman (1981); ›Die Frau im Mond‹, Roman (1982); ›Traumgrenze‹, Erzählungen (1983); ›Kopftänzer‹, Roman

(1984); ›Herrin der Tiere‹, Erzählung (1986); ›Über die Verhältnisse‹, Roman (1987); ›Mörderische Märchen und andere Erzählungen‹ (1989); ›Einander Kind‹, Roman (1990); ›Traum der Literatur – Literatur des Traums‹ (1991); ›Wassermänner. Lesestücke aus Seen, Wüsten und Wohnzimmern‹ (1991); ›Machtnix oder Der Lauf, den die Welt nahm. Eine Bildergeschichte‹ (1993); ›Hexenherz‹, Erzählungen (1994).

›Das Bild, das man sich macht‹ 148
Aus: B. F., Rückkehr zum vorläufigen Ausgangspunkt. Erzählungen. Salzburg 1973, S. 54–58. © 1973 Residenz Verlag, Salzburg.

MARIANNE FRITZ, geboren am 14. Dezember 1948 in Weiz, Steiermark. Bürolehre, zweiter Bildungsweg. Lebt seit 1976 in Wien (»Formularlebenslauf-Sicht, mein Gebiet ist's nicht«). Alle Texte der Autorin, ›Die Schwerkraft der Verhältnisse‹ (1978), ›Das Kind der Gewalt und die Sterne der Romani‹ (1980), ›Dessen Sprache du nicht verstehst‹ (1985), gehören zusammen: Die Geschichten bilden ein Geschichtspanorama, das zugleich imaginär und auf Österreich bezogen ist. Dabei werden die »Einschnürungen« der regelmäßigen Syntax, des linearen Erzählens und der chronologischen Geschichtsschreibung außer Kraft gesetzt (›Was soll man da machen‹. Eine Einführung zu dem Roman ›Dessen Sprache du nicht verstehst‹, 1985).

›Dienst ist Dienst, Schnaps ist Schnaps‹ 64
Aus: M. F., Die Schwerkraft der Verhältnisse. Frankfurt 1978 (= Collection S. Fischer 4), S. 46–49. © 1978 S. Fischer Verlag GmbH, Frankfurt am Main.

ELFRIEDE GERSTL, geboren am 16. Juni 1932 in Wien. Als Jüdin verfolgt, überlebte sie bis Kriegsende in Verstecken. Danach Besuch einer regulären Schule, Matura 1950. Studierte Medizin und Psychologie. Erste Veröffentlichungen ab 1955. Lebte 1964–1968 in Berlin. Hörspiele und Kulturpublizistik. Herausgeberin des Sammelbandes ›eine frau ist eine frau ist eine frau ... Autorinnen über Autorinnen‹ (1985). Satirisch-polyglotte Reisegedichte enthält der Band ›Vor der Ankunft‹ (1988). – Weitere Werke: ›Gesellschaftsspiele mit mir‹, Gedichte (1962); ›Berechtigte Fragen‹, Hörspiele (1973); ›Spielräume‹, Roman (1977); ›Narren und Funktionäre‹, Aufsätze zum Kulturbetrieb (1980); ›wiener mischung‹, Texte aus vielen Jahren (1982); ›Unter einem Hut‹, Essays und Gedichte (1993); ›Kleiderflug‹, Prosa (1995).

Aus: E. G., Unter einem Hut. Essays und Gedichte. Wien 1993, S. 157–161. © 1993 Franz Deuticke Verlagsgesellschaft mbH., Wien.

Helga Glantschnig, geboren am 14. März 1958 in Klagenfurt. Studium der Pädagogik, Philosophie und Soziologie; Promotion in Graz; arbeitete als Universitätslektorin in Graz. Bis vor kurzem Deutschlehrerin für fremdsprachige Kinder. Lebt in Wien. Zusammen mit Gerda Ambros Herausgeberin einer Anthologie avantgardistisch-experimenteller Texte von Frauen (›Lektion der Dinge. 33 Autorinnen‹, 1991). – Weitere Veröffentlichungen: ›Liebe als Dressur. Kindererziehung in der Aufklärung‹ (1987); ›Wider Willen‹, Roman (1992); ›BLUME ist Kind von Wiese‹ (1993); ›Rose, die wütet. Anagramme nach Filmen‹ (1994).

Aus: H. G., BLUME ist Kind von Wiese oder Deutsch ist meine neue Zunge. Lexikon der Falschheiten. Hamburg 1993, S. 11–25. © 1993 Luchterhand Literaturverlag GmbH, Hamburg/München.

Marlen Haushofer, geboren am 11. April 1920 in Frauenstein, Oberösterreich. Die Kinderjahre schildert der autobiographische Roman ›Himmel, der nirgendwo endet‹ (1964). Nach dem Schulbesuch in Linz Studium der Germanistik in Wien und Graz. 1945 Rückkehr nach Frauenstein. Erste Veröffentlichungen 1946. Lebte ab 1947 in Steyr, Oberösterreich. Hörspiele und Kinderbücher. – Das Thema weiblicher Unterdrückung verbindet die Novelle ›Wir töten Stella‹ (1958) mit der Frage nach der passiven Mittäterschaft von Frauen. 1968 Österreichischer Staatspreis für die Erzählungen ›Schreckliche Treue‹. Starb am 21. März 1970 in Wien. – Weitere Werke: die Erzählung ›Das fünfte Jahr‹ (1952); die Romane ›Eine Handvoll Leben‹ (1955), ›Die Tapetentür‹ (1957), ›Die Wand‹ (1963); ›Lebenslänglich‹, Erzählungen (1966); ›Die Mansarde‹, Roman (1969).

Aus: M. H., Schreckliche Treue. Erzählungen. Düsseldorf 1968, S. 95–102. © Claassen Verlag GmbH, Hildesheim.

Elfriede Jelinek, geboren am 20. Oktober 1946 in Mürzzuschlag, Steiermark; Schulbesuch in Wien. Musikausbildung am Wiener Konservatorium. Ab 1964 Studium der Theaterwissenschaft und Kunstgeschichte in Wien. Erste Publikationen ab 1967, Abschluß des Orgelstudiums 1971. 1972/73 Aufenthalte in Berlin und Rom; lebt abwechselnd in München und Wien. Schrieb Hörspiele, Übersetzungen, Drehbücher und Rezensionen. Sehr kontroverse Rezeption ihrer Texte, deren kompromißlos verfremdete Sprache gängige Weiblichkeitsbilder zerstört. Die letzten Dramen, ›Wolken. Heim‹ (1990) und ›Totenauberg‹ (1991), konfrontieren deutsche Philosophiegeschichte mit dem »hohen Gegenteil des Denkerischen«, der Fähigkeit zum Errichten von Gaskammern. – Werke in Auswahl: ›wir sind lockvögel baby!‹, Roman (1970); ›Michael. Ein Jugendbuch für die Infantilgesellschaft‹ (1972); ›Die Liebhaberinnen‹, Roman (1975); ›bukolit. hörroman‹ (1979); ›Die endlose Unschuldigkeit‹, Prosa – Hörspiel – Essay (1980); ›Die Ausgesperrten‹, Roman (1980); ›Die Klavierspielerin‹, Roman (1983); ›Theaterstücke‹ (1984); ›Oh Wildnis, oh Schutz vor ihr‹, Prosa (1985); ›Krankheit oder Moderne Frauen‹, Drama (1987); ›Lust‹, Prosa (1989).

›Paula‹ (1975) 55

Aus: E. J., Die endlose Unschuldigkeit. Prosa – Hörspiel – Essay. Schwifting 1980, S. 5–15. © Elfriede Jelinek.

›Der Krieg mit anderen Mitteln ...‹ 178

Aus: Die Schwarze Botin 21 (1983), S. 149–153. © Elfriede Jelinek.

Marie-Thérèse Kerschbaumer, geboren am 31. August 1936 in Garches, Frankreich; lebte drei Jahre in San José, Costa Rica; ab 1939 in Tirol, ab 1950 kaufmännische Lehre. Seit 1957 in Wien, diverse Berufe. 1963 Externistenreifeprüfung, Studium der Germanistik und Romanistik, 1973 Promotion zum Dr. phil. Seit 1971 freie Schriftstellerin und Übersetzerin; Essays, Hör- und TV-Spiele. – »Ich fordere von der Kunst, daß sie mir das Leben erkämpft [...], ich fordere von der Kunst, daß sie sich auf meine Seite stellt, der Mühseligen und Beladenen, und daß sie schonungslos ist ...« (›Schwestern‹, 1982). – Weitere Werke: ›Gedichte‹ (1970); ›Der Schwimmer‹, Roman (1976); ›Der weibliche Name des Widerstands. Sieben Berichte‹ (1980); ›Gewinner oder Verlierer einer Zeit. Literaturförderung und künstlerische Qualität‹ (1988); ›Für mich hat Lesen etwas mit Fließen zu tun ... Gedanken zum Lesen und Schreiben von Literatur‹ (1989); ›Neun Canti auf die irdische Liebe‹ (1989); die Romane ›Versuchung‹ (1990), ›Die Fremde‹ (1992), ›Ausfahrt‹ (1994).

Aus: M.-T. K., Der weibliche Name des Widerstands. Sieben Berichte. Olten 1980, S. 259–272. © Marie-Thérèse Kerschbaumer.

Aus: M.-T. K., Für mich hat Lesen etwas mit Fließen zu tun... Gedanken zum Lesen und Schreiben von Literatur. Wien 1989 (= Frauenforschung 12), S. 147–152. © 1989 Wiener Frauenverlag, Wien.

Aus: M.-T. K., Für mich hat Lesen etwas mit Fließen zu tun, S. 18–22.

Ruth Klüger (Ruth K. Angress), geboren am 30. Oktober 1931 in Wien. Die Autobiographie ›weiter leben. Eine Jugend‹ (1992) schildert die Deportation nach Theresienstadt, den Transport nach Auschwitz und die Selektion für das Arbeitslager Christianstadt. 1947 Emigration in die USA; Studium in New York und Berkeley. Lehrte als Literaturwissenschaftlerin an der University of Virginia und an der Princeton University; jetzt in Irvine, Kalifornien. 1994 erschien der Essayband ›Katastrophen. Über deutsche Literatur‹.

Aus: R. K., weiter leben. Eine Jugend. Göttingen 1992, S. 21–28. © 1992 Wallstein Verlag GmbH, Göttingen.

Hertha Kräftner, geboren am 26. April 1928 in Wien, Schulbesuch in Mattersburg, Burgenland. Studierte ab 1946 in Wien Germanistik, Anglistik und Psychologie. Kontakt mit den literarischen Zirkeln um Hermann Hakel und Hans Weigel. Erste Erfolge mit autobiographischer Lyrik. Starb am 13. November 1951 an einer Überdosis Veronal in Wien. – Aus dem Nachlaß: ›Das Werk. Gedichte, Skizzen, Tagebücher‹ (1977; als Taschenbuchausgabe: ›Das blaue Licht‹, 1981).

Auszug aus: H. K., Das Werk. Gedichte, Skizzen, Tagebücher. Ausgew. v. Otto Breicha u. Andreas Okopenko. Eisenstadt 1977 (=Burgenländische Bibliothek), S. 152–157. © 1977 edition roetzer GmbH, Eisenstadt.

Friederike Mayröcker, geboren am 20. Dezember 1924 in Wien. Erste Veröffentlichungen 1946. Arbeitete von 1946 bis 1969 als Englischlehrerin. Lebt seither als freie Schriftstellerin in Wien. 1967 bis 1971 vorwiegend Hörspiele (davon vier zusammen mit Ernst Jandl). Häufige Reisen und Auslandsaufenthalte, u. a. 1970/71 in Westberlin. Zahlreiche Preise, u. a. Hörspielpreis der Kriegsblinden (1968) und Friedrich-Hölderlin-Preis (1993). – Werke in Auswahl: ›Larifari. Ein konfuses Buch‹ (1956); ›Tod durch Musen. Poetische Texte‹ (1966); ›Minimonsters Traumlexikon. Texte in Prosa‹ (1968); ›Fünf Mann Menschen‹, Hörspiele (mit Ernst Jandl, 1971); ›Arie auf tönernen Füszen. Metaphysisches Theater‹ (1972); ›je ein umwölkter gipfel‹, Erzählung (1973); ›In langsamen Blitzen‹, Gedichte (1974); ›Das Licht in der Landschaft‹, Prosa (1975); ›rot ist unten‹, Prosa, Gedichte, Hörspiele (1977); ›Heiligenanstalt‹, Prosa (1978); ›Die Abschiede‹, Prosa (1980); ›Gute Nacht, guten Morgen‹, Gedichte 1978–1981 (1982); ›Magische Blätter‹, Prosa und Bildgedichte (1983); ›Reise durch die Nacht‹, Prosa (1984); ›Das Herzzerreiszende der Dinge‹, Prosa (1985); ›Winterglück‹, Gedichte 1982–1986 (1986); ›Magische Blätter II‹ (1987); ›mein Herz mein Zimmer mein Name‹, Prosa (1988); ›Magische Blätter III‹ (1991); ›Das besessene Alter. Neue Gedichte‹ (1992); ›LECTION‹, Prosa (1994).

›Minimonsters Traumlexikon‹ 113
Aus: F. M., Minimonsters Traumlexikon. Texte in Prosa. Mit einem Nachwort v. Max Bense. Reinbek 1968, S. 72–74. © 1989 Suhrkamp Verlag, Frankfurt am Main (Gesammelte Prosa 1949–1975).

›verminderte Träume‹ 115
Aus: F. M., rot ist unten. Wien 1977, S. 40 f. © 1977 Jugend und Volk, Wien.

›Fotogramm eines Traumes‹ (1981) 118
Aus: F. M., Magische Blätter. Frankfurt 1983 (= es 1202), S. 39. © 1983 Suhrkamp Verlag, Frankfurt am Main.

›Durchschaubild Welt ...‹ (1986) 205
Aus: F. M., Magische Blätter II. Frankfurt 1987 (= es 1421), S. 124–130. © 1987 Suhrkamp Verlag, Frankfurt am Main.

Meta Merz, geboren am 14. April 1965 in Salzburg als Tochter der Schriftstellerin Christine Haidegger. Studierte 1983–1986 in den Fächern Germanistik, Anglistik, Kunstgeschichte und Philosophie. Veröffentlichungen in Zeitschriften und Anthologien, Performances. Surrealistische Sprachmontage in Prosaskizzen und Gedichten. Starb am 9. September 1989 in Salzburg. – Aus dem Nachlaß: ›Erotik der Distanz‹, Prosa (1990).

Auszug aus ›Am Morgen des Schlafes‹. In: M. M., Erotik der Distanz. Wien 1990 (= Allgemeine literarische Reihe), S. 117–123. © 1990 Wiener Frauenverlag, Wien.

Waltraud Anna Mitgutsch, geboren am 2. Oktober 1948 in Linz; Studium der Germanistik und Anglistik in Salzburg. Arbeitete als Assistentin am Institut für Amerikanistik in Innsbruck; längere Aufenthalte in Israel, England und Korea. 1979–1985 Lektorin in Boston. Lebt seit 1986 in Linz; Übersetzungen. Ihre Romane untersuchen Sprachnot und Sprachverweigerung; ›Ausgrenzung‹ (1989), die Geschichte eines autistischen Kindes, führte die Krankheit auf die gesellschaftliche Kommunikationsunfähigkeit zurück und wurde dementsprechend kontrovers diskutiert. – Weitere Romane: ›Die Züchtigung‹ (1985), ›Das andere Gesicht‹ (1986), ›In fremden Städten‹ (1992).

Auszug aus: W. A. M., In fremden Städten. Roman. Hamburg 1992, S. 44–53. © 1992 Luchterhand Literaturverlag GmbH, Hamburg/München.

Elisabeth Reichart, geboren am 19. November 1953 in Steyregg, Oberösterreich. Studierte Geschichte und Germanistik in Salzburg. Arbeitete drei Semester lang als Betreuerin von Schulklassen im Konzentrationslager Mauthausen. Lebt seit 1982 in Wien. Promovierte 1983 mit einer Arbeit über den kommunistischen Widerstand im Salzkammergut. Die Erzählungen ›Februarschatten‹ (1984) und ›Komm über den See‹ (1988) setzten sich mit Anpassung und Widerstand unter der Nazi-Diktatur auseinander. – Weitere Werke: ›La Valse‹, Erzählungen (1992); ›Fotze‹, Erzählung (1993); ›Sakkorausch. Ein Monolog‹ (1994). – Gab 1993 die Beiträge eines Autorinnenlabors in Wien im Sammelband ›Österreichische Dichterinnen‹ heraus.

Aus: Literatur und Kritik 26 (1991), H. 259/260, S. 35–40. © 1991 Otto Müller Verlag, Salzburg.

Katharina Riese, geboren am 4. Mai 1946 in Linz. Studium der Volkskunde und Kunstgeschichte in Wien und Basel. 1983 erschien ›In wessen Garten wächst die Leibesfrucht?‹, eine sozialgeschichtliche Untersuchung zum Abtreibungsverbot. Arbeitet als Archivleiterin am Institut für regionale Sprachen und Kulturen in Wien. Journalistische Arbeiten für diverse Wiener Zeitschriften und für den Rundfunk; Hörstücke, Satiren, Kurzgeschichten und Erzählungen.

Aus: Die Schwarze Botin 26 (1985), S. 26–28. © Katharina Riese.

Evelyn Schlag, geboren am 22. Dezember 1952 in Waidhofen/Ybbs, Niederösterreich. Studierte Germanistik und Anglistik in Wien. Lebt in Waidhofen. Übersetzungen. – In der Erzählung ›Die Kränkung‹ (1987) werden die »Zusammenhänge zwischen Lebensführung und Krankheitswahl« dargestellt. Dieses Thema ist ein sprachkritisches: »Jedes Wort wird hinterfragt, weil der Kranke den Wörtern nicht mehr trauen kann« (›Keiner fragt mich je, wozu ich diese Krankheit denn brauche‹, Grazer Vorlesungen, 1993). Auch der bislang letzte Erzählungsband ›Touché‹ (1994) »berührt« die Frage nach der Möglichkeit, Krankheit und Fremdsein im Schreiben aufzuheben. – Weitere Werke: die Erzählungen ›Nachhilfe‹ (1981), ›Beim Hüter des Schattens‹ (1984), ›Brandstetters Reise‹ (1985); Lyrik: ›Einflüsterung nahe seinem Ohr‹ (1984), ›Ortswechsel des Herzens‹ (1989), ›Der Schnabelberg‹ (1992).

Auszug aus: E. S., Beim Hüter des Schattens. Erzählung. Frankfurt 1984 (= Collection S. Fischer 35), S. 67–74. © 1984 S. Fischer Verlag GmbH, Frankfurt am Main.

Brigitte Schwaiger, geboren am 6. April 1949 in Freistadt, Oberösterreich. Begann in Wien zu studieren, lebte 1968–1972 in Spanien. Danach Pädagogik- und Schauspielstudium in Linz. Arbeitete als Schauspielerin und Regieassistentin. Lebt seit 1974 in Wien. Hörspiele, Drehbücher und Dramen. – Nach dem Eheroman ›Wie kommt das Salz ins Meer‹ (1977) setzte sich ›Lange Abwesenheit‹ (1980) mit der unglücklichen Beziehung zwischen Vater und Tochter und dem NS-Mitläufertum der Vätergeneration auseinander. In ›Die Galizianerin‹ (1982) zeichnete Schwaiger die Erinnerungen von Eva Deutsch (geb. 1924) auf, einen Bericht vom Leben unter der Judenverfolgung. – Weitere Werke: ›Mein spanisches

Dorf‹, Prosa (1978); ›Malstunde‹ (mit Arnulf Rainer, 1980); ›Der Himmel ist süß. Eine Beichte‹ (1984); ›Mit einem möcht' ich leben‹, Gedichte (1987); ›Liebesversuche. Kleine Dramen aus dem österreichischen Alltag‹ (1989); ›Schönes Licht‹, Roman (1990); ›Tränen beleben den Staub‹, Roman (1991); ›Der rote Faden‹, Prosa (1992); ›Jaro heißt Frühling. Geschichten vom Fremdsein‹ (1994).

Aus: Brigitte Schwaiger/Arnulf Rainer, Malstunde. Wien 1980, S. 88–92. © 1980 Paul Zsolnay Verlag Gesellschaft m. b. H., Wien/Hamburg.

Hilde Spiel, geboren am 19. Oktober 1911 in Wien. Studierte bei Moritz Schlick und Karl Bühler in Wien und promovierte 1936 mit einer Arbeit zur Filmtheorie. Lebte ab 1936 in England; arbeitete als Publizistin, Literaturkritikerin, Übersetzerin; Rückkehr nach Wien 1963. Herausgeberin des Bandes ›Die zeitgenössische Literatur Österreichs‹ (1976). Kulturhistorische Arbeiten und zahlreiche Essaysammlungen. In ›Anna & Anna‹ (1989) »spaltet« sich ein junges Mädchen 1938 in eine »innere« und eine »äußere« Emigrantin. Die beiden autobiographischen Bände ›Die hellen und die finsteren Zeiten‹ (1989) und ›Welche Welt ist meine Welt?‹ (1990) setzten sich nochmals mit dem »Lebensbruch« der Exilerfahrung auseinander. Am 30. November 1990 in Wien gestorben. – Weitere Werke in Auswahl: die Romane ›Kati auf der Brücke‹ (1933), ›Verwirrung am Wolfgangsee‹ (1935), ›Flöte und Trommeln‹ (1947); die Biographie ›Fanny von Arnstein oder Die Emanzipation‹ (1962); ›Lisas Zimmer‹, Roman (1965); ›Rückkehr nach Wien. Tagebuch 1946‹ (1968); ›Mirko und Franca‹, Erzählung (1980); ›Die Früchte des Wohlstands‹, Roman (1981).

Aus: H. S., Rückkehr nach Wien. Tagebuch 1946. München 1968, S. 16–23. © Nymphenburger in der F. A. Herbig Verlagsbuchhandlung.

Liesl Ujvary, geboren am 10. Oktober 1939 in Preßburg, CSFR. Lebte ab 1945 in Österreich und verbrachte ihre Kindheit in Niederösterreich in Tirol. Studium in Wien und Zürich (Slawistik, althebräische Literatur, Kunstgeschichte). Mehrere Moskauaufenthalte. Promovierte 1968 in Zürich mit einer Dissertation über Ilja

Ehrenburg. 1969/70 Lektorin in Tokio; 1970/71 Studienaufenthalt in Moskau. Lebt seit 1971 als Schriftstellerin in Wien. Herausgeberin einer Anthologie inoffizieller sowjetischer Dichtung (›Freiheit ist Freiheit‹, 1975). Übersetzungen aus dem Russischen. Poesie, Prosa, Hörspiele, Fotoausstellungen, Musik, Künstliche Intelligenz, Computerkunst. – Werke in Auswahl: ›Sicher & Gut‹, experimentelle poetische Texte (1977); ›Fotoroman Bisamberg‹ (1980); ›rosen, zugaben‹, Gedichte (1983); ›Schöne Stunden‹, Roman (1984); ›Tiere im Text‹, Roman (1991); ›Heisse Stories‹, Kurzprosa (1993); ›Hoffnungsvolle Ungeheuer‹, Prosastücke (1993).

Auszug aus: L. U., Tiere im Text. Roman. Wien 1991, S. 38–49. © 1991 Franz Deuticke Verlagsgesellschaft mbH., Wien.

Maxie Wander, geboren am 3. Januar 1933 in Wien; lebte ab 1958 in der DDR, zuletzt in Kleinmachnow bei Berlin. Arbeitete als Journalistin und Drehbuchautorin und verfaßte Kurzgeschichten und Kinderbücher. Zahlreiche Reisen. Dokumentierte in dem Band ›Guten Morgen, du Schöne‹ (1977) anhand von siebzehn Gesprächsprotokollen auf eindringliche Weise die Lebensformen und -vorstellungen von Frauen in der DDR. Starb am 20. November 1977 an Krebs. – Tagebuchaufzeichnungen und Briefe: ›Leben wär' eine prima Alternative‹ (1980), ›Ein Leben ist nicht genug‹ (1990).

Aus: M. W., Ein Leben ist nicht genug. Tagebuchaufzeichnungen und Briefe. Hrsg. u. mit einem Vorwort v. Fred Wander. Frankfurt 1990 (= SL 933), S. 117, 119, 138–140, 151–153. © Fred Wander, Wien.

Dorothea Zeemann, geboren am 20. April 1909 in Wien. Ausbildung als Krankenschwester. Verfaßte Hörspiele, Literaturkritiken und Rundfunkbeiträge. Von 1970 bis 1972 Generalsekretärin des österreichischen PEN-Club. Aufsehen erregten ihre beiden autobiographischen Bücher ›Einübung in Katastrophen. Leben von 1913–1945‹ (1979) und ›Jungfrau und Reptil. Leben zwischen 1945 und 1972‹ (1982), letzteres vor allem wegen der Schilderung ihrer Beziehung zu Heimito von Doderer. Fröhliche Indiskretion kennzeichnete auch ihr Alterswerk. Starb am 11. Dezember 1993 in Wien. – Weitere Werke: ›Signal aus den Bergen‹, Jugenderzählung (1941); ›Ottilie. Ein Schicksal um Goethe‹, Roman (1949); ›Das

Rapportbuch‹, Roman (1959); ›Eine unsympathische Frau‹, Erzählungen (1983); die Romane ›Das heimliche Fest‹ (1986), ›Eine Liebhaberin‹ (1989) und ›Reise mit Ernst‹ (1991).

Aus: ›Oder war da manchmal noch etwas anderes?‹ Texte zu Marlen Haushofer v. Anne Duden u. a. Frankfurt 1986, S. 67–72.